Die Nautik Der Alten

Breusing Arthur

Title: Die Nautik Der Alten

Author: Breusing Arthur

This is an exact replica of a book published in 1886. The book reprint was manually improved by a team of professionals, as opposed to automatic/OCR processes used by some companies. However, the book may still have imperfections such as missing pages, poor pictures, errant marks, etc. that were a part of the original text. We appreciate your understanding of the imperfections which can not be improved, and hope you will enjoy reading this book.

Die Nautik der Alten.

Von

Dr. A. Breusing,

Direktor der Seefahrtschule in Bremen.

Bremen.
Verlag von Carl Schünemann.
1886.

Übersetzungsrecht vorbehalten.

Druck von Carl Schünemann. Bremen.

Den

Bürgermeistern

der

Freien Hansestadt Bremen

Herrn Senator Dr. Otto Gildemeister

Herrn Senator Karl Buff

in dankbarer Verehrung

gewidmet.

Vorwort.

Die Nautik im engeren Sinne, die wir Steuermannskunst nennen, beantwortet die Fragen, welchen Weg über See man einzuschlagen hat und an welchem Orte auf See man sich befindet. In dem weiteren Sinne aber, in dem das Wort hier genommen ist, umfaßt sie auch den Bau und die Ausrüstung des Schiffes und die eigentliche Kunst des Seemanns, sein Schiff zu handhaben, die Seemannschaft. Es hat der Altertumswissenschaft bisher an einem Werke gefehlt, in welchem alles, was wir von diesen Dingen wissen, zusammengestellt ist, und mit Recht wird darüber geklagt, daß gerade dieses Gebiet noch in großes Dunkel gehüllt ist. Fachwerke darüber, wie wir solche über die Baukunst, die Landwirtschaft u. a. besitzen, sind uns aus dem Altertum, wenn sie überhaupt vorhanden gewesen sind, nicht erhalten, und was die neueren Bearbeiter seit dem Wiederaufleben der Wissenschaften bis auf den Straßburger Scheffer für die Aufhellung haben leisten wollen, hat uns wenig gefördert, obgleich der letztere seinen Nachfolgern durch Herbeischaffung von Material nicht unwesentlich genützt hat. Aber es würde eine Ungerechtigkeit sein, wenn man ihnen daraus einen Vorwurf machen wollte. Wie man vom Seemanne nicht die Kenntnis der alten Sprachen, so darf man vom Philologen nicht die Vertrautheit mit nautischen Dingen verlangen. Es verdient deshalb um so mehr unsere Anerkennung, daß Böckh die Urkunden des attischen Seewesens in einer Weise behandelt hat, daß man glauben möchte, er sei einmal Seemann gewesen. Wir verdanken ihm die wichtigsten Aufschlüsse, und wenn auch Irrtümer bei ihm unterlaufen, so rühren sie daher, daß er seinen Vorgängern zu viel Vertrauen geschenkt und sie für eben so gewissenhaft in ihren Angaben gehalten hat, als er es selbst war. So z. B. hat er von Scheffer ohne weitere eigene Prüfung die Behauptung herübergenommen, daß die alten Anker ohne Stock gewesen seien. Gerade der Seemann wird ihm dergleichen Fehler, weil er sie leicht selbst berichtigen kann, am ehesten verzeihen. Es ist sehr zu bedauern, daß der große Mann seine Untersuchungen auf die Erklärung der attischen Seeurkunden, also auf den Teil der Nautik beschränkt hat, der sich auf den Bau und die Ausrüstung des Schiffes bezieht. Wie viel hätten wir wohl sonst noch von ihm gelernt! Die eigentliche Seemannschaft ist nur von Smith in seinem Werke über die Reise und den Schiffbruch des Apostels Paulus behandelt und, wie sich das bei einem Engländer oder Schotten von selbst versteht, in einer Weise, daß man, auch wenn man anderer Ansicht sein muß, doch stets das Gefühl hat, einem Seekundigen gegenüber zu stehen. Leider hält auch er sich in dem engen Bereich des von ihm behandelten Gegenstandes, und selbst bei der Beantwortung der hier gestellten Fragen trifft er nicht immer das Richtige, weil es ihm an der nötigen Quellenkunde, der Belesenheit in den alten Schriftstellern fehlt. Die Untersuchungen Böckhs sind dann in neuester Zeit in umfassender Weise von Cartault in seinem Werke über die athenische Triere wieder aufgenommen, und ich stehe nicht an, dieses fleißige Werk für das beste zu erklären, welches wir bisher über diesen Gegenstand erhalten haben. Zu bedauern ist nur, daß er die ganz unzuverlässigen Grammatiker der Scholien als Sachverständige ansieht und seine Belege mehr aus ihnen als aus den Schriftstellern selbst entlehnt hat. Das hat ihn vielfach irre geleitet. Er hätte sich auch nicht so viel Mühe mit der Widerlegung Grasers machen sollen, der eine solche Berücksichtigung gar nicht verdient. Es ist schier unglaublich, was dieser an tollen Behauptungen geleistet hat. Ich gestehe offen, daß mir kein zweites Werk bekannt ist, in dem sich hinter einem Prunken mit Schein- und Halbwissen eine so vollständige Unkenntnis des behandelten Gegenstandes verbirgt. Man würde beim Lesen desselben gar nicht aus der heiteren Stimmung herauskommen, wenn diese nicht fortwährend durch das Gefühl des Unwillens überwogen würde. Wie ganz anders ist das doch bei den eben genannten und anderen Männern, die auf diesem Felde geforscht haben. Mag man die größeren Arbeiten von Böckh, Smith und Cartault oder die kleineren von Grashof, Zöller und Brunn lesen, auch da wo man sieht, daß sie fehl gehen, bleibt man stets mit Hochachtung vor ihrer Gewissenhaftigkeit und ihrem ernsten Streben nach Wahrheit erfüllt. Wie lebhaft beklage ich es, daß uns die beiden letztgenannten jungen Gelehrten so früh entrissen sind, nachdem sie eben mit dem schönsten Erfolge zu arbeiten angefangen hatten. Wie gerne hätte ich mich mit ihnen über diese oder jene zweifelhafte Auslegung besprochen. Die Nautik der Alten ist in der That ein so dunkles Gebiet, daß man nur zu leicht darauf irre gehen kann. Auch mit diesem meinem vorliegenden Werke wird das letzte Wort noch nicht gesprochen sein, und ich bin darauf gefaßt, daß die eine oder die andere meiner Ansichten beanstandet werden wird. Aber das wenigstens darf ich von mir sagen, daß ich mich der Ehrlichkeit des Nichtwissens befleißigt habe.

Es gilt dies namentlich in bezug auf die Einrichtung der Ruderschiffe, über die wir noch vollständig im Unklaren sind. Daß ich selbst diesem Gegenstande seit langer Zeit ernstes Nachdenken gewidmet habe, ohne zu einem befriedigenden Ergebnisse zu gelangen, will am Ende wenig bedeuten, aber ich sehe auch nicht, daß die von anderer Seite gemachten Versuche, die ich sämtlich zu kennen glaube, uns auch nur einen einzigen Schritt in diesem Labyrinthe der Widersprüche weiter gebracht haben; sie unterscheiden sich von einander nur dadurch, daß der eine noch mehr mißlungen ist als der andere. Und ich bin überzeugt, daß das Rätsel nicht eher seine Lösung finden wird, als bis die dazu nötigen Voruntersuchungen erledigt sind. Es ist bis heute noch nicht einmal festgestellt, was wir denn eigentlich mit Sicherheit von den Trieren wissen. Allem anderen muß eine Kritik der Quellen vorangehen, aus denen wir unsere Kenntnis von der Schiffahrt der Alten schöpfen. So lange diese Vorfrage nicht von den Philologen mit der ja sonst von ihnen in so musterhafter Weise geübten und bewährten Vorsicht und Umsicht beantwortet ist, so lange sollte man getrost die technischen Fragen in der Schwebe lassen.

Unsere Quellen sind teils die alten Schriftsteller selbst, teils ihre Ausleger, teils die Bildwerke. Ich will zugeben, daß alle alten Schriftsteller, Epiker und Dramatiker, Historiker und Philosophen u. s. w. technisch-nautische Kenntnisse gehabt haben und als Sachverständige betrachtet werden können, obgleich das noch immerhin fraglich bleibt, aber für einen bestimmten Zeitpunkt dürfen wir doch nur die Zeitgenossen als vollgültige Zeugen ansehen. Wer da weiß, wie rasch sich in diesen Dingen die Kenntnis von Einrichtungen und den darauf bezüglichen Wortbedeutungen früherer Zeit auch bei uns verliert, so daß wir z. B. kaum im stande sind, den Bau und die Takelung der Schiffe festzustellen, mit denen Columbus die neue Welt entdeckt hat, der wird mißtrauisch gegen alle Nachrichten, die nicht aus der Zeit der Trieren selbst herstammen. Wir haben bis jetzt unter dem Banne der Grammatiker gestanden, eigentlich nur unter dem des Scholions zu Aristophanes Fröschen 1105, welches dann von Suidas u. a.

abgeschrieben ist, haben uns aber nicht gefragt, ob denn diese Notiz überhaupt Glauben verdient. Es ist ja nicht zu leugnen, daß wir den Scholiasten manche wertvolle Angabe verdanken, aber als Sachverständige sollten sie doch von niemandem mehr angesehen werden, seit Böckh ihnen so manchen Mißgriff und unter anderen nachgewiesen hat, daß sie nicht einmal gewußt haben, was die Alten unter dem ἱστὸς ἀκάτιος verstanden, den sie für den ἱστὸς γνήσιος hielten, während der Seemann auf den ersten Blick sieht, daß damit nur der Vormast gemeint sein kann. Wir sollten auch hier den Weg verlassen, daß wir die Schriftsteller nach den Auslegungen der Grammatiker erklären, und damit anfangen, daß wir ohne jedwede Voraussetzung einmal alles zusammenstellen, was jeder der gleichzeitigen Autoren von den Trieren berichtet. Es würde sich dann ergeben, wie wenig das im Grunde ist, und daß eine viel einfachere Auslegung uns weiter bringt, als die des Grammatikers, die bis jetzt in bezug auf Ausführbarkeit und Brauchbarkeit jedem Versuche der Erklärung gespottet hat, trotzdem wir von uns sagen dürfen, daß wir mit Leichtigkeit auch solche mechanische Aufgaben lösen, an die sich die Alten nie gewagt haben würden. Es ist auch die Erklärung des Grammatikers, wie ich überzeugt bin, zum Verständnis der Schriftsteller gar nicht nötig. Um nur eins zu erwähnen, ich halte die Thuc. 6, 31 erwähnten θρανῖται τῶν ναυτῶν für nichts anderes als für befahrene Seeleute, die man auf dem θρᾶνος Il. 15, 729, also zum Steuern gebrauchen konnte, wozu längst nicht jeder Ruderknecht geeignet ist. Damit würde dann die anderweitige Notiz, daß ihr Aufenthalt hinten auf dem Schiffe und ihre Remen länger als die gewöhnlichen waren, ganz vortrefflich übereinstimmen. Böckh hält die vorhin erwähnte Stelle in Arist. Fröschen für einen Beweis, daß die Ruderreihen ihrer ganzen Länge nach über einander gewesen seien. Man kann es ihm nicht verdenken, daß er seine Phantasie nicht durch näheres Eingehen auf das unflätige Bild hat beschmutzen wollen, sonst würde er sich wohl gesagt haben, daß das προσπαρδεῖν ἐς τὸ στόμα eben so gut beim Vorüberneigen der in derselben Reihe sitzenden Ruderer möglich ist. Und wenn er als weitere Beweise die Abbildungen der Schiffe auf der Trajanssäule, auf der präneftinischen Marmortafel bei Winkelmann u. s. w. anführt, so beziehen sich jene wenigstens nicht auf die Trieren, und was die anderen anbelangt, so sagt Böckh S. 122 selbst, daß in diesen Abbildungen die Ruderreihen sehr nahe über einander liegen, ja in einigen bis ins Übertriebene. Also passen sie doch streng genommen nicht zu seinen Voraussetzungen. Ich kann

andererseits nicht genug davor warnen, auf die Abbildungen allzu=
großes Gewicht zu legen; viele von ihnen tragen es offenkundig an
der Stirn, daß sie nicht von einem Sachkundigen herrühren können,
und doch findet man gerade diese am meisten als Illustrationen
benutzt, so auch bei Guhl und Koner (4. Ausgabe). Man sollte dort
in Fig. 289 doch auf den ersten Blick den kindischen Widerspruch
herausfinden, daß der Wind, weil die Segel back liegen, von vorn,
und weil die Flagge nach vorn ausweht, zugleich von hinten kommen
muß; daß die σκηνή sich vorn auf dem Schiffe befindet, wo sie aus
sachlichen Gründen nicht sein darf und auch nach allen geschichtlichen
Zeugnissen nie gewesen ist. In Fig. 293 ist eine Sprossenleiter so
schräg an das Schiff gelegt, daß es nur einem Seiltänzer möglich
ist, anders als auf allen Vieren hinaufzugehen. Der Künstler wird
von einer κλῖμαξ auf den Schiffen gehört, aber nicht gewußt haben,
daß die Seeleute, um von Bord an Land zu gehen, sich keiner hals=
brechenden Sprossenleiter, sondern einer starken Bohle, eines Steges
oder doch wenigstens einer Treppe mit Stufen bedienen. Es ist zu
bedauern, daß man solche Bilder der Jugend vorführt ohne zugleich
darauf aufmerksam zu machen, daß sie der Wirklichkeit nicht entsprechen
können. Wer für dergleichen kein Auge hat, der wird auch keine
Einsicht in die unüberwindlichen Schwierigkeiten haben, welche die
Übereinanderordnung der Ruderreihen in den Dekeren, Eikoseren u. s. w.
bietet. Ich muß es gerade heraus sagen, daß ich die Beschreibung
der Tessarakontere des Ptolemäus Philopator für einen bitteren Hohn
halte, den sich Kallixenos gegen die derzeitigen Ausleger der Trieren u. s. w.
erlaubt hat, und daß man dann später diesen Spott nicht verstanden,
sondern für Ernst genommen hat. Wer sich an die Erklärung der
Trieren wagt, der sollte sich doch erst mit den Anfangsgründen der
Lehre von den Pendelschwingungen bekannt machen, um zu wissen,
daß nur Remen von gleicher Länge Schlag halten können, aber nicht
die langen Remen der oberen Reihen mit den kürzeren der unteren;
der sollte im stande sein, den Rhythmus im Ruderschlage der verschie=
denen Reihen, wie das der Engländer Haweis wenigstens versucht
hat, im Notensatze darzustellen, und anzugeben, in welcher Weise der=
selbe taktmäßig erfolgen konnte, so daß ein wildes Hampeln, wie wir
das nennen, vermieden wurde. Wer das nicht kann, der sollte seine
Hand davon lassen. Mit dem Zeichnen von Bildern und dem
Anfertigen von Modellen, die ja dem Unkundigen ganz niedlich
erscheinen mögen, erreichen wir gar nichts. Dadurch daß man eine
Kanone mit krummem Rohr zeichnet oder modelliert läßt sich nicht

beweisen, daß man nicht nur in gerader, sondern auch in krummer Richtung schießen kann. Wenn jemand glaubt, die Länge der Remen in den höheren Reihen dadurch abkürzen zu können, daß er der Wandung des Schiffes einen schrägen Winkel gegen die Senkrechte und zugleich den Remen eine von der Wagerechten stark abweichende Richtung nach unten giebt, so kann er nie selbst gerudert haben. Der Remen verlangt eine flache Lage, damit die Bewegung des Hand= griffes und Ruderblattes in einer Ellipse erfolgen kann, deren große Achse horizontal liegt. Wird die Lage des Remens eine steile, so wird er bei unveränderter Länge des Blattes sich in einer Ellipse bewegen müssen, deren große Achse senkrecht ist, und es würde die Kraft des Ruderers mehr zum Eintauchen und Heben des Remens vergeudet, als zur Fortbewegung ausgenutzt werden. Will man aber, um dies zu vermeiden, das Blatt verkürzen, so vermindert man wieder die Wirkung des Remens. Man sollte sich doch auch darüber klar werden, daß die langen oberen Remen der Geschwindigkeit, welche das Schiff schon durch die kurzen unteren erhält, gar nicht folgen können. Und wenn alle diese für die nautische Mechanik unlösbaren Aufgaben wirklich zur Befriedigung gelöst werden könnten, dann kommt die weitere Frage, wie viel Zeit es wohl erfordert haben würde, die Ruderknechte auf die Pfeife des $\varkappa\varepsilon\lambda\varepsilon\upsilon\sigma\tau\acute{\eta}\varsigma$ einzuüben. Man denke sich das doch ja nicht als eine leichte Sache. Und dann die noch von einer ganz anderen Seite her auftauchenden Bedenken! Nach Böckh S. 119 erforderten die drei Ruderreihen einer Triere zur vollständigen Besetzung nicht weniger als 170 Rojer. Nun besaßen die Athener nach Thuc. 2, 13 bei Ausbruch des Pelopon= nesischen Krieges nicht weniger als 300 seetüchtige Trieren. Dazu wären also 51000 Mann nötig gewesen. Die Zahl ist im Verhält= nisse zur Bevölkerung Attikas einfach zum Lachen. Wozu aber sollte man wohl im Frieden eine so große Zahl kostbarer Kriegsschiffe gebaut haben, wenn man sich doch sagen mußte, daß man auch nicht den dritten Teil davon bemannen konnte? Nach Thuc. 6, 31 waren für die verschiedenen Unternehmungen auf Epidauros, Potidaia und Syrakus von der Stadt Athen allein je 100 Trieren, und zwar für den letzten Zug auf das vollständigste, ausgerüstet. Woher sollten aber wohl die 17000 Ruderknechte gekommen sein? Und wie unstatt= haft wäre doch diese große Zahl Unbewaffneter im Verhältnisse zu der geringen der Bewaffneten gewesen! Ich bescheide mich mit dem Hinweise auf diese wenigen Punkte, weil sie genügen, um die Not= wendigkeit zu beweisen, daß man endlich einmal mit offenem Auge

und klarem Blicke für Möglichkeit und Wahrscheinlichkeit die Trieren=
frage ganz von neuem in Angriff nimmt und zunächst nach dem bei
Plut. Thes. 19 erwähnten Gesetze keiner Triere gestattet, mit mehr
als fünf Mann Besatzung in See zu gehen.

Ich habe mich noch mit einigen Worten über die Rechtschreibung
der deutschen nautischen Ausdrücke auszusprechen, die bis jetzt ganz
im argen liegt. Am Ende des vorigen Jahrhunderts erschien ein
von einem aus Buxtehude gebürtigen Hamburger Theekrämer
J. H. Röding aus anderen fremdsprachigen Wörterbüchern kompi=
liertes „Allgemeines Wörterbuch der Marine", ein sehr fleißiges und
höchst verdienstliches Werk. Das beste an diesem Buche ist die sach=
liche Seite, weil der Verfasser hierfür nur seine Vorlagen zu über=
setzen brauchte. Um so schlimmer steht es mit der sprachlichen, und
leider ist es gerade in dieser Beziehung für seine Nachfolger maß=
gebend gewesen. Bobrik hat es, ohne seine Quelle zu nennen, in
nicht gerade ehrenhafter Weise mit einigen Zusätzen über Dampfschiffe
einfach nachgedruckt. Röding kannte aber die niederdeutsche See=
mannssprache so wenig, daß er bei der Übertragung derselben in das
Hochdeutsche die auffälligsten Mißgriffe begeht. Wenn das Schiff
von Wind und Wetter ndd. wêr in einem Hafen zurückgehalten wird,
so nennt der deutsche Seemann das bewêrt d. h. bewettert sein.
Röding übersetzt es mit bewehrt. Das ndd. knôp, hd. Knauf,
bedeutet zugleich Knopf und Knoten. Man sollte es nicht für mög=
lich halten, daß Röding auf S. 885 das Schiff nicht Knoten, sondern
„Knöpfe" segeln läßt. Ich könnte eine ganze Reihe solcher Verstöße
anführen, verzichte aber hier am Orte darauf und will wenigstens
zu seiner Entschuldigung anführen, daß er auch keinen Anspruch
darauf macht, etymologische Worterklärungen zu geben. Wenn aber
Graser, der seine ganze dürftige Kenntnis vom Seewesen diesem
Wörterbuche verdankt, sich das Ansehen eines Kenners der nieder=
deutschen Sprache giebt, so offenbart er nur wieder seine Anmaßung,
in der er darauf versessen ist, von Dingen zu sprechen, von denen
er nichts versteht. Wenn er gewußt hätte, daß das niederdeutsche
Wort Mars einen Korb bedeutet, so würde er nicht auf S. 232
behauptet haben, daß diese Vorrichtung im Binnenlande mißbräuchlich
Mastkorb genannt werde. Die Worte Marsch oder Märs, die er
anführt, mögen sich im Jargon der Spreeschiffer finden, sind aber
nicht niederdeutsch. Die Strickleitern, die zum Maste hinaufführen,
heißen bei den Seeleuten Wandten oder Wanten. Graser erklärt auf
S. 248 dieses Wort durch Wand = Mauerfläche, während es doch

Gewebe bedeutet, wie in Leinwand. Deshalb nennt der Seemann das Einbinden der kleinen Quertaue, die als Leitersprossen dienen, das Ausweben des Wants. Graser spricht stets von Bramsegeln und Pardunen; beide aber waren den Alten unbekannt. Über dem untersten Rahesegel, dem Untersegel, steht das Marssegel und über diesem das Bramsegel, so daß letzteres von unten auf gerechnet das dritte ist; die Alten hatten am Maste aber nur eine einzige Rahe mit einem Segel, also weder ein Mars= noch ein Bramsegel. Wer über die Geschichte der Nautik schreibt, der sollte wenigstens wissen, daß die Bramsegel erst im 16. Jahrhundert eingeführt sind. Und da die Masten der Alten nur aus einem einzigen Stücke bestanden und keine Stengen hatten, so konnten sie auch keine Pardunen haben, die wir nur an den Stengen führen. Leider scheint man im Binnen= lande eine besondere Vorliebe gerade für solche seemännische Ausdrücke zu haben, die man nicht versteht, und so findet man denn auch bei den Auslegern Homers Bramsegel und Pardunen und sogar Worte wie umreffen, die ganz sinnlos sind. Eine ganz unglückliche Ver= hochdeutschung hat bei Röding das niederdeutsche Wort Remen für Ruder erlitten. Weil der lederne Riemen im Niederdeutschen Remen heißt, so glaubte er nun umgekehrt das niederdeutsche Remen hoch= deutsch mit Riemen wiedergeben zu müssen, und leider sind Böckh u. a. ihm darin gefolgt. Wann dieses Wort in unsere Sprache eingedrungen ist, wird schwerlich festgestellt werden können; daß es undeutsch ist, zeigt sich darin, daß es sowohl im Angelsächsischen als im Standi= navischen fehlt. Würde es sich in jenem finden, so wäre es so gut wie gewiß, daß es schon zur Zeit der Kriege zwischen Germanen und Römern aufgenommen ist. Es könnte auch wohl aus dem französischen rame umgebildet sein, wie Degen aus dague, obgleich jenes sich nur an der Südküste Frankreichs findet, während an der Nord= und Westküste aviron gesagt wird. Wahrscheinlich aber haben wir es, wie so manche andere nautische Wörter zur Zeit der Kreuzzüge aus dem Italienischen herübergenommen. Näheres hierüber findet sich im 5. Bande des Jahrbuches für niederdeutsche Sprach= forschung, Bremen 1880. Der deutsche Binnenländer kennt es nicht, wie ich das durch Erkundigungen von den verschiedensten Seiten her festgestellt habe. Auch findet es sich in dieser Bedeutung nicht bei Schmeller. Die niederländische Form freilich ist Riem und nicht Remen, und sie ist den Rhein hinaufgedrungen und so in das Mittel= hochdeutsche, in die Gudrun u. s. w. gelangt. Aber in das Neu= hochdeutsche sollte man doch lieber das niederdeutsche als das nieder=

ländische Wort aufnehmen. Nathan Chyträus hat in seinem nomenclator latinosaxonicus, Rostock 1583: remi manubrium, de handtgrepe amme Reemen; und palmula, dat bladt am Reemen. Und Paul Fleming hat ja schon dem niederdeutschen Remen das Bürgerrecht in der hochdeutschen Schriftsprache gegeben, Sonette 2, 45:
    Greift frisch den Remen an, bringt alle Segel bei.
Wir haben so manchem Worte aus der Seemannssprache seine niederdeutsche Form gelassen und sagen z. B. auch nicht Zopf für Top des Mastes, weil das eine Albernheit wäre; warum nicht auch das Wort Remen gebrauchen? es scheint mir unerträglich, wenn man den τροπωτήρ an der κώπη übersetzt mit: der Riemen am Riemen. Es ist unser leidiger Erbfehler, daß wir so wenig nationale Widerstandskraft besitzen. An der Nordsee hat das Niederländische und an der Ostsee das Skandinavische so manchen alten niederdeutschen Ausdruck verdrängt. Unsere Seeleute sagen jetzt seilen statt segeln, wie noch das Wisbysche Seerecht hat, und ebenso peilen statt pegeln, wie noch von der Horsts niederdeutsche Steuermannskunst, Lübeck 1673, hat. Statt heißen, wie man an der Nordsee und mit Recht auch in der Kaiserlichen Marine sagt, braucht man an der Ostsee hie und da das skandinavische hissen, welches von den Normannen auch in die romanischen Sprachen eingeführt ist, während die Niederländer hijschen (spr. heischen) und die Engländer to hoist sagen. Es würde mich zu weit führen, hier am Orte meine Schreibweise Leh u. s. w. zu rechtfertigen, und ich muß dieserhalb auf meinen vorhin erwähnten Aufsatz im Niederdeutschen Jahrbuche verweisen.

Mit wenigen Ausnahmen glaube ich die sämtlichen Stellen in den alten Schriftstellern, die für die Nautik von Belang sind, in betracht gezogen zu haben, würde aber nur dankbar dafür sein, wenn man mich auf solche, die übersehen sind, aufmerksam machen wollte. Einzelnen wie z. B. Ach. Tat. 3, 1 oder Hesychius unter μασχάλην, habe ich vergeblich ein Verständnis abzugewinnen versucht. Das wertvollste uns aus dem Altertume erhaltene nautische Dokument ist die Beschreibung der Seereise und des Schiffsbruchs des Apostels Paulus. Jeder Seemann sieht auf den ersten Blick, daß sie nur von einem Augenzeugen verfaßt sein kann, und ich habe sie um so lieber auf das eingehendste erklärt, als sie uns den Beweis liefert, daß die griechischen Seeleute den unsrigen an Tüchtigkeit in keiner Weise nachgestanden haben. Der σχεδίη des Odysseus habe ich einen besonderen Abschnitt gewidmet, weil ich Göbel vollständig darin beistimme, daß diese lichtvolle Stelle durch die Erklärer in heillosester Weise verdunkelt worden ist.

Herrn Dr. Wagener, der mit der liebenswürdigsten Bereitwilligkeit nicht nur das Stellenverzeichnis angefertigt, sondern auch die Korrektur fast sämmtlicher Druckbogen besorgt hat, muß ich meinen wärmsten Dank aussprechen. Die noch stehen gebliebenen Druckfehler bitte ich auf meine Rechnung zu schreiben. Ich bin nicht Philologe von Fach; ich bin nicht Kenner sondern nur Liebhaber der Altertumswissenschaft. Aber die Beschäftigung mit ihr hat mir gerade in meinem ganz realistischen Berufe so manche Stunde reinsten und edelsten Genusses gewährt daß ich schon aus Dankbarkeit dafür gern einen Beitrag zur Kentnis des Seewesens bei den Alten habe liefern wollen. Er bittet um freundliche Aufnahme.

Bremen, im Dezember 1885.

Der Verfasser.

Inhalt.

		Seite
1.	Die Schiffahrt und die Steuermannskunst	1
2.	Das Schiff	27
3.	Ballast und Ladung	44
4.	Das Zeug oder die Takelung des Schiffes	46
5.	Das Rudergeschirr	93
6.	Das Ankergeschirr	107
7.	Das Ablaufen, Auslaufen, Einlaufen und Aufholen des Schiffes	116
8.	Das Blockschiff des Odysseus	129
9.	Der Schiffbruch des Paulus	142

1. Die Schiffahrt und die Steuermannskunst.

Zu Anfang wird alle Seefahrt längs der Küste geschehen sein; nur wo eine Bucht tiefer in das Land einschnitt, kürzte man den Umweg ab, und wo eine Insel in absehbarer Ferne vom Lande lag, wagte man die Überfahrt. Die Küstenfahrt bildet die tüchtigsten Seeleute, aber außerhalb der heimischen Gewässer ist sie voller Tücke und mit großer Mühsal verbunden. Fort und fort muß man die Tiefe des Wassers untersuchen, um nicht an den Grund zu geraten, und auch diese Vorsicht wird eitel, wo rauhe Untiefen oder blinde Klippen so steil emporsteigen, daß das Lot keine Warnung giebt. Und wird der Schiffer vom Sturme überfallen, der sein Fahrzeug dem nahen Lande zutreibt, wo es auf der Sandbank scheitert oder am Felsen zerschellt, dann mag er es als ein Wunder preisen, wenn er das nackte Leben rettet. Hatte er aber nur einmal erst den Mut gefunden, sich aus Sicht des Landes zu begeben und der hohen See anzuvertrauen, so überzeugte er sich bald, daß die Tiefe weniger Gefahren bietet als die Untiefe; und wurde er durch ein Unwetter verschlagen und fand dann glücklich, wenn auch nach langer Irrfahrt die Heimat wieder, so wuchs mit dem Erfolge die Lust zu neuen Abenteuern, aus dem zaghaften Küstenfahrer wurde ein kühner Seefahrer. Der unbegrenzte Ozean freilich, von dem kein jenseitiges Ufer herüberwinkte, an dem der Schiffer hätte hoffen dürfen, sich Ruhe von seinen Beschwerden zu gönnen, seine verbrauchten Vorräte zu ersetzen, sein seeuntüchtig gewordenes Schiff auszubessern, würde nie den Bann gelöst haben, der die Schiffahrt an die Küste und die heimatlichen Gestade fesselte; ein Binnenmeer aber, mit Eilanden übersät, durch weit hinein ragende Halbinseln zerschnitten, schmal und langgestreckt, so daß wenige Tagereisen genügten, um selbst von dem einen Festlande zu dem anderen zu gelangen, war wie geschaffen, um den Übergang von der Küstenfahrt zur Seefahrt zu vermitteln. So hat das Mittelmeer die Kindheit und das Jünglingsalter der Schiff=

fahrt gepflegt; es sollte in späteren Jahrhunderten auch die Männer erziehen, die vor den Schrecknissen des Ozeans nicht zurückbebten.

Dem Volke, welches in den Schriften des alten Bundes das Kanaanitische, von uns das Phönizische genannt wird, gebührt der Ruhm, zuerst mit seinen Schiffen die Straßen der Salzsee belebt zu haben; und die älteste Stadt, der Erstgeborene Kanaans, wie es im 1. Buche Mos. 10, 15 heißt, war Sidon d. h. Fischerstadt; sie soll i. J. 3000 v. Chr. gegründet sein. Schon durch ihre Lage war sie auf die Seefahrt angewiesen. Während der schmale Küstensaum wenig Raum zu Ackerbau und Viehzucht bot, lieferte das Gebirge, der Libanon mit seinen Cedern aus unmittelbarer Nähe das trefflichste Holz zum Schiffsbau. Und als der Segen des Meeres, den die Fischerei brachte, für die Ernährung der wachsenden Bevölkerung nicht mehr ausreichte, da war es wohl wie bei den Söhnen Jakobs die Not um Lebensmittel, welche den ersten Anstoß gab, mit Ägypten, der Kornkammer der alten Welt, in Verkehr zu treten. Als Tauschmittel bot sich zunächst der Reichtum der Waldungen, der dem Nillande so gänzlich fehlte. Aber Not macht auch erfinderisch, und das kleine, friedfertige Volk hatte einen regen Geist; es ersann die Buchstaben- und die Zifferschrift und erfand das Geldmünzen und das Glas. Es war fleißig und verfertigte kunstreiche Gefäße und Schmucksachen aus Gold und Silber; es brachte die Weberei und Färberei zu so hoher Blüte, daß die Griechen das Land nach den köstlichen Gewändern, die sie von dorther bezogen, Phönizien d. h. das Purpurland nannten. Mit dem Gewerbfleiße erstarkte der Tauschhandel und mit diesem steigerte sich wieder jener. Bald fehlte es an Händen, um die Arbeit zu bewältigen, und nun liefen Schiffe aus, um an unbewachten Küsten Menschen aufzuheben und sie daheim als Sklaven zu verkaufen. So wurden die Phönizier nicht bloß als kluge Handelsleute und geschickte Gewerbtreibende gepriesen, sondern auch als verschlagene, tückische Seeräuber verrufen. Die Bevölkerung Sidons war so rasch gewachsen, daß sie schon im Jahre 2760 v. Chr. die Tochterstadt Tyrus gegründet hatte, die im Laufe der Jahre die Mutterstadt nicht nur an Wohlstand sondern auch an Unternehmungsgeist überflügeln sollte. Von der Üppigkeit und Pracht, die in ihr herrschte, lesen wir die großartige Schilderung im 27. Kapitel des Propheten Hesekiel. Neue Ansiedelungen gingen von Tyrus aus. Seine Schiffe durchfuhren das Mittelländische Meer bis über die äußerste Grenze im Westen, und nach phönizischen Urkunden wurde um d. J. 1160

v. Chr. Gades gegründet, das heutige Cadix, welches zur Zeit des Kaisers Augustus eine so zahlreiche Bevölkerung hatte, daß es nur Rom nachstand. Von Gades aus wurden Handelsverbindungen mit dem Norden angeknüpft; phönizische Schiffer segelten bis nach den Zinninseln, dem Südwesten Englands; sie sollen selbst bis zu den Bernsteinküsten an der Ostsee vorgedrungen sein. Man nannte die Schiffe, welche nach den Gestaden des Atlantischen Ozeans fuhren, Tarsisfahrer d. h. Westfahrer, ein Name, welcher später die allgemeine Bezeichnung für große Seeschiffe wurde. Um das Jahr 1000 schloß König Hiram von Thyrus den Bund mit Salomo, um für den Tempelbau Gold und Silber und edele Bauhölzer aus den Küstenländern des Indischen Ozeans zu holen. Die Schiffe, welche durch das Rote Meer fuhren, hießen Ophirfahrer d. h. Südfahrer. Es muß hier eines Reiseberichtes Erwähnung geschehen, den uns der griechische Geschichtsschreiber Herodot überliefert hat. Um etwa 600 v. Chr. wurden von dem ägyptischen Könige Necho II., demselben der das Rote mit dem Mittelländischen Meere durch einen Kanal verbinden wollte, wie er in unsern Tagen wirklich zur Ausführung gekommen ist, phönizische Schiffer ausgesandt, um vom Arabischen Meere aus eine Fahrt nach Westen um Afrika zu machen. „Als sie ausgesegelt waren, berichtet Herodot, und der Spätherbst kam, gingen sie an Land, bestellten an dem Orte, wo sie sich befanden, das Feld, warteten die Ernte ab und gingen dann wieder in See. So gelangten sie im dritten Jahre durch die Säulen des Hercules d. i. die Straße von Gibraltar nach Ägypten zurück. Auch erzählten sie, was zu glauben ich anderen überlasse, daß sie bei ihrer Fahrt von Osten nach Westen um den Süden Afrikas die Sonne zur Rechten gehabt hätten." Was Herodot bezweifelt, weil man bei der Fahrt im Mittelländischen Meere von Osten nach Westen die Sonne stets zur Linken hat, das ist für uns ein Beweis für die Glaubwürdigkeit der Umschiffung. Um das J. 880 v. Chr. war von Thyrus aus eine zweite Pflanzstadt, das berühmte Karthago gegründet, und kaum war sie aufgeblüht, so bewährte sich der Unternehmungsgeist des phönizischen Namens durch neue Entdeckungsfahrten. Hanno, der Sohn des Feldherrn Hamilcar, wurde i. J. 510 v. Chr. mit einer Flotte von 60 Schiffen nach der Westküste Afrikas gesandt, um dort Niederlassungen anzulegen. Er gelangte weit nach Süden, bis nach einem Orte, wo er ein am ganzen Leibe zottiges Menschengeschlecht angetroffen haben will, dann mußte er aus Mangel an Lebensmitteln wieder zurückkehren. Er hat die vermeintlichen Menschen Gorillas genannt, und so hat man diesen Namen auf die menschenähnlichen Affen übertragen, die in neuester Zeit im tropischen Afrika aufgefunden sind.

Als Tyrus und Sidon zuerst von den Perserkönigen und darauf von Alexander dem Großen belagert und erobert waren, und als auch Karthago von den Römern zerstört war, da traten die Griechen als seefahrendes Volk an die Stelle der Phönizier. Wenn auch später als diese, so hatten sie sich doch auch schon seit langer Zeit als tüchtige und kühne Schiffer bewährt. Aber wie es scheint, hatten die beiden Völker es vermieden, sich als Nebenbuhler in ihren Unternehmungen zu begegnen. Während die Phönizier sich dem Süden und Westen zuwandten, zog es die Griechen nach dem Nordosten. Um das Jahr 1200 v. Chr. machten sie die sagenhaft ausgeschmückte Fahrt mit dem Schiffe Argo, um aus Kolchis das goldene Vließ zu holen. Allmählich wurden die umwohnenden wilden Völker zurückgedrängt und rund um das Schwarze Meer blühende See- und Handelsstädte gegründet. Früher war es das unwirtliche, Pontus Axenos genannt, jetzt hieß es das gastliche, Pontus Euxinus. Daß die Griechen seit dem Jahre 700 v. Chr. auch mit dem westlichen Teile des Mittelmeeres bekannt wurden, war nicht Absicht, sondern göttliche Schickung, wie der Geschichtschreiber hinzufügt. Koläus von der Insel Samos, der nach Ägypten fahren wollte, wurde von einem Sturme bis zu den Säulen des Herkules verschlagen, und von da an bildete sich auch mit den nordwestlichen Gegenden ein reger Verkehr aus. Im J. 600 v. Chr. wurde Massilia, das heutige Marseille von der griechischen Stadt Phokäa aus gegründet. Sie hat den Ruhm, Pytheas, den kühnsten und bedeutendsten Reisenden des Altertums, zu ihren Söhnen zu zählen. Er lebte um die Mitte des vierten Jahrhunderts v. Chr., umschiffte die atlantischen Küsten Europas, drang von der Spitze Britanniens bis zum nördlichsten Punkte der bewohnten Erde, der Insel Thule (Island oder Schetlandinseln) vor und befuhr dann die Küsten der Nord- und Ostsee. Mit nicht gewöhnlichen mathematischen Kenntnissen und einem scharfen Blicke für die Beobachtung der Naturerscheinungen ausgestattet war er der erste Reisende, der astronomische Ortsbestimmungen gemacht hat. Endlich unternahm im ersten Jahrhundert nach Chr. ein griechischer Schiffer Alexandros eine Reise im Indischen Meere, die ihn bis an die Südostküste Chinas nach Kattigara, einer Stadt unweit der Mündung des Yang-tse-kiang, brachte. (Ptol. Geogr. 1, 14).

Die Übersicht dieser Entdeckungsfahrten, die noch hätte vervollständigt werden können, hat nur den Zweck gehabt, den Umfang des

Gebietes kennen zu lehren, über welches die geographischen Kenntnisse des Altertums sich erstreckten. Wurde auch das Innere der umschifften Länder durch Eroberungszüge, durch Reisende, durch Handel und Verkehr mehr und mehr aufgeschlossen, so wurde doch der Gesichtskreis während lange darauf folgender Zeit nicht erweitert, und es sollten anderthalb Jahrtausende verfließen, bis ein edler Prinz von Portugal, den die Geschichte Heinrich den Seefahrer nennt, den Anstoß gab, daß ein neues Zeitalter der Entdeckungen anbrach.

Bei der Küstenfahrt im engeren Sinne bedurfte man der Steuermannskunst nicht. Wenn man das Land nicht aus Sicht verlor, so reichte für die heimischen Gewässer die eigne Erfahrung hin, und begab man sich darüber hinaus, so nahm man, wo solche zu haben waren, ortskundige Lotsen als Führer (Arr. Hist. Ind. 27, 1 und 40, 11); man fand auch wohl an gefährlichen Orten Pfähle eingerammt, die dem unkundigen Schiffer das Fahrwasser bezeichneten (Arr., Hist. Ind. 41). War man ganz auf sich selbst angewiesen, so mußte man sich durch das Lot vor Untiefen schützen (Acta Apostol. 27), und fuhr man zu mehreren auf seichten Gewässern, so übernahm eines der Schiffe die Leitung und steckte zu beiden Seiten der aufgefundenen Fahrrinne Baken, so daß die übrigen einzeln hinter einander mit Sicherheit folgen konnten (Arr. Hist. Ind. 41). Kam man in die Nähe eines besuchten Hafens, in den das Einlaufen mit Schwierigkeit verbunden war, so kamen Hafenlotsen heraus oder es fuhren einheimische Fahrzeuge dem Schiffe entgegen, um es durch Bugsieren einzuschleppen (Anon. Peripl. Mar. Er. § 44). Auch sonst waren an flachen Küsten Türme als Wahrzeichen zur Erkennung aufgerichtet (Strab. 3, 1 § 6). Aber die besten Leitmarken für den Schiffer waren doch die, welche die Natur selbst bot, die hohen, weithin sichtbaren Vorgebirge. Nur fürchtete man die dort herrschenden heftigen Winde und Brandungen, namentlich war Maleia, das Südostkap des Peloponnes, im Altertume so berüchtigt (Hom. Od. 3, 287 u. 4, 514), daß von ihm das Sprichwort ging: Wenn du Maleia umschiffst, so vergiß die Heimat (Strab. 8, 6 § 20). Furcht gebiert Ehrfurcht, deshalb erwies man den Vorgebirgen religiöse Verehrung, weihte sie Gottheiten und errichtete Tempel auf ihnen. Die Südwestspitze Europas, die man im Altertume für den westlichsten Punkt nicht nur Europas, sondern der ganzen bewohnten Welt hielt, hieß vorzugsweise das „Heilige Vorgebirge". Kamen die Schiffer dort an, so landeten sie und erwarteten im nächsten Dorfe den anbrechenden Tag, denn den Berg bei Nacht zu besteigen, war nicht erlaubt, weil ihn, wie man sagte, die Götter während dieser Zeit besuchten. Erst am Tage wandelte man hinauf, bekränzte die dort liegenden heiligen Steine und verrichtete eine Trankspende (Strab. 3, 1 § 2). Wo gesittete Völker an der Küste wohnten, da zündete man in dunkler, stürmischer Nacht Feuer am Strande an als Warnungszeichen oder als Leitmarken für den Seemann, der Gefahr lief (Hom. Od. 10, 30. Lucian. Nigrin. 7). In den wichtigsten Handelshäfen waren als Wegweiser für die bei Nacht ankommenden Schiffe eigentliche Leuchttürme errichtet, unter denen der berühmteste von der Insel in der Nähe Alexandriens, auf der er erbaut war, den Namen Pharos trug und mit diesem Worte in den romanischen Sprachen seine Bedeutung und sein Andenken bewahrt hat. Er war 400 Fuß hoch und soll nahe an 30 Millionen Mark gekostet haben (Plin. H. N. 36, 12. Caes. de bell. civ. 3, 112). Von anderen Leuchttürmen kennen wir z. B. die von Ravenna (Plin. ibid.) und Ostia (Suet. Claud. 20). So sehen wir aus den wenigen uns erhaltenen zerstreuten Nachrichten über die Schiffahrt im Altertume, daß für den Küstenschiffer wenigstens in den wichtigsten Hafenplätzen schon ungefähr alle die Hülfsmittel vorhanden waren, welche ihm in der ausgedehntesten Weise die Gegenwart bietet. — Wie außerordentlich weit es aber schon die Wasserbaukunst in der Anlage künstlicher Häfen gebracht hatte, ersehen wir aus dem Vitruv. 5, 12.

Auch Hülfsbücher, aus denen er sich Rats erholen konnte, standen dem Schiffer des Altertums zur Verfügung. Einige davon sind uns erhalten und schon ihr Titel ist für die Art der damaligen Schiffahrt bezeichnend. Das wertvollste unter ihnen ist: Σταδιασμός ἤτοι περίπλους τῆς μεγάλης θαλάσσης d. h. Stadienzeiger oder Rundfahrt um das Mittelländische Meer. In ihm wird von Paragraph zu Paragraph aufgezählt, wie viel Stadien von einem Küstenplatze bis zum nächstfolgenden im παράπλους d. h. im Nebenherfahren an der Küste beträgt. Nur wo starke Einbiegungen des Landes eine große Abkürzung der Reise gestatten, oder bei Inseln, die entfernter von der Küste liegen, wird auch der δίαπλους d. h. die Überfahrt angegeben. Sind so die einzelnen Entfernungen zwischen den Hafenplätzen und Vorgebirgen eines Küstensaumes aufgezählt, so wird mit Rücksicht darauf, daß der Kurs nicht geradlinig sondern in ein- und auswärts gekrümmten Bogen verlief, jenachdem Buchten und Landzungen ein Ein- und Umsegeln nötig machte, die Summe abgerundet und diese als Distanz vom ersten bis zum letzten

Orte betrachtet. Endlich ist man wieder am Ausgangspunkte angelangt, und der περίπλους d. i. die Rundfahrt vollendet.

Die Maßeinheit für Entfernungen war bei den Griechen das Stadium zu 600 griech. Fuß = 185 Meter, entsprach also ziemlich genau unserer Kabellänge, d. h. dem Zehntel einer Seemeile, freilich mit dem begrifflichen Unterschiede, daß das Stadium ein Urmaß war, während unser „Kabel" ein aus der Größe des Erdumfanges abgeleitetes Maß ist. Von den Maßeinheiten der übrigen Völker mag hier noch die „Leuge" erwähnt werden, nach der die Gallier rechneten (Amm. Marcell. 15, 11 und 16, 12). Wir werden ihr im späteren Mittelalter als legua bei den Spaniern, league bei den Engländern und lieue bei den Franzosen wieder begegnen.

Neben den Entfernungen werden Richtungen nur höchst selten angegeben. Da sich der Schiffer mit seinen Kursen der Gestaltung des Landes anschmiegen mußte, so war es nicht nötig, ihm seinen Weg nach den Himmelsstrichen vorzuschreiben. Die Segelanweisung lautete einfach: Folge dem Laufe der Küste. Dagegen finden sich andere ihm nützliche und notwendige Mitteilungen in ziemlich reicher Anzahl vor. Es wird angegeben, ob sich an einem Orte ein Hafen findet oder ein bloßer Anlegeplatz oder nur eine Seereede, ob der Platz Schutz gegen gewisse Winde bietet und ob dies nur im Sommer der Fall ist, so daß er sich zum Überwintern nicht eignet, ob die Wassertiefe für große oder nur für kleine Schiffe ausreicht, ob er offen oder ob er schwierig anzulaufen ist. Es wird angegeben, ob die Küste flach oder abschüssig, ob der Grund sandig oder felsig ist, ob der Anker darin hält oder nicht, ob der Strand rein ist oder ob Untiefen und Klippen davor liegen und ob diese sichtbar oder blind sind, so daß man sich in dem einen Falle dicht unter der Küste halten kann, in dem anderen weit davon bleiben muß. Es werden Erkennungszeichen an der Küste angegeben, ob ein Vorgebirge hoch oder niedrig ist und welche Gestalt es hat, ob der Strand ein besonderes Aussehen hat, z. B. weiß erscheint, ob einzelne Bäume als Erkennungszeichen dienen, ob eine Stadt Festungswerke und Turmmauern hat, ob ein hoher Tempel in die Augen fällt u. a. m. Als ein besonders wichtiger Punkt wird hervorgehoben, ob man sich an einem Orte mit Trinkwasser versehen kann oder nicht, ob Bäche oder Brunnen vorhanden sind oder ob man im Sande danach graben muß; es wird dann der Ort, wo es sich findet, genau bezeichnet und zugleich gesagt, ob das Wasser von süßem oder brackischem Geschmacke ist u. s. w. Um dem Leser von solchen Seebüchern des Altertums eine deutliche Anschauung zu geben, wird es das beste sein, wenn ich aus dem eben erwähnten Stadiasmus einen kurzen Abschnitt in Übersetzung vorlege, indem ich mich dabei an die vortreffliche Bearbeitung der kleinen griechischen Geographen von Karl Müller halte. Leider ist der Text in der einzigen Handschrift, die wir besitzen, sehr verderbt, so daß die Zahlenangaben, wie sich auch aus der Summierung der einzelnen Distanzen ergiebt, mehrfach von der Wirklichkeit abweichen.

Die afrikanische Küste von Leptis (jetzt Lebde im Meridiane von Malta) bis Karthago. § 93 — § 124 des Stadiasmus.

§ 93. Aus See kommend siehst du ein niedriges Land, vor dem kleine Inseln liegen. Bist du näher gekommen, so siehst du die Stadt an der See, eine weiße Düne und einen Strand. Auch die ganze Stadt hat ein weißes Aussehen. Einen Hafen hat sie nicht, du liegst aber sicher bei Hermaion. Übrigens heißt die Stadt Leptis.

§ 94. Von Leptis bis Hermaion sind 15 Stadien. Es ist ein Anlegeplatz für kleine Schiffe.

§ 95. Von Hermaion bis Gaphara sind 200 Stadien. Das Kap bietet auf beiden Seiten einen Anlegeplatz. Es hat Trinkwasser.

§ 96. Von Gaphara nach Amaraia sind 40 Stadien. Das Bollwerk bietet eine Schutzlage. Es ist Trinkwasser zu haben. Neben dem Flusse sieht man Ackerfelder. Der Fluß heißt Oinoladon.

§ 97. Von Amaraia nach Megerthis sind 140 Stadien.

§ 98. Von Megerthis nach Makaraia sind 400 Stadien. Es ist eine Stadt mit einem Hafen und Trinkwasser.

§ 99. Von Makaraia nach Sabratha sind 400 Stadien. Es ist eine Stadt ohne Hafen, aber mit einer Seereede.

§ 100. Von Sabratha nach Lokroi sind 300 Stadien. Es ist ein Dorf und oberhalb desselben ein hohes Kastell.

§ 101. Von Lokroi nach Zeucharis sind 300 Stadien. Das Kastell hat eine Turmmauer. Es ist ein vorzüglicher Hafen.

§ 102. Von Zeucharis nach Gergis sind 350 Stadien. Es ist ein befestigter Platz, hat ein Kastell, einen Hafen und Trinkwasser.

§ 103. Von Gergis nach Meninx sind 150 Stadien. Die Stadt liegt auf einer Insel, die vom Festlande 8 Stadien entfernt ist und eine ziemliche Anzahl von Städten hat, aber jene ist die Hauptstadt. Es ist die Insel der Lotophagen. Auf ihr befindet sich ein Altar des Herakles, der für den größten ausgegeben wird. Meninx hat einen Hafen und Trinkwasser.

Alles in allem sind von Leptis nach Meninx 2300 Stadien.

§. 104. Von Meninx nach Gichthis auf dem Festlande sind 200 Stadien. Es ist eine Stadt mit einem trefflichen Hafen und Trinkwasser.

§ 105. Von Gichthis nach Kidiphtha sind 180 Stadien. Es ist eine Stadt mit einem Hafen.

§ 106. Von Kidiphtha nach Takape sind 200 Stadien.

§ 107. Von Takape nach Neapolis sind 400 Stadien. Es ist eine Stadt mit einem Hafen.

§ 108. Von Neapolis nach Thena sind 200 Stadien.

§ 109. Von Thena nach Acholla sind 500 Stadien.

§ 110. Von Acholla nach Salipota sind 120 Stadien.

§ 111. Von Salipota nach Thapsos sind 120 Stadien.

§ 112. Diese Städte haben Häfen; weil aber Untiefen davor liegen, verkehren nur mäßig große Fahrzeuge dort. Acholla, Salipota und Kidiphtha gegenüber liegt 120 Stadien vom Festlande entfernt die Insel Kerkina. Von der Insel Meninx nach der Insel Kerkina durch See sind 750 Stadien. In der Richtung von Thena nach Kerkina erstrecken sich Untiefen bis an die Stadt. Von Kerkina nach Thapsos sind 700 Stadien. Von Thapsos 80 Stadien in nördlicher Richtung liegt in See eine schöne Insel, die einen Hafen und Trinkwasser hat. Diese Inseln umgrenzen das kerkinische Meerbecken.

§ 113. Von Thapsos nach Kleinleptis sind 170 Stadien. Es ist eine kleine Stadt. Es liegen dort Bänke über Wasser und das Anlaufen der Stadt ist sehr schwierig.

§ 114. Von Leptis nach Thermai sind 40 Stadien. Es ist ein Dorf. Auch dort wird durch Untiefen das Anlaufen schwierig.

§ 115. Wenn du von Thermai 20 Stadien gesegelt hast, siehst du ein Kap mit zwei kleinen Inseln dabei, die von einem Pfahlwerke umgeben sind, daneben ist ein Ankerplatz.

§ 116. Von diesem Vorgebirge siehst du die Stadt Adrymeton in einer Entfernung von 40 Stadien. Es ist dort kein Hafen.

§ 117. Von Adrymeton nach Aspis sind 500 Stadien. Es ist ein hohes, von allen Seiten sichtbares Vorgebirge in der Gestalt eines Schildes. Steure von Adrymeton so, daß du den Norden an Backbordsbug hältst, denn in der dortigen See sind viele und rauhe Untiefen. Dir wird dann Neapolis in Sicht kommen. Von der Neapolisbucht bis Aspis sind 200 Stadien. Es ist ein hohes Land und auf ihm liegt die Stadt. Sie hat einen Hafen gegen Westwind 10 Stadien nördlich von der Stadt.

§ 118. Von Aspis nach dem Kap Hermaion sind 200 Stadien.
§ 119. Von Hermaion bis zum Hafen Misua sind 120 Stadien.
§ 120. Vom Hafen Misua bis zu Therma sind 60 Stadien. Es ist ein Dorf und oberhalb desselben sind die Thermen d. h. warme Quellen.
§ 121. Von Therma bis Karpe sind 160 Stadien. Es ist eine Stadt mit einem Hafen.
§ 122. Von Karpe nach Maxyla sind 20 Stadien. Es ist eine Stadt mit einem Hafen.
§ 123. Von Maxyla nach Galabras sind 50 Stadien. Dort ist ein Anlegeplatz, der sich bis an den Kiespfad ausdehnt.
§ 124. Von Galabras nach Karthago sind 120 Stadien. Es ist eine sehr große Stadt mit einem Hafen. In der Stadt ist ein Kastell. Ankere zur rechten Seite des Dammes.

Alles in allem sind von der Lotophageninsel Meninx nach Karthago 3550 Stadien.

Erst bei der Küstenschiffahrt im weiteren Sinne, der Überfahrt im Binnenmeere, mußte der Seemann sich der Steuermannskunst bedienen, um den Weg über See verfolgen und den in See erreichten Ort bestimmen zu können. Da astronomische Beobachtungen nur an Land angestellt werden konnten, weil für solche auf See die erforderlichen Instrumente fehlten, so mußte sich die ganze Wissenschaft des Schiffers auf das beschränken, was wir geographische Steuermannskunst nennen, auf die Ermittelung von Kurs und Distanz d. h. Richtung und Größe des durchlaufenen oder zu durchlaufenden Weges (Hom. Od. 4, 389: ὁδὸς καὶ μέτρα κελεύθου). Vorrichtungen, um die Geschwindigkeit der Fahrt zu messen, hatte man im Altertume nicht. Zwar machte der römische Schriftsteller Vitruv, der zur Zeit des Kaisers Augustus lebte, den Vorschlag, an beiden Seiten des Schiffes Räder anzubringen, die mit ihren unteren Schaufeln in das Wasser tauchten und sich dann der größeren oder geringeren Fahrt entsprechend mehr oder weniger rasch umgedreht hätten (Vitruv. de Arch. 10, 9 § 5). Aber wir haben keine Nachricht, daß dieser Vorschlag je zur Ausführung gelangt ist. Der Schiffer der früheren Zeit war lediglich auf die Schätzung des zurückgelegten Weges nach dem Augenmaß, oder wie wir sagen auf Gissung angewiesen. Wenn er in der Heimat, wo er die Entfernungen kannte, die Küste entlang fuhr, so lernte er aus der Zeit, die er brauchte, um von dem einen Orte zu dem anderen zu gelangen, und aus der gleichzeitigen Beobachtung der Geschwindigkeit, mit der der Wellenschaum am Schiffe vorüberfloß, ober aus der Höhe, in der das Wasser vor dem Buge aufgeworfen wurde, Vergleiche ziehen, um auch auf hoher See die Fahrt angenähert bestimmen zu können. Unsere Seeleute erreichen darin eine erstaunliche Sicherheit, aber man würde irren, wenn man dieselbe bei den Schiffern im Altertume voraussetzen wollte. Dafür fehlte ihnen ein wesentliches Hülfsmittel, über welches wir gebieten, ein genaues Zeitmaß. Man rechnete zwar nach Stunden, aber diese Stunden waren nicht von gleicher Dauer, denn man teilte die Zeit von Sonnenaufgang bis zu Sonnenuntergang und ebenso die von Sonnenuntergang bis zu Sonnenaufgang in je 12 Stunden, so daß sich mit der Dauer des natürlichen Tages auch die der Stunde änderte. Im Sommer war eine Tagesstunde länger als eine Nachtstunde, und im Winter war eine Tagesstunde kürzer als die Nachtstunde. Nur zur Zeit der Nachtgleichen war auch die Tagesstunde gleich der Nachtstunde, also eine Stunde der vierundzwanzigste Teil des ganzen Tages von Mitternacht bis Mitternacht. Deshalb wurden solche Stunden Aequinoctialstunden genannt. Die Sonnenuhren oder Schattenzeiger konnten nun zwar auch für ungleiche Stunden eingeteilt werden, waren aber an Bord nicht aufzustellen, und die Wasseruhren, die es bereits im Altertume gab, litten an so großer Ungenauigkeit, daß sie nur in Fällen benutzt wurden, wo es auf eine scharfe Zeitbestimmung nicht ankam, so z. B. um bei Gericht die Zeitdauer festzustellen, welche einem Redner zum Sprechen gestattet war, und nach deren Verlauf er aufhören mußte. So kommt es, daß wir die Geschwindigkeit der Fahrt nie, wie es jetzt gebräuchlich ist, für eine Stunde angegeben finden, sondern nur rohe Überschläge, wieviel man während eines Tages oder einer Nacht vorwärts gekommen zu sein glaubte. Wir finden nun bei den alten Schriftstellern folgende Angaben. Es rechnet

Herodot (4, 86) im Sommer auf die Tagfahrt... 700 Stadien
" " " " " " Nachtfahrt . 600 "
Skylax (Peripl. 69) für Tagfahrten durchschnittlich 500 "
Marinus (Ptol. 1, 17) für Tagfahrten je nach den
    Umständen ....500—1000 "
Markianos (Epit. peripl. mar. int. 5) je nach dem
    Baue des Schiffes und der Gelegenheit
                 500 — 700 — 900 "

Man sieht, daß als Mittel für die während einer Tag- und Nachtfahrt oder die während eines Etmals d. h. 24 Stunden gesegelte Distanz etwa 1200 Stadien oder 120 Seemeilen gerechnet wurden, was eine mittlere Geschwindigkeit von 5 Knoten gäbe. Über die Ungenauigkeit solcher Angaben nach Tagfahrten waren sich schon die Alten klar (Marcian. Her. ep. per. mar. int. 5). Selbstverständlich kamen einzelne raschere Reisen vor. Plinius (H. N. 19 prooem.) macht als solche namhaft die der Präfekten Galerius und Balbillus von der sicilischen Meerenge nach Alexandrien, von denen jener am siebenten, dieser am sechsten Tag ankam; die des Senator Valerius Marianus, der von Puteoli aus mit schwacher Brise am neunten Tage in Alexandrien ankam. Die Reise von Cadix nach der Tibermündung konnte in sieben Tagen, die aus Afrika dahin in zwei Tagen gemacht werden. Daraus würden sich Geschwindigkeiten von 6 bis $7^{1}/_{2}$ Knoten ergeben. Eine andere rasche Fahrt erzählt Arrian (Peripl. Mar. Eux. 6), wo von Tagesanbruch bis gegen Mittag 500 Stadien oder 50 Seemeilen gutgemacht wurden. Aus der Dauer der Vormittagszeit, die, weil die Reise in den Sommer fiel und die Seeleute früh bei der Hand sind, zu sieben Stunden gerechnet werden muß, ergiebt sich eine Geschwindigkeit von 7 Knoten, so daß die Schiffe der Alten hierin unseren gewöhnlichen Kauffahrern wenig nachgaben.

Aber weit schlimmer als um die Messung der Distanz stand es um die Bestimmung des Kurses. Man hatte kein anderes Mittel, als sich bei Tage nach dem Stande der Sonne und bei Nacht nach dem Laufe der Gestirne zu richten (Hom. Od. 5, 272). Fahrten über See fanden deshalb auch so gut wie ausschließlich nur im Sommer statt, wo man mit ziemlicher Sicherheit auf klares Wetter rechnen konnte. Im Oktober wurde die Schiffahrt geschlossen, um erst wieder im März zu beginnen (Veget. de re mil. 5, 9). Bedeckte sich der Himmel, so konnte man vielleicht noch einige Zeit nach dem Seegange d. h. nach der Richtung der Wellenbewegung sein Ruder lenken; hielt aber die Trübung an, so mußte man aufs Geratewohl steuern, man wußte nicht, wohin man verschlug, und nur das fleißig ausgeworfene Lot gab dem ratlosen Schiffer Warnung vor der Annäherung an die unbekannte Küste. Schon in ältester Zeit hatte dies wie noch jetzt am unteren Ende eine flache Höhlung, die man mit Talg oder einer ähnlichen Masse ausfüllte, so daß daran eine Grundprobe kleben blieb, und man nicht nur die Tiefe, sondern auch die Beschaffenheit des Meeresbodens untersuchen und daraus Schlüsse auf den Ort, wo man sich befand, machen konnte. Man wußte z. B. auf einer Reise nach Ägypten, daß man nur noch eine Tagfahrt von den Nilmündungen entfernt war, wenn man in 11 Faden

Waſſer mit dem Lote Schlamm heraufholte (Hdt. 2, 5). Für andere Örtlichkeiten hatte man andere Mittel, um durch die Waſſerwüſte ſeinen Weg zu finden. Wenn die Schiffer im Indiſchen Ozeane ſo weit nach Süden fuhren, daß der Nordſtern unter den Horizont ſank, ſo führten ſie Vögel mit ſich und ließen dieſe auffliegen, um der Richtung ihres Fluges folgend das nächſte Land zu treffen (Plin. H. N. 6, 22). Auch hatten ſie dort ſonſtige Merkzeichen für ihre Ortsbeſtimmung. Das weiße Waſſer, welches der Indus weithin ins Meer führt, war ihnen der Wegweiſer zu ſeinen Mündungen (Anon. Peripl. mar. erythr. 38). Wollte man aus hoher See den Buſen von Barygaza, jetzt Kutſch, anlaufen, ſo wußte man ſich in der Nähe deſſelben, wenn man zuerſt große ſchwarze und gleich darauf kleine goldgrüne Waſſerſchlangen antraf (Ibid. 40 u. 55). Ein wie kümmer= licher Behelf aber alle ſolche Hülfsmittel zur Beſtimmung des Kurſes oder des Standortes waren, bedarf keiner Auseinanderſetzung.

Die Nautik konnte erſt dann Fortſchritte machen, als ihre Hülfs= wiſſenſchaften, die meſſende Erd= und Himmelskunde zu einer gewiſſen Reife der Ausbildung gelangt waren. Es ſind die Griechen, denen wir vorzugsweiſe die Pflege derſelben verdanken, aber ſie haben die Anfangs= gründe und die Anregung zu ihrer Anwendung auf die Schiffahrt nach den Zeugniſſen des Altertums von den Phöniziern empfangen. „Die Sidonier, ſagt Strabo (16, 2 § 24) werden als fleißige Forſcher in der Zahlenlehre und der Himmelskunde geſchildert, dazu angereizt durch Rechenkunſt und Schiffahrt, denn beides iſt dem Handel und dem Verkehr unentbehrlich. Von den Phöniziern kam die Zahlen= lehre und die Sternkunde zu den Hellenen." Und an einem andern Orte (1, 1 § 3): „Erſt ſeitdem die Phönizier das Sternbild des kleinen Bären bezeichneten und zur Schiffahrt benutzten, kam es zu den Hellenen." Plinius ſagt (H. N. 7, 56) „Sternbeobachtungen wendeten bei Seefahrten zuerſt die Phönizier an." Und es iſt bezeichnend, daß Thales aus Milet (um 600 v. Chr.), der erſte Lehrer der Griechen in der Geometrie und Aſtronomie, ein Sohn phöniziſcher Eltern war. Bis auf ihn hatte man vom Weltgebäude die Vor= ſtellung, daß der Himmel als Gewölbe auf der feſten Erde ruhe. Thales hat das Verdienſt, zuerſt gelehrt zu haben, daß der Himmel eine hohle Kugel ſei, welche die auf dem Waſſer ſchwimmende Erd= ſcheibe umgebe, wie die Eiſchale den Dotter, und daß die Sonnen= finſterniſſe darin ihren Grund haben, daß der Mond zwiſchen die Erde und die Sonne tritt. Auch als Verfaſſer eines Lehrbuches der Nautik, wohl des älteſten, welches je geſchrieben iſt, wird er genannt (Diog. Laert. 1, 34); leider ist es uns nicht erhalten. Daß auch die Erde die Gestalt einer Kugel habe, wurde zuerst von **Pythagoras** (um 550 v. Chr.) und seiner Schule gelehrt; und den Beweis dafür lieferte dann **Aristoteles** (350 v. Chr.) sowohl aus der kreisförmigen Begrenzung des Erdschattens bei Mondfinsternissen, wie auch daraus, daß der Scheitelpunkt sich auffallend verschiebt, sobald man nur ein wenig von Süd nach Nord fortgeht. Deshalb würden südliche Sterne in Ägypten gesehen, die in nördlichen Gegenden nicht mehr aufgingen, während wieder nördliche Sterne, die in südlichen Gegenden auf- und untergingen, in nördlichen Gegenden während ihres ganzen Umlaufs über dem Horizonte blieben. Er zog daraus die Folgerung, daß der Umfang der Erde nicht allzu groß sein könne. Diese ruht nach ihm im Mittelpunkte des Weltalls, und der Himmel bewegt sich mit all seinen, gleich der Erde kugelförmig gestalteten, Weltkörpern um sie herum. Dem bewohnten Theile der Erdoberfläche gab er die doppelte Ausdehnung zwischen Ost und West gegen die zwischen Nord und Süd, und auf dieser Anschauung, die sich während des ganzen Altertums und Mittelalters erhielt, beruht unsere Bezeichnung des ostwestlichen Abstandes als Länge und die des nordsüdlichen als Breite.

Vom größten Einflusse auf die Entwickelung der Erdkunde und Nautik, wie wir dies später in der Geschichte des Zeitalters der Entdeckungen sehen werden, waren die beiden Messungen des Erdumfangs oder Gradmessungen, welche **Eratosthenes** in Alexandrien (250 v. Chr.) und **Posidonius** auf Rhodus (100 v. Chr.) ausführten. Jener hatte erfahren, daß zur Zeit der Sommersonnenwende in der südlich von Alexandrien gelegenen Stadt Syene die Sonne sich in einem tiefen Brunnen spiegele, also dort im Zenith stehe. Er maß nun an demselben Tage in Alexandrien mit Hülfe einer halbkugelförmigen, horizontal aufgestellten Schale, in deren Mitte ein dem Halbmesser der Schale gleicher Stift als Schattenzeiger stand, die Höhe der Sonne im Mittage und fand, daß der Bogen zwischen dem Fuße des Stiftes und dem Ende des Sonnenschattens oder die Zenithdistanz der Sonne $1/50$ des ganzen Kreisumfanges betrug. Da er nun aus den Angaben der Reisenden wußte, daß die Entfernung zwischen Alexandria und Syene auf etwa 500 Stadien geschätzt werden müsse, so ergab sich ihm daraus die Größe des Erdumfanges $= 50 \cdot 5000 = 250000$ Stadien. In dem Bewußtsein aber, daß dies Ergebnis doch nicht auf scharfen Messungen beruhe, erhöhte er die Zahl 250000 auf 252000, um auf diese Weise für den 360sten Teil oder einen Grad des Erdumfanges die runde Zahl von 700 Stadien zu erhalten. Anderthalb Jahrhunderte später glaubte Posidonius aus Höhenmessungen des Kanopus in Alexandrien und in Rhodus folgern zu müssen, daß der Breitenunterschied zwischen diesen Orten $1/48$ des Kreisumfanges betrage, und da die Entfernung zwischen diesen Orten, die man als auf demselben Meridiane liegend betrachtete, nach den Wegesschätzungen der Schiffer 3750 Stadien betragen sollte, so berechnete er die Größe des Erdumfanges zu 180000 oder die Größe eines Grades zu 500 Stadien. Und dieser Bestimmung sind die meisten Geographen und Astronomen der späteren Zeit gefolgt. Man mußte sich eben für die eine oder die andere der beiden Gradmessungen entscheiden und so wählte man die neueste als vermutlich zuverlässigste. Hätte man das bereits von Protagoras angewandte Verfahren benutzt, dessen wir uns jetzt zur Ausgleichung von Messungen so vielfach und mit so großem Erfolge bedienen: Marcian. Heracl. Peripl. mar. exteri 2, 5: ὥστε τὸ μεταξὺ τῶν ἀριϑμῶν ἑκατέρων ὥσπερ ὅρον τινὰ τῆς ἀληϑείας κεῖσϑαι, so würde man durch das arithmetische Mittel den Grad in großer Schärfe zu 600 Stadien erhalten haben, da wie vorhin bemerkt, das griechische Stadium beinahe haarscharf dem Maße entspricht, welches wir jetzt als Kabellänge bezeichnen, wobei freilich wieder darauf aufmerksam gemacht werden muß, daß das Stadium ein wirkliches, die Kabellänge dagegen nur ein begriffliches Maß ist.

Eratosthenes kann als der Vater der Erdkunde angesehen werden, nicht bloß weil er die erste methodische Gradmessung ausgeführt, sondern auch, weil er das erste systematische Lehrbuch der Geographie geschrieben hat, die wissenschaftliche Grundlage, auf der seine Nachfolger fortbauen konnten. Leider sind uns davon nur Bruchstücke erhalten. Er teilte die Erde durch den Gleicher in die nördliche und südliche Halbkugel, und zerlegte die nördliche wieder durch Linien, von denen die einen mit dem Äquator parallel liefen, die anderen ihn rechtwinklig schnitten. Er zog darauf acht Parallelkreise, darunter die beiden Wendekreise, und als wichtigsten den, der durch die Säulen des Herkules und durch Rhodus ging, da er sich die schon von Dikäarch, einem Schüler des Aristoteles, ausgesprochene Ansicht aneignete, daß diese Linie den bewohnten Theil der Erde genau in zwei Hälften scheide. Wir werden dieser Scheidelinie noch öfter begegnen, da sie in der Geographie bis auf die neuere Zeit eine wichtige Rolle gespielt hat. Auf ihr maß Eratosthenes in Stadien die östlichen und westlichen Abstände von den sieben Meridianen, die er durch Orte von hervorragender Bedeutung legte, und unter denen er als Hauptmeridian wieder den durch Rhodus betrachtete, auf dem ja auch sein Wohnort Alexandria liegen sollte. Der Einteilung in 360 Grad freilich bediente er sich noch nicht; dies geschah erst von Hipparch in Alexandrien (150 v. Chr.), dem größten Astronomen des Altertums, dem für die Geographie überhaupt das Verdienst zukommt, daß er sie in die engste Verbindung mit der Astronomie brachte. Er führte in die griechische Wissenschaft die Teilung des Kreises ein, die bis in die älteste Zeit der Sternkunde zurückgeht. Die Astronomen Babylons hatten zuerst ein Sonnenjahr von 360 Tagen erkannt, indem sie 12 Monate zu 30 Tagen rechneten. Demgemäß sollte der 360ste Teil des Kreises oder ein Grad dem Schritte entsprechen, um den sich die Sonne bei ihrem jährlichen Umlaufe um die Erde täglich am Himmel fortbewegt; und auch als die Dauer des Jahres genauer bestimmt war, blieb man bei der bequemen Zahl. Ebenso sind die Unterabteilungen des Grades und der Stunde in sechzig Teile uralt babylonisch, vielleicht daher genommen, daß durch sechsmaliges Umtragen des Halbmessers als Sehne im Kreise sich Bogen von 60 Teilen ergeben. Hipparch nun überzog die Erdoberfläche mit dem Gradnetze von Meridianen und Breitenparallelen, dessen wir uns noch jetzt bedienen. Er drang darauf, die Lage der Orte durch astronomische Beobachtungen festzustellen, bestimmte zu dem Ende selbst mehrere Polhöhen, und indem er darauf hinwies, daß Zeitunterschied gleichbedeutend sei mit Längenunterschied, empfahl er zur Längenbestimmung die genaue Beobachtung der Sonnen- und Mondfinsternisse.

Als den Vater der Kartographie, namentlich der nautischen, haben wir Marinus aus Tyrus (100 n. Chr.) zu betrachten. Nicht als ob nicht schon früher Bilder einzelner Länder vorhanden gewesen wären; den ersten Versuch solche zu zeichnen, soll schon Anaximander, ein Schüler des Thales, gemacht haben. Aber es können sowohl diese, wie spätere, von denen uns berichtet wird, vgl. Propert. 4, 3:

Cogor et e tabula pictos addiscere mundos,
Ventus in Italiam qui bene vela ferat.

kaum etwas anderes gewesen sein, als rohe Darstellungen der Ländergestaltung und der gegenseitigen Lage bekannter Orte nach ihrer ungefähren Richtung und Entfernung von einander, wie wir solchen selbst bei Völkern auf der niedrigsten Bildungsstufe begegnen. Auch nicht als ob er der erste gewesen, der der Abbildung der Kugeloberfläche in der Ebene eine wissenschaftliche Grundlage gegeben hätte. Schon vor ihm waren die drei wichtigsten perspectivischen Projektionen bekannt, die, jenachdem der Augenpunkt in der Mitte der Kugel oder in unendlicher Entfernung oder in der Oberfläche der Kugel angenommen wird, von uns als centrale oder orthographische oder stereographische unterschieden werden, und von denen man die erste mit sehr fraglicher Berechtigung dem Thales, die beiden anderen aber mit ziemlicher Gewißheit dem Hipparch zuschreibt. Aber sie dienten lediglich mathematischen Zwecken, keine von ihnen ist weder im Altertume noch das ganze Mittelalter hindurch je zu einer Abbildung der Erdoberfläche benutzt worden. Marinus ist der erste gewesen, der seine Karten nach wissenschaftlichen Grundsätzen und nach einer ihm eigentümlichen Projection entworfen hat. Er zuerst stellte eine sorgfältige Vergleichung aller der ihm aus den Tagebüchern der Reisenden zugänglichen Nachrichten zu dem Zwecke an, um daraus für jeden Ort die Breite und Länge zu berechnen, und trug diese dann in ein Gradnetz ein, wie es für den damaligen Zustand der Erdkunde geeigneter nicht hätte erdacht werden können. Er zog die Breitenparallele und Meridiane als gerade Linien aus, die sich wie auf der Kugeloberfläche unter rechten Winkeln schnitten, so daß allerdings die Meridiane nicht convergierten, wie sie das auf der Kugeloberfläche thun, sondern einander parallel liefen, nahm aber doch auf die Kugelgestalt der Erde dadurch Rücksicht, daß er den Abstand der Meridiane von einander so ordnete, wie es der Mittelbreite der bewohnten Erde, der von Dikäarch und Eratosthenes angenommenen Scheidelinie, also dem Breitenparallele von 36° entsprach. Er wurde dadurch der Schöpfer der „platten" Seekarte, deren Projektionsweise nach ihm die Marinische genannt werden muß, und zugleich der Vorläufer Mercators, der die „runde" Karte für die Schiffahrt erfand. Ließen seine Karten noch zu wünschen, so lag der Grund in den damals noch sehr mangelhaften Ortsbestimmungen, nicht in der Projektionsweise. Würde nach dieser das Mittelländische Meer auf Grundlage unserer jetzigen Kenntnisse entworfen, so würde schon ein sehr geübtes Auge erforderlich sein, um auf einer solchen Karte irgend eine Verzerrung der Küstengestalt wahrzunehmen. Als die Marinische Projektion im 15. Jahrhundert von den Portugiesen wieder aufgenommen wurde, deren Reisen sich ungefähr ebensoweit südlich als nördlich vom Aequator erstreckten, mußte dieser von ihnen als Mittelbreite angenommen werden, so daß alle Breitenparallele und Meridiane dieselbe Größe erhielten, und dadurch wurde dann schon auf mittleren Breiten eine starke Verunstaltung des Bildes hervorgerufen. Nur für Spezialkarten wählte man die entsprechende Mittelbreite; aber der von Marinus gewählte Parallel von 36°, auf dem 4 Breitengrade gleich 5 Längengrade sind, blieb wohl dieses einfachen Verhältnisses wegen so beliebt, daß er noch am Ende des 16. Jahrhunderts von den holländischen Seekartenzeichnern wie z. B. von Adrian Geerdts und dem berühmten Waghenaer dem Gradnetze ihrer „generalen Paß= karten" von Europa zu Grunde gelegt wurde. Von Hipparch wich Marinus insofern ab, als er die Länge nicht in Bogen, sondern in Zeit ausdrückte, wie dies später auch von Kepler in seiner Weltkarte zu den Rudolfinischen Tafeln geschah, und es ist sehr fraglich, ob wir gut daran gethan haben, diese Bezeichnung der Länge wieder mit der Hipparchischen zu vertauschen. In Bezug auf die Größe der Erde entschied sich Marinus für die Posidonius'sche Messung, nach der ein Grad auf dem Aequator 500, also ein solcher auf 36° Breite 400 Stadien betrug. Dem bewohnten Teile der Erde aber gab er eine Ausdehnung von 15 Stunden oder 225°, ein Irrtum, der später wesentlich dazu beigetragen hat, Columbus zu seiner Fahrt nach der Ostküste Asiens auf westlichem Wege zu ermutigen. Auch den Anfangsmeridian legte er nicht wie seine Vorgänger durch Rhodus oder Alexandria, sondern durch die glücklichen Inseln, die jetzigen Canarien, und ist somit der Urheber unseres Meridianes von Ferro geworden.

Mit Ptolemäus in Alexandrien (150 n. Chr.) erreichte die messende Erd= und Himmelskunde ihren Höhepunkt. Er vereinigte in seinen beiden Hauptwerken, einem astronomischen und einem geogra= phischen, die Arbeiten seiner Vorgänger zu einem so streng systema= tischen Ganzen, daß die Nachwelt in ihnen die Wissenschaft als vollen= det und abgeschlossen betrachtete und bis zum Ende des Mittelalters glaubte nicht darüber hinausgehen zu dürfen. In dem astronomischen, dem Almagest, wie es von den Arabern in Verunstaltung des grie= chischen Titels genannt ist, überlieferte er das mit außerordentlichem Scharfsinne aufgebaute System, welches seinen Namen trägt und erst nach anderthalb Jahrtausenden unter harten Kämpfen vom Koperni= kanischen verdrängt werden konnte. Vielleicht mehr noch durch dies als durch sein geographisches Werk, welches während des ganzen Mittelalters in Vergessenheit gerathen war, hat er der Erdkunde bei dem Wiederaufleben der Wissenschaften genützt, denn hier waren es gerade die Astronomen, die wie Toscanelli den vom Prinzen Heinrich dem Seefahrer geweckten Unternehmungsgeist anfachten und leiteten, oder wie Regiomontanus neue Werkzeuge uud Tafeln zur astronomischen

Ortsbestimmung lieferten. In der Geographie des Ptolemäus liegt uns eigentlich nur das berichtigte und erweiterte Werk seines Vorgängers Marinus vor, so daß hier am Ende des von uns besprochenen Zeitraums sich der Vorgang des Anfangs wiederholte, wo auch phönizische Wissenschaft von den Griechen aufgenommen und vervollkommnet wurde. Von den acht Büchern, die es enthält, dient das erste als Einleitung und handelt von den einem Geographen nötigen Kenntnissen und der richtigen Methode bei Anwendung derselben, prüft das von Marinus eingeschlagene Verfahren, giebt eine eigene Anweisung zur Bestimmung des Erdumfanges und der geographischen Lage und endlich eine Anleitung zu zweierlei Uebertragungen der Erdoberfläche in eine Ebene. Die folgenden sieben Bücher enthalten nach der Reihenfolge der einzelnen Länder ein Verzeichnis der Breite und Länge von etwa 8000 Orten. Von höchster Wichtigkeit für uns sind die dem Werke beigegebenen 27 Karten, die einzigen uns aus dem Altertume überlieferten. Es ist bemerkenswert, daß Ptolemäus sich für die Spezialkarten nicht einer der beiden von ihm vorgeschlagenen Projectionsarten, sondern der des Marinus bedient, wonach die geradlinigen Meridiane und Breitenparallele sich, wie vorhin erwähnt, unter rechten Winkeln schneiden, das Verhältnis der Längen- zu den Breitengraden aber jedesmal für die Mittelbreite des darzustellenden Landes bestimmt wird (Geogr. 8, 1). Für den Grad des größten Kreises nahm er wie Marinus den aus Posidonius Gradmessung sich ergebenden Wert von 500 Stadien an, legte auch wie jener den ersten Meridian durch die glücklichen Inseln, wich aber darin von ihm ab, daß er die Länge nicht in Zeit, sondern wie Hipparch in Bogen ausdrückte. Auch die ost-westliche Ausdehnung der bewohnten Erde, die Marinus auf 225° schätzte, beschränkte er auf 180°.

Es mag hier am Orte sein, einiges über die Breitenbestimmung im Altertume zu sagen. Das dazu vorzugsweise und schon seit den ältesten Zeiten benutzte Instrument war der Gnomon oder Schattenzeiger. Man errichtete auf ebener Erde im Freien einen senkrechten, oben zugespitzten Stab, beschrieb aus dessen Achse als Mittelpunkt auf dem Boden concentrische Kreise und beobachtete mit ihrer Hülfe zunächst die Punkte, in denen der Schatten der Sonne Vor- und Nachmittags dieselbe Länge hatte. Darauf halbierte man den Bogen zwischen diesen Punkten und erhielt so die Mittagslinie. Maß man nun die Länge des Sonnenschattens im Augenblicke des Mittags, so konnte man aus dem Verhältnisse zwischen der Stabhöhe und der

Schattenlänge den Winkelabstand der Sonne vom Horizonte oder die Sonnenhöhe berechnen. Machte man die Beobachtung am längsten und kürzesten Tage, so ergab der halbe Höhenunterschied die Schiefe der Ekliptik und die halbe Höhensumme die Aequatorhöhe oder das Complement der Breite. Wurde die Beobachtung zur Zeit der Nachtgleichen angestellt, so erhielt man unmittelbar das Complement der Breite. Schon die alten Aegypter waren mit diesen Höhenmessungen vertraut und benutzten als Schattenzeiger ihre Obelisken, Ecksäulen, die nach oben verjüngt waren und in eine Spitze ausliefen, und bis ins späte Mittelalter hat sich diese Beobachtungsweise erhalten. Sie konnte nur ungenaue Werte liefern, so lange man der Säule eine einfache Spitze ließ, da wegen des allmählichen Überganges des Halbschattens in den Kernschatten die Länge des letzteren unsicher blieb. Als aber der Kaiser Augustus einen Obelisken aus Aegypten nach Rom brachte, wußte der Mathematiker Facundus Novius (Plin. H. N. 36, 10) jenem Uebelstande auf eine sinnreiche Weise dadurch zu begegnen, daß er auf die Spitze eine Kugel setzte. Von dem elliptischen Bilde, welches diese in die Ebene warf, ließ sich der Mittelpunkt mit weit größerer Genauigkeit beobachten. Auf der Mittagslinie dieses Gnomons waren auch neben den verschiedenen Schattenlängen der Sonne eherne Inschriften angebracht, welche die Dauer des natürlichen Tages in Aequinoctialstunden angaben. Später ersetzte man das dunkle Bild der Kugel durch ein helles der Sonne, indem man diese durch eine kleine Oeffnung in einer Platte scheinen ließ. Immerhin konnten auch diese Messungen auf große Schärfe keinen Anspruch machen, und es ist nichts als ein glücklicher Zufall, wenn Breitenbestimmungen aus dem Altertume mit unseren jetzigen innerhalb enger Grenzen zusammentreffen. Wo sich aber Abweichungen zeigen, darf man diese nicht etwa dadurch erklären, daß man den alten Astronomen unterschiebt, sie hätten vergessen, den Sonnenhalbmesser in Rechnung zu bringen. Eines solchen Fehlers konnten sich die scharfsinnigen Männer gar nicht schuldig machen. Sie selbst täuschten sich so wenig über die Zuverlässigkeit dieser Beobachtungen, daß sie wie z. B. Ptolemäus in seiner Geographie die Breiten nicht in Minuten, sondern nur in Bruchteilen eines Grades angaben. Und weil man nun einmal auf eine scharfe Bestimmung verzichten mußte, und weil auch wieder andererseits die Lage eines Ortes in Bezug auf den Aequator zu wichtig war, um ganz übergangen zu werden, so half man sich dadurch, daß man die bewohnte Erdoberfläche in parallele Gürtel oder Klimate einteilte, und Länder und

Städte in diese einordnete, jenachdem ihre geographische Breite entweder aus der Dauer des längsten Tages oder aus der Schattenlänge zur Zeit der Nachtgleiche angenähert bekannt war. Daß es von Hause aus nicht auf große Genauigkeit abgesehen war, ergiebt sich schon aus der Einfachheit der Verhältniszahlen, bei denen man Brüche ganz vermied. Plinius, der diese Erfindung den Griechen zuschreibt und sie als außerordentlich scharfsinnig preist (H. N. 6, 33), hat uns eine solche ältere Einteilung in parallele Gürtel überliefert, „damit bei der Uebersicht der Länder nichts fehle." Sie mag im Auszuge hier eine Stelle finden.

Parallel-gürtel	Orte im Parallelgürtel	Dauer des längsten Tages		Höhe de Gnomons	Länge des Schattens
1	Persien, Arabien, Unterägypten u. s. w.	14 St.	0 M.	7	4
2	Babylon, Jerusalem, Thrus, Kreta u. s. w.	14 „	12 „	35	24
3	Cypern, Rhodus, Syrakus u. s. w.	14 „	32 „	100	77
4	Smyrna, Athen, Korinth u. s. w.	14 „	40 „	21	16
5	Hellespont, Tarent, Corsica u. s. w.	15 „	0 „	7	6
6	Rom, Genua, Mittelspanien u. s. w.	15 „	12 „	9	8
7	Venedig, Mailand u. s. w.	15 „	36 „	35	36

Wie allgemein und obenhin diese Angaben sind, liegt auf der Hand. — Daß in See keine Breitenbestimmungen angestellt werden konnten, braucht wohl kaum erwähnt zu werden.

Die hohe Stufe der Ausbildung, auf welche die Griechen die Mathematik zu erheben wußten, machte es ihnen möglich, nicht nur für die Astronomie und Geometrie, sondern auch für die Mechanik und Optik den wissenschaftlichen Grund zu legen. Es ist bekannt, daß der große Mathematiker des Alterthums, Archimedes, das Gesetz vom ungleicharmigen Hebel aufgefunden hat; daß wir ihm den wichtigen Satz verdanken, wonach ein Körper bei seiner Eintauchung in Wasser genau so viel an Gewicht verliert, als das Gewicht des von ihm verdrängten Wassers beträgt; daß ihm mehrere mechanische Werkzeuge, wie z. B. die nach ihm benannte Wasserschraube zugeschrieben werden. In der Optik kannten die Alten die Sätze, daß sich der Lichtstrahl in einem und demselben Mittel stets geradlinig bewegt; daß bei der Spiegelung der zurückgeworfene Strahl denselben Winkel mit der spiegelnden Fläche bildet wie der einfallende und daß beide Strahlen in einer auf der spiegelnden Fläche senkrechten Ebene liegen; daß der in einen durchsichtigen Körper schräg einfallende Strahl von seiner geraden Richtung abgelenkt wird. Von Ptolemäus ist uns ein Werk erhalten, in dem er nachweist, daß die astronomische Strahlenberechnung im Zenithe Null ist und nach dem Horizonte zu größer wird. Man wußte sich daraus zu erklären, daß bei einer Mondfinsternis, die doch nur eintreten kann, wenn Sonne und Mond einander gerade gegenüberstehen, der Mond schon verdunkelt wird, wenn beide Gestirne noch über dem Horizonte sind. So könnten wir noch diese und jene Einzelheit anführen und doch müssen wir sagen, daß dem Altertume eine wirkliche Naturforschung unbekannt war. Ihm fehlte die Kunst des Beobachtens, die Kunst, Fragen an die Natur zu stellen und durch Versuche auf den Gang der Erscheinungen so einzuwirken, daß sich daraus Gesetze folgern lassen. Ueber augenfällige Vorgänge, wie sie uns z. B. die Meteore, Wind, Regen, Gewitter, Regenbogen u. s. w. bieten, hatte der eine Weltweise diese und der andere jene Meinung, und es kann ja nicht fehlen, daß uns hie und da einmal eine Ahnung des Richtigen begegnet; aber ein Gemeingut anerkannter naturwissenschaftlicher Wahrheiten gab es nicht. Es kann deshalb keinen Zweck haben, daß wir die in den alten Schriftstellern aufgestellten Behauptungen zusammenstellen, um den Beweis zu liefern, daß die Nautik aus ihnen keinen Nutzen ziehen konnte. Wenn wir uns aber gestehen müssen, daß noch jetzt die Meteorologie auf den Namen einer Wissenschaft im strengen Sinne keinen Anspruch machen kann, so wollen wir den Alten keinen Vorwurf daraus machen, daß Alles, was sie z. B. von den Luft- und Meeresströmungen wußten, sich auf solche Thatsachen beschränkte, wie sie sich auch dem blödesten Auge aufdrängen. Sobald die phönizischen Schiffer das Indische Meer befuhren, mußte ihnen der regelmäßige Wechsel der dort herrschenden Winde auffallen, und die älteste Nachricht über die dortigen Jahreszeitenwinde oder Monsune ist wohl in der Mitteilung zu finden, daß die Schiffe des Königs Hiram von Tyrus (2. Chron. 9, 21) jedes dritte Jahr zurückkehrten. Da im Roten Meere im Sommer der NNW- und im Winter der SSO-Monsun weht, so konnte man nur im Sommer abfahren und nur im Winter die Rückkehr antreten. Wenn man also auch während des ersten Winters die Geschäfte in Ophir erledigt hatte, so mußte man doch bis zum Spätherbste des zweiten Jahres liegen bleiben und kam so erst im Frühling des dritten Jahres zurück. Genauer bekannt wurden die Monsune erst durch den Zug Alexanders des Großen nach Indien (Arr. ind. 21. Peripl. mar. Er. 57. Plin. H. N. 6, 23), und der Südwestmonsun erhielt nach dem Schiffer, der ihn zuerst zur geraden Ueberfahrt nach Indien zu benutzen gelehrt haben soll, den Namen Hippalos.

Wie die Phönizier auf ihren Ophirfahrten die Monsune, so lernten sie auf ihren Tarsisfahrten die Meergezeiten kennen. Sie machten die Beobachtung, daß der Kreislauf dieser Erscheinungen ein täglicher, monatlicher und ein jährlicher ist (Strabo 3, § 11. Plin. H. N. 2, 97), daß ihr täglich zweimaliger Wechsel sich innerhalb eines Mondestages vollzieht und sich wie dieser verspätet, daß aber ihr Auftreten auch von der gegenseitigen Stellung des Mondes und der Sonne bedingt wird, daß bei Neu= und Vollmond die stärksten, bei dem ersten und letzten Viertel die schwächsten Fluten stattfinden, dies jedoch nicht genau auf die Tage der Mondphasen selbst fällt, sondern erst einige Tage später eintritt; endlich, wie Plinius richtig gegen Strabo bemerkt, daß die Fluten zur Zeit der Nachtgleichen die stärksten sind. Von den nicht durch das Ebben und Fluten hervor= gebrachten Meeresströmungen waren so augenfällige und stetige, wie die durch die Straße von Gibraltar aus dem Atlantischen in das Mittelmeer und die durch die Straße der Dardanellen aus dem Schwarzen in das Mittelländische Meer, nachweislich bekannt. (Geogr. gr. min. ed Müller, vol. II, pag. 507 und Polyb., 4, 39). Aber wir dürfen voraussetzen, daß die Seeleute des Altertums auch von den Strömungen innerhalb des Mittelländischen Meeres, namentlich denen an der Küste genauer unterrichtet waren, als es nach der feh= lenden Ueberlieferung den Anschein haben könnte.

Den Beschluß dieses Abschnittes mögen einige Mitteilungen über die Art und Weise machen, wie man im Altertume die horizon= talen Richtungen bezeichnete.

Naturgemäß wurde seit den ältesten Zeiten der Umfang des Gesichtskreises durch zwei rechtwinklige Querachsen in vier Haupt= richtungen zerlegt. So finden sich diese schon bei Homer Od. 5, 295:

Σὺν δ'Εὐρός τε Νότος τ'ἔπεσον Ζεφυρός τε δυσαής,
Καὶ Βορέης αἰθρηγενέτης, μέγα κῦμα κυλίνδων.

Unter sich kämpften der Ost und der Süd und der sausende Westwind,
Auch hellluftiger Nord, der gewaltige Wogen daherwälzt.

Wir sehen, daß die Aufzählung der Winde gerade wie bei uns von links nach rechts geschieht oder dem Laufe der Sonne folgt, daß aber Homer von einem anderen Anfangspunkte ausgeht als wir. Während wir von Jugend auf durch den Unterricht gewöhnt werden, die Richtungslinien im Horizonte auf die Lage der Weltachse zu beziehen und den Pol als festen Punkt am Himmel zum Anfangs= punkte zu nehmen, so daß von den beiden Querachsen die Nordsüd= linie vor der Ostwestlinie den Vorrang hat, war im Altertume die

Weltgegend die wichtigste, von woher mit dem Aufgange der Sonne die Natur zu Licht und Leben erwacht, und darum die Richtungslinie zwischen dem Auf- und Untergange der Sonne die vornehmste. Während wir die Erdoberfläche in die nördliche und südliche Halbkugel teilen, kennt Homer nur eine Licht bringende und eine Dunkel bringende, eine Tag- und Nachtseite, eine Ost- und Westhälfte der Erde. Wo deshalb im Altertume die vier Hauptrichtungen einander gegenüber gestellt werden, da pflegt nicht nur bei den Griechen und Römern, sondern auch bei den Semiten die Ostwestlinie der Nordsüdlinie voranzugehen. Bei Ovid z. B. Trist. 1, 2, 27:

Nam modo purpureo vires capit Eurus ab ortu,
   Nunc Zephyrus sero vespere missus adest.
Nunc gelidus siccas Boreas bacchatur ab Arcto,
   Nunc Notus adversa proelia fronte gerit.
Bald erfrischt sich der Ost die Kraft vom rosigen Morgen,
   Bald weht wieder der West, spät von dem Abend gesandt.
Bald rast eisiger Nord einher von dem trockenen Bären,
   Bald mit feindlicher Stirn führet die Kämpfe der Süd.

Beim Jesaias 43, 5: „Ich will von Morgen deinen Samen bringen und will ihn von Abend sammeln, und will sagen gegen Mitternacht: Gieb her; und gegen Mittag: Wehre nicht." Beim Lucas Ev. 13, 29: „Und es werden kommen vom Morgen und vom Abend, von Mitternacht und von Mittag, die zu Tische sitzen werden im Reiche Gottes." Diese Auffassung hat sich lange, man kann sagen bis zur Entdeckung der Nordweisung der Magnetnadel erhalten.

Natürlich reichten die vier Hauptrichtungen an und für sich zur genauen Bezeichnung der Lage nicht aus, und so war man gezwungen, Zwischenrichtungen einzuschalten. Bei Benennung derselben halten wir durchgehends an der Regel fest, daß wir ihre Namen durch Zusammensetzung derjenigen bilden, in deren Mitte sie fallen, so daß Südost die Richtung mitten zwischen Süd und Ost, und Nordwest die Richtung mitten zwischen Nord und West bezeichnet. In einzelnen Fällen geschah dies auch schon im Altertume, so daß z. B. Euronotus den Mittelwind zwischen dem Eurus, dem Ostwinde und dem Notus, dem Südwinde bedeutet. Und was wir in einem solchen Falle thun, das geschah auch im Altertume, man setzte den vornehmeren Strich voran. Deshalb sagte man Ostsüd und nicht Südost, wie wir sagen, weil für uns Süd der vornehmere Strich ist.

Durch Einschaltung von vier Mittelrichtungen gewann man im ganzen acht Winde. Sie sind auf dem uns noch erhaltenen achteckigen

Tempel der Winde zu Athen (Vitruv 1, 6, 4) genannt und als Bild=
säulen dargestellt. Als diese nun aber für die Wissenschaft noch nicht
ausreichten und die Gelehrten eine genauere Teilung forderten, ver=
fiel man nicht etwa darauf, die vorhandenen acht durch Halbierung
zu verdoppeln, sondern man setzte an die Stelle der Achtteilung die
Zwölfteilung, deren ersten Spuren wir bei Aristoteles begegnen
(Meteor. 2, 6). Sie empfahl sich dadurch, daß man von den Quer=
achsen aus mit derselben Zirkelöffnung, mit der man den Kreis
beschrieb, auch den Umring unmittelbar in zwölf Teile zerlegen
konnte, bot aber neben dieser Bequemlichkeit auch den Vorteil, daß
sie sich an die Erscheinungen des Sonnenauf= und =unterganges
anschmiegte. Man erhielt zunächst die Ostwestlinie dadurch, daß zur
Zeit der Nachtgleichen die Sonne genau Ost auf= und West unter=
ging. Um dann für die neben Ost und West liegenden Richtungen
der Zwölfteilung die Punkte im Horizonte festzustellen, verlegte man
sie auf den Ort des Auf= und Unterganges der Sonne zur Zeit der
Sommer= und Wintersonnenwende (Aristot. Meteor. 2, 6 und Aga=
them. 2, 12). Freilich ändert sich die Amplitude mit der Breite; da
aber die Alten unmöglich für verschiedene Breiten auch eine verschie=
dene Teilung des Horizontes angenommen haben können, so werden
wir hier wieder auf die in der Erdkunde des Altertumes eine so
wichtige Rolle spielende Scheidelinie der bewohnten Welt, den Breiten=
parallel von 36° hingewiesen. Rechnen wir die Schiefe der Ekliptik,
wie sie derzeit angenommen wurde, zu 23° 50′, so ergiebt sich in
der That:

Breite .... = 36° 0′   log sec = 0,0920
Abweichung = 23° 50′   log sin = 9,6065
Amplitude = 29° 58′   log sin = 9,6985

also die Morgen= und Abendweite zu rund 30°. In denselben Ab=
ständen wie diese vier Richtungen von dem Äquator mußten dann
die vier anderen von der Nordsüdlinie liegen, und so erhielt man die
gleichabständige Zwölfteilung des Horizontes. Nach Vitruv 1, 6, 10
soll die Zahl später sogar auf 24 gebracht sein, wir finden sie aber
nirgend angewendet. Selbst die Zwölfteilung wird nicht ins Volk
gedrungen, sondern ausschließlich Eigentum der Gelehrten geblieben
sein, da selbst ein Mann wie Plinius d. Ä. meint, daß sie allzugenau
sei (H. N. 2, 47: ratio nimis sublimis). Man wird sich im Alter=
tume wie bei uns im gemeinen Leben zur Bezeichnung der Wind=
richtungen mit acht Weltgegenden begnügt haben. Und eine wissen=
schaftlich so durchgebildete Teilung des Horizontes, wie sie die Strich=

rose unseres Kompasses bietet, dürfen wir bei den Alten überhaupt nicht suchen, wenn sie auch in der Zwölfteilung einen Anlauf dazu genommen haben. Wir bezeichnen die Himmelsgegenden ganz ohne Rücksicht auf konkrete Naturerscheinungen und geben nach diesen Richtungen dem Winde seinen Namen. Die verschiedenen Richtungen in der Ebene des Horizontes würden ja auch bestehen, wenn nie ein Wind die Lufthülle bewegte. Die Alten aber benannten umgekehrt die Richtungen nach den Winden, und da diese wie die Windfahne selbst unstät und schwankend waren, so konnten auch die nach ihnen benannten Richtungen nicht scharf bestimmt sein. Nach dem einen sollte ein Wind diese, nach dem anderen sollte er jene Richtung haben, und wiederum wurde dieselbe Richtung an dem einen Orte mit diesem, an dem anderen mit jenem Namen bezeichnet. Ja, man gelangte zu dem mehr als sonderbaren Ergebnis, daß einige Richtungen gar nicht vorhanden seien. Sogar Aristoteles meint bei dem Entwerfen seiner Windrose, daß es einige Winde gebe, die keinen Gegenwind hätten, so daß für diese letzteren die Richtungen in seiner Teilung des Horizontes ausfallen mußten. Es ist deshalb auch ein ganz vergebliches Bemühen, aus den Windnamen der Alten eine Windrose bilden zu wollen, die mit der Strichrose unseres Kompasses in mehr als den vier Hauptstrichen sich decken könnte.

2. Das Schiff.

Die Schiffszimmerplätze oder Werften, τὰ ναυπήγια, befinden sich in unmittelbarer Nähe des Wassers. Ehe man aber mit dem Baue beginnen kann, muß die Stelle am Lande, auf der das Schiff, ἡ ναῦς, τὸ πλοῖον, stehen soll, für einen doppelten Zweck eingerichtet werden. Sie muß über der Umgebung erhöht werden, um die Arbeit unter dem Schiffsbauche z. B. das Anschlagen der untersten Planken möglich zu machen, und sie muß eine nach der Wasserseite zu geneigte Lage erhalten, um das Hinabgleiten oder Ablaufenlassen, ἡ καθολκή, des fertigen Schiffes zu erleichtern. Man kann eine dazu geeignete feste Unterlage aus gestampfter Erde, aus Mauerwerk oder aus Gebälk herstellen, kann aber auch, wenn Grund und Boden es gestatten, einen einfachen schweren Balken dazu benutzen. Bei uns heißt eine solche Vorrichtung ein Helgen, bei den Griechen hieß sie ὁλκός. Herod. 2, 154. ἐξ ὧν δὲ ἐξανέστησαν χώρων, ἐν τούτοισι δὲ οἵ τε ὁλκοὶ τῶν νεῶν καὶ τὰ ἐρείπια τῶν οἰκημάτων τὸ μέχρι ἐμεῦ ἦσαν. Ib. 2, 159. καὶ τριήρεες αἱ μὲν ἐπὶ τῇ Βορηΐῃ θαλάσσῃ ἐποιήθησαν, αἱ δ' ἐν τῷ Ἀραβίῳ κόλπῳ ἐπὶ τῇ Ἐρυθρῇ θαλάσσῃ, τῶν ἔτι οἱ ὁλκοὶ ἐπίδηλοι. Thuc. 3, 15. καὶ ὁλκοὺς παρεσκεύαζον τῶν νεῶν ἐν τῷ ἰσθμῷ.

Man kann sich eines solchen Helgens natürlich auch zum Heraufwinden aus dem Wasser, ἡ ἀνολκή, νεωλκεῖν, bedienen, z. B. wenn ein Schiff am Boden ausgebessert werden muß. Die Seezeughöfe der Athenischen Häfen, τὰ νεώρια, in denen sich die Seezeughäuser, αἱ σκευοθῆκαι, befanden, vgl. Böckh, Urk. S. 66 ff. hatten für die Kriegsschiffe, die auf längere Zeit außer Dienst gestellt wurden, überdachte Helgen, in denen die Schiffe trocken standen und dem Einflusse der Witterung entzogen waren; Trümmer davon sind noch jetzt vorhanden. Berühmt war im Altertume der Schleifhelgen, ὁ δίολκος (Strab. 8, 6, 4. Thuc. 3, 15. Pomp. Mela 2, 3) über die Korinthische Landenge, um die Schiffe aus dem Ägäischen in das Jonische Meer zu schleifen. Wahrscheinlich wird er nur aus einzel-

nen starken, in gerader Linie vor einander gelegten Balken bestanden
haben. Dichterisch wird dann auch wohl ὁλκός überhaupt für den
Liegeplatz der Schiffe am Ufer gebraucht, und in einem solchen Falle
haben wir nicht an einen so festen Unterbau zu denken, wie er sich
auf den Werften fand. Eur. Rhes. 146.

ἀλλὰ προσμίξω νεῶν
ὁλκοῖσι νυκτὸς τῆςδ᾽ ἐπ᾽ Ἀργείων στρατῷ.
Jb. 673. ἀλλ᾽ ὅσον τάχιστα χρὴ
φεύγειν πρὸς ὁλκοὺς ναυστάθμων.

Wenn man das Schiff bloß auf untergelegten Klötzen statt auf
einem Helgen erbaut, so sagt man, daß es auf Stapeln oder auf dem
Stapel steht. Man bringt in diesem Falle die geneigte Lage dadurch
hervor, daß man unter dem dem Wasser zugewendeten Schiffsteil
weniger Klötze aufeinanderlegt, als unter dem dem Wasser abgewendeten. Diese Klötze werden bei uns Stapelblöcke genannt und hießen
bei den Griechen aller Wahrscheinlichkeit nach τὰ τροπιδεῖα. Plato
Legg. 7 pag. 803 nennt sie τὴν τῆς ναυπηγίας ἀρχὴν und bei Clem.
Alex. 1, 1, 1 findet sich: ὁ θεοσεβείας καθηγεμών, ὁ τροπιδίου δίκην
ὑποκείμενος λόγος εἰς οἰκοδομὴν πίστεως.

Den Grundbalken des Schiffes bildet der Kiel, ἡ τρόπις, ein
der Länge des Fahrzeuges entsprechendes vierkantiges Stück Holz.
Bei Kriegsschiffen, die starken Stößen widerstehen mußten, nahm man
dazu Eichenholz, bei Handelsfahrzeugen Fichtenholz. Theophr. h. p.
5, 8: τὴν δὲ τρόπιν τριήρεσι μὲν δρυΐνην, ταῖς δὲ ὁλκάσι πευκίνην. Damit der Kiel beim Ablaufen des Schiffes, oder falls es auf den
Grund geriet oder gesetzt wurde, keinen Schaden litt, war unter ihn,
wie bei uns, eine starke Bohle genagelt, der lose oder falsche Kiel,
τὸ χέλυσμα. Poll. 1, 86: τὸ δὲ ὑπὸ τὴν τρόπιν τελευταῖον προσηλούμενον, τοῦ μὴ τρίβεσθαι τὴν τρόπιν, χέλυσμα καλεῖται. Hesych. χέλυσμα
τὸ προσηλούμενον τῇ τρόπει ξύλον, ἕνεκα τοῦ μὴ πονεῖν τὰ ξύλα ἐν τῷ
καθέλκεσθαι τὰ πλοῖα.

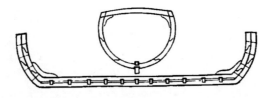

An den beiden Enden des Kiels und von gleicher Stärke mit
ihm werden schräg aufwärts gerichtete und etwas nach außen ge-

krümmte Pfosten befestigt, die beiden Steven. Der Vorsteven hieß bei den Griechen ἡ στεῖρα. Hesych. στεῖρα · τὸ ἐξέχον τῆς πρώρας ξύλον κατὰ τὴν τρόπιν, d. h. der vorn am Schiffe herausragende, bis auf den Kiel niedergehende Balken. Od. 2, 428:

ἀμφὶ δὲ κῦμα
στείρῃ πορφύρεον μεγάλ' ἴαχε νηὸς ἰούσης.

Auf der Argo war in diesem Vorsteven, und nicht, wie man unbegreiflicherweise zu sagen pflegt, in dem unter Wasser befindlichen Kiel, das tönende Holz von Athene befestigt. Apoll. Rh. 1, 526:

ἐν γάρ οἱ δόρυ θεῖον ἐλήλατο, τὸ ῥ' ἀνὰ μέσσην
στεῖραν Ἀθηναίη Δωδωνίδος ἥρμοσε φηγοῦ.

Der Krümmung wegen bestand derselbe, wie auch bei uns aus mehreren, wenigstens zwei Stücken, von denen das obere, das Topstück, ὁ στόλος hieß. Oben am Topstück ragte noch ein Stück Holz nach vorn hervor, der Stevenkopf, τὸ ἀκροστόλιον, welches bei Kauffahrern wohl nur zur Verzierung, bei Kriegsschiffen aber auch als Stoßbalken gegen ein feindliches Schiff diente. Da die Teile des Vorstevens sehr fest mit einander verbunden sein mußten, so waren sie nicht bloß durch Falze und Nägel an einander gefügt, sondern auch mit ehernen Schienen beschlagen, und der στόλος heißt deshalb bei Äschylus ein χαλκήρης. Pers. 406:

εὐθὺς δὲ ναῦς ἐν νηῒ χαλκήρη στόλον ἔπαισεν.

Zu weiterer Verstärkung war auch noch gegen die Innenseite ein in die hohle Bucht passendes Krummholz befestigt, der Binnensteven, ἡ φάλκις. Poll. 1, 85: τὸ δὲ τῇ στείρᾳ προσηλούμενον φάλκις, andere Lesart φάλκης und φόλκις.

Für den Hinter- oder Achtersteven haben uns die Grammatiker das Wort nicht erhalten. Aber aus Apoll. Rh. 1, 1314:

ὕψι δὲ λαχνῆέν τε κάρη καὶ στῆθε' ἀείρας
νειόθεν ἐκ λαγόνων, στιβαρῇ γ' ἐπορέξατο χειρὶ
νήϊον ὁλκαίοιο.

und 4, 1609:

ὡς ὅγ' ἐπισχόμενος γλαφυρῆς ὁλκήϊον Ἀργοῦς
ἦγ' ἅλαδε προτέρωσε.

sehen wir, daß es τὸ ἑλκαῖον oder ὁλκεῖον gewesen ist. Das Scholion zu letzterer Stelle heißt: ὁλκήιον δέ ἐστι τὸ κάτω τοῦ πλοίου ξύλον τὸ πρὸς τῇ τρόπιδι, der an dem Schiffe abwärts bis zum Kiel hinuntergehende Balken. Davon hat Od. 14, 350 das Steuerruder seinen Namen τὸ ἐφόλκαιον, gebildet wie τὸ ἐφίππιον. Die Schiffe des Altertums wurden mit Remen gesteuert und zwar die homerischen mit einem einzigen, der mitten auf dem Hinterbord, dem Heck wie wir sagen, also entweder auf dem Hintersteven selbst oder doch unmittelbar neben ihm lag. Als Odysseus vom Räuberschiffe entflieht, darf er nicht in das Wasser springen, weil dann die Räuber durch das Platschen aufmerksam und seine Kleider durch das unvermeidliche Untertauchen naß geworden wären, die er ja gerade, um sie trocken zu halten, um den Kopf gewickelt hatte. Deshalb stellt er den langen Steuerremen auf den Grund schräg gegen das Schiff angelehnt, läßt sich vorsichtig daran hinab und schwimmt auf der Brust dem Ufer zu.

Wie man den Kiel als den Rückgrat des Schiffskörpers betrachten kann, so die Spanten als die Rippen desselben. Es sind dies die auf dem Kiele ruhenden, aus mehreren Teilen bestehenden, gabelförmig gebogenen und nach aufwärts gerichteten Hölzer, an welche die Planken oder Bohlen der Schiffswand befestigt werden. Sie haben in der Mitte unterhalb einen Einschnitt, mit dem sie den oberen Teil des Kiels umfassen, damit keine Verschiebung nach den Seiten stattfinden kann. Die einzelnen Teile, aus denen jedes Spant zusammengesetzt ist, heißen mit ihrem gemeinschaftlichen Namen Inhölzer, welches durch das griechische $\dot{\varepsilon}\gamma\varkappa o i \lambda \iota \alpha$ wiedergegeben wird. Andere Ausdrücke bei den Schriftstellern sind $\delta \varrho \upsilon o \chi o \iota$, $\dot{\varepsilon} \nu \tau \varepsilon \varrho o \nu \varepsilon \iota \alpha$, $\nu o \mu \varepsilon \varepsilon \varsigma$. Die Grammatiker führen noch an $\dot{\alpha} \mu \varphi \iota \mu \iota \tau \varrho \iota \alpha$, $\dot{\varepsilon} \pi \iota \sigma \tau \alpha \tau \tilde{\eta} \varrho \varepsilon \varsigma$. Das erstgenannte Wort $\delta \varrho \upsilon o \chi o \iota$ kommt bei dem Wettkampfe zwischen Odysseus und den Freiern vor und hat so verschiedene Auslegungen gefunden, daß es angebracht erscheint, näher darauf einzugehen und aus den Schriftstellern selbst, in denen es uns begegnet, seine Bedeutung festzustellen.

Das Wort $\delta \varrho \upsilon o \chi o \iota$ findet sich bei Homer, Aristophanes, Euripides, Apollonius Rhodius, Archimelus, Plato, Polybius und Protopius.

Bei Homer Od. 19, 573 hat Odysseus die zwölf Äxte, durch deren Stielloch der Pfeil geschossen werden soll, aufgestellt $\delta \varrho \upsilon \acute o \chi o \upsilon \varsigma$ $\ddot{\omega} \varsigma$. Da nun feststeht, daß die $\delta \varrho \upsilon \acute o \chi o \iota$ Schiffsbauhölzer waren, so kann über ihre Bedeutung schon an dieser einzigen Stelle kein Zweifel sein. Auf die Frage: was sind das für Schiffsbauhölzer, die in ihrer Anordnung und nach ihrer Gestalt mit den Stiellöchern der in eine Reihe gestellten Äxte verglichen werden können? wird die einstimmige Antwort aller Seeleute lauten: das könnnen nur die Spanten sein.

Im Aristophanes ist es die Stelle Thesm. 57, wo der Dichterling Agathon verspottet wird:

(Ἀγάθων ἔρχεται)
δρυόχους τιθέναι δράματος ἀρχάς.
κάμπτει δὲ νέας ἁψῖδας ἐπῶν
τὰ δὲ τορνεύει, τὰ δὲ κολλομελεῖ
καὶ χηροχυτεῖ καὶ γογγύλλει
καὶ χοανεύει.

Was in aller Welt können denn hier die δρύοχοι anders bedeuten, als die Spanten? Wenn man den Entwurf, den Riß eines Schiffes machen will, so zeichnet man einen Spantenriß, wie der technische Ausdruck lautet; denn Gestalt und Größe des Schiffes werden von dem Balkengerippe, den Spanten bestimmt, die eben deshalb νομέες genannt werden. Und die Spanten werden aus Krummhölzern zusammengesetzt, gebohrt, geteert und haben eine hohle bogenförmige Rundung. Wenn auch nur diese einzige Stelle vorläge, der Begriff der δρύοχοι wäre auf das sicherste festgestellt; auf gar keine anderen Hölzer im Schiffe passen die Anspielungen so genau wie auf die Spanten.

Beim Euripides lautet die Stelle Electr. 1163:

ὀρεία τις ὡς λέαιν᾿ ὀργάδων
δρύοχα νεμομένα τάδε κατήνυσεν.

Wie die δρύοχοι die aufragenden Balken des Schiffes, so sind hier δρύοχα die hochaufstrebenden Bäume des strotzenden Waldes. An diese Stelle muß Pollux gedacht haben, als er 1, 86 die μέρη νεώς aufzählte: δρύοχον, τρόπις κτλ. Zunächst hat er daher den metaplastischen Nominativ δρύοχον, den man ganz unnötigerweise in δρύοχοι hat verwandeln wollen. Dann aber wird auch die Bedeutung klar, welche er dem Worte hat geben wollen. Da er in der Aufzählung der Schiffsteile eine gewisse Reihenfolge beobachtet, wenn auch nicht immer streng einhält, sei es weil er nicht sachkundig genug war, sei es weil der Text in der Überlieferung stark entstellt ist, so hat man, da δρύοχον dem τρόπις vorangestellt ist, geglaubt, daß es etwas bedeute, was der Legung des Kieles vorangehe. Ich wenigstens kann mir keinen anderen Grund denken, warum man auf die Erklärung der δρύοχοι als Stapelblöcke verfallen sein könnte. Darf man aber, und wie ich glaube, mit recht annehmen, Pollux habe bei seiner Wörterlese aus den Schriftstellern das δρύοχον aus dem Euripides aufgenommen, so kann er nichts anderes darunter verstanden haben, als Schiffsbauholz, den Kollektivbegriff für alle die folgenden Hölzer.

Bei Apollonius Rhodius finden sich die δρύοχοι an der Stelle 1, 723:

Παλλάς ὅτε πρῶτον δρυόχους ἐπεβάλλετο νηὸς
Ἀργοῦς, καὶ κανόνεσσι δάε ζυγὰ μετρήσασθαι.

Wir gebrauchen genau dieselbe Wendung: „Als Pallas die Spanten des Schiffes Argo aufsetzte" für „mit dem Baue begann." Hierzu bemerkt nun der Scholiast, und gerade der des Apollonius zeigt sich vor anderen mit den technischen Schiffsausdrücken vertraut: *δρυόχοις · ἐν οἷς καταπήγνυται ἡ τρόπις ξύλοις, ταῦτα οὕτως καλοῦσιν. Ὅμηρος·*

ἵστασχ' ἑξείης, δρυόχους ὣς, δώδεκα πάντας.

δρύοχοι οὖν τὰ ἐγκοίλια τῆς νεώς. Das Wort *καταπήγνυται* hat die Bedeutung: in einer Vertiefung befestigt oder, wie unsere Handwerker sagen würden, eingelassen. Und das ist der Kiel in der That. Die Spanten haben, wie oben erwähnt ist, in der Mitte unterhalb einen Einschnitt, in den der Kiel eingeschoben oder eingelassen ist. Der Gebrauch dieses Wortes beweist allein schon die Sachkunde des Schreibers.

Als Hiero von Syrakus unter Archimedes Leitung das große Schiff hatte bauen lassen, verfaßte der Dichter Archimelus darauf ein so beifällig aufgenommenes Epigramm, daß der König ihm ein Geschenk von 1000 Medimnen Weizen verehrte. Wir dürfen uns also sicher darauf verlassen, daß der Verfasser die richtigen technischen Ausdrücke gebraucht hat, weil er sonst in der Seestadt Syrakus ausgelacht wäre. Das Gedicht ist uns bei Athen. 5, 44 erhalten, und die für unsere Frage wichtige Stelle lautet:

Πῶς δὲ κατὰ δρυόχων ἐπάγη σανίς;

Daß *σανίς* die Beplankung des Schiffes bedeutet, steht fest. Was können die *δρύοχοι* also wohl anders sein, als die Spanten? An welche anderen Hölzer werden denn Planken angeschlagen?

Plato im Tim. pag. 81 B bezeichnet die *δρύοχοι* als *τὰ στηρίγματα τῆς πηγνυμένης νεώς*. Nun, gerade wie das Knochengerüst, das Gerippe mit Fug und Recht die Stütze unseres Körpers genannt werden kann, so sind die Spanten die inneren Stützen des Schiffes. Hätte Plato äußere Stützen im Auge gehabt, so würde er wohl das schon bei Homer vorkommende Wort *ἕρματα* gebraucht haben.

Polybius hat 1, 38: *οἱ Ῥωμαῖοι..... ἔγνωσαν ἐκ τῶν δρυόχων εἴκοσι καὶ διακόσια ναυπηγεῖσθαι σκάφη.* Wir würden gerade so gut sagen: Die Römer beschlossen, 220 Schiffe von den Spanten auf d. h. ganz neu zu bauen.

Bei Prokop endlich heißt die Stelle B. G. 4, 22: τά τε παχέα ξύμπαντα ξύλα ἐς τὴν τρόπιν ἐναρμοσθέντα, ἅπερ οἱ μὲν ποιηταὶ διόχους καλοῦσιν, ἕτεροι δὲ νομέας, ἐκ τοίχου μὲν ἕκαστον θατέρου ἄχρι ἐς τῆς νεὼς διήκει τὸν ἕτερον τοῖχον. Daß hier das sonst nirgend vorkommende Wort διόχους durch δρύοχους ersetzt werden muß, das, wie Prokop sagt, vorzugsweise bei Dichtern vorkommt, unterliegt keinem Zweifel und ist von den Herausgebern anerkannt worden. Dann aber kann es keine klarere Begriffsbestimmung der δρύοχοι oder νομέες geben, als diese.

Unsere Lexikographen sind von einem richtigen Takte geleitet gewesen, wenn sie an der Erklärung Rippen, sollte heißen Spanten, für δρύοχοι festgehalten haben.

Wie die einzelnen Stücke oder Inhölzer, aus denen die Spanten zusammengesetzt sind, benannt wurden, können wir nicht mit Bestimmtheit angeben. Bei der σχεδίη des Odysseus kommen als solche σταμῖνες und ἴκρια vor. Bei Athen. 5, 40 werden ἐγκοίλια und σταμῖνες unterschieden, und Theophr. 4, 3 sagt vom Schwarzdorn, daß er besonders deshalb πρὸς τὰ ἐγκοίλια geeignet sei, weil er nicht leicht faule. Da nun die oberen Inhölzer wenig, die unteren dagegen, an denen sich das durchgeleckte Wasser sammelt, am meisten von der Feuchtigkeit leiden, so müßten ἐγκοίλια wohl die untersten sein. Von den ἴκρια wissen wir bestimmt, daß sie die obersten waren, weil sie das Deck trugen. Wollten wir also die einzelnen Stücke mit deutschen Benennungen bezeichnen, so müßten wir ἐγκοίλια durch Flurhölzer, σταμῖνες durch Kimmsitzer und ἴκρια durch Auflangen übersetzen. Die besondere Bedeutung der ἐγκοίλια schließt natürlich nicht aus, daß sie als Teil des Ganzen auch für das letztere, die Spanten gebraucht wurden.

Der unter den Spanten befindliche, den Kiel umfassende Einschnitt hinderte ihre seitliche Verschiebung. Damit auch ihre Verschiebung nach vorn und hinten gehindert wurde, legte man einen auf sie eingeschnittenen Balken darüber, der bei den Griechen ἡ δευτέρα τρόπις hieß, bei uns das Kolschwinn oder Sodholz genannt wird. Diese Einschnitte sind aber nicht so tief, daß das Kolschwinn den Kiel selbst berührt, da Lücken zwischen beiden bleiben müssen, welche dem auf dem Boden des Schiffes sich ansammelnden Wasser den Durchlauf nach beiden Seiten gestatten, wodurch die Entleerung des Schiffes, auch wenn es sich stark nach der Seite neigt oder überhellt, erleichtert wird.

Wo das Kolschwinn vorn und hinten an den Binnensteven stößt, ist in dem Winkel ein schweres Krummholz sowohl an den Binnensteven als an das Kolschwinn angebolzt, das Stevenknie. Nach Poll. 1, 86 τῇ δὲ στείρᾳ προσηλοῦται ὁ καλούμενος φάλκης. ἐνδοτέρω δέ ἐστιν ἑκατέρωθεν ὁ ἀντιφάλκης, ἣν καὶ ῥινωτηρίαν ὀνομάζουσιν, muß es ἀντιφάλκης geheißen haben. Das Wort ἑκατέρωθεν hier auf die beiden Seiten rechts und links zu beziehen, ist technisch unzulässig, da in dieser Weise keine Kniee angebracht werden können; die zwei Stevenkniee, das eine für den Vor-, das andere für den Achtersteven haben einander gegenüber gestanden. Das Wort ἑκατέρωθεν steht hier in demselben Sinne wie bei Hesych. unt. ἀμφίπρυμνος · πλοῖον ἑκατέρωθεν πρύμνας ἔχον. Daß ein solches Krummholz nach Pollux auch ῥινωτηρία genannt wurde, vgl. auch Hesych. ῥινωτηρία · μέρος τι τῆς νεώς, läßt mich vermuten, daß das Wort, insofern es von ῥίς abgeleitet werden darf, der allgemeine Ausdruck für das gewesen ist, was wir mit Knie bezeichnen, da dies ja eine nasenförmige Gestalt hat.

Von allen Holzverbindungen beim Schiffsbaue sind die Kniee die stärksten, und es ist gar nicht daran zu zweifeln, daß sie auch im Altertume häufig angewandt sind. Wo Balken, die unter einem Winkel zusammenstoßen, an einander befestigt werden sollen, sind sie so gut wie gar nicht zu entbehren. Allerdings können sie nicht aus geradem Holze geschnitten werden. Wäre der eine der beiden Schenkel gegen den Faden geschnitten, so würde er leicht abbrechen; das Holz muß nach dem Winkel des Kniees gewachsen sein. Deshalb sind die von Natur krummen Äste des Eichbaums für den Schiffsbau von so großem Werte. Nun wurde freilich im Altertume die Eiche, so viel ich weiß, zum Schiffsbau, abgesehen vom Kiele, nicht verwendet, aber man hatte ja die Wurzelkniee der Nadelhölzer, die auch von uns vielfach gebraucht werden. Und ich möchte glauben, daß gerade für das Stevenknie und für die gebogenen Inhölzer der Spanten solche von Natur krumme Wurzelkniee zur Verwendung gekommen sind. Daß sie von den Schriftstellern nicht erwähnt werden, wenn sich nicht vielleicht Hom. Il. 3, 61: ὅς ῥά τε τέχνῃ νήιον ἐκτάμνῃσιν gerade hierauf bezieht, erklärt sich leicht; ich wüßte nicht, wo sich die Gelegenheit dazu geboten haben sollte. Aber auch die Onomastika und Lexika lassen uns in Stich. Das allgemeine Wort für Verband ist ἁρμονία, welches mehrfach vorkommt, und in den Scholien dazu habe ich wohl πάσσαλος Pflock, oder γόμφος Nagel, oder ἧλος Bolzen, oder σφήν Zwinge, oder ἐπίουρος Nut und Feder, ober πελεκῖνος Nut und Schwalbenschwanz angeführt gefunden, aber nach einem griechischen Worte für Knie habe ich mich vergebens umgesehen.

An die Spanten werden reihenweise ungefähr parallel mit dem Kiele die Planken, αἱ σανίδες, oder οἱ πίνακες, oder τὰ ξύλα, angeschlagen. Eine einzelne Reihe solcher in gleicher Höhe rings um das Schiff laufender Planken, die wir einen Gang nennen, hieß bei den Griechen ζωστήρ. Je weniger solcher Gänge über dem Wasser sichtbar sind, desto tiefer geht das Schiff. Heliod. Aeth. 1, 1. τὸ ἄχθος ἄχρι καὶ ἐπὶ τρίτον ζωστῆρα τῆς νεὼς τὸ ὕδωρ ἀνέθλιβεν. Die Plankenhaut bildet eine starke Verbindung des Schiffsgebäudes nach seiner Länge. Damit die untersten Planken in den Kiel und die Enden der Plankengänge in die Steven fest eingefügt werden können, läuft an der Oberkante des Kiels und aufwärts an den Steven zu beiden Seiten eine Kerbe hin, Spündung genannt, in welche die Planken eingelassen werden. In der Höhe, aber unterhalb des Verdecks, meist unmittelbar unter dem Bord, auf dem die Remen lagen, lief um die Außenwand zur stärkeren Verbindung nach der Länge des Schiffs noch eine besonders starke Planke herum, bei uns Bergholz, bei den Griechen τὸ περίτονον genannt. Eustath. 1533, 41: περίτονον λέγεται παρὰ τὸ διόλου τείνεσθαι. Bei der σχεδίη des Homer, die keine Beplankung hatte, dienten die ἐπηγκενίδες, um den Verband in der Länge herzustellen.

Die Planken der griechischen und römischen Schiffe waren mit ihren schmalen Kanten der Länge nach aufeinander gesetzt, so daß die Schiffswandung eine glatte Fläche bildete. Die Ägypter ließen nach Hdt. 2, 96 die Planken mit ihren wagerechten Kanten wie Schindel oder Dachziegel πλινθηδόν übereinandergreifen. Auch wir thun das bei kleineren Schiffen, die dadurch ruhiger im Wasser liegen, und nennen solche Fahrzeuge klinkerweise gebaut.

Damit durch die feinen Fugen oder, wie der Schiffsbauer sagt, Nähte kein Wasser dringen konnte, wurden sie kalfatert, d. h. es wurde mit Hülfe eines stumpfen Meißels und eines hölzernen Schlägels Werg hineingetrieben und dann geschmolzenes Pech darüber gegossen. Auch Wachs oder eine Mischung von Pech und Wachs wurde dazu genommen. Endlich wurde die ganze Schiffswand geteert. Hdt. 2, 96. ἔσωθεν δὲ τὰς ἁρμονίας ἐπάκτωσαν τῇ βύβλῳ. Plin. H. N. 16, 36. Arundinis coma contusa et interiecta navium commissuris ferruminat textus glutino tenacior, rimisque explendis fidelior pice. Luc. dial. mort. 4, 1. κηρὸν, ὡς ἐπιπλάσαι τοῦ σκαμι-

δίον τὰ ἀνεῳγότα. Plin. H. N. 16, 12. Non omittendum zopissam vocari derasam navibus maritimis picem cum cera. Ovid Metam. 11.
Jamque labant cunei spoliataque tegmine cera
Rima patet.
Plin. H. N. 11, 11. Pix liquida in Europa e taeda coquitur navibus muniendis.

Auch das Beschlagen der Außenwand mit einer Metallhaut, um die Planken vor dem Bohrwurm zu schützen, war den Alten bereits bekannt. Vom Schiffe des Hiero erzählt Moschion bei Athen. 5, 40. καὶ ταῖς ἐκ μολίβου ποιηθείσαις κεραμίσιν ἀεὶ καθ᾽ ὃ ναυπηγηθείη μέρος περιελαμβάνετο. Jb. μολυβδίναις δὲ κεραμίσιν ἀπεστεγνοῦντο πρὸς τὸ ξύλον, ὑποτιθεμένων ὀθονίων μετὰ πίττης. Über das Schiff des Trajan, welches im See von Riccia ausgegraben wurde, berichtet Leo Baptista Alberti: De re aedificatoria libri X. libro V. cap. XII. de navibus earumque partibus: Ex navi Trajani per hos dies, dum quae scripsimus commentarer, ex lacu Nemorensi eruta, quo loco annos plus mille CCC demersa et destituta jacuerat, adverti pinum materiam et cupressum egregie duram. In ea tabulis extrinsecus duplicem superextensam et pice atra perfusam telam ex lino adglutinarunt supraque id chartam plumbeam claviculis aeneis coadfirmarant. Man verfuhr also damals genau wie jetzt, nur daß man der Metallhaut statt der Unterlage von geteerter Pappe, die wir gebrauchen, eine solche von geteerter Leinwand gab.

Das Vorderteil des Schiffes heißt ἡ πρώρα, das Hinterteil ἡ πρύμνα.

Die Seitenwand des Schiffes in ihrer ganzen Länge von vorn bis hinten hieß ὁ τοῖχος, und davon das sich auf die Seite Neigen oder, wie wir sagen, Überhellen τοιχίζειν. Wenn wir auf dem Schiffe von hinten nach vorn sehen, so heißt die Seite zur rechten die Steuerbordseite und die Seite zur linken die Backbordseite. Jene hieß deshalb ὁ τοῖχος δεξιός, diese ὁ τοῖχος εὐώνυμος. Ebenso bedeutet ἐπὶ δεξιά an Steuerbord und ἐπ᾽ ἀριστερά an Backbord. Wie wir das Vorderteil des Schiffes seinen Kopf nennen, so betrachteten die Griechen die Beplankung vorn am Schiffe als dessen Antlitz τὸ ἀντιπρόσωπον Artem. Oneir. 2, 23 und 4, 24, und τὸ μέτωπον vgl. μετωπηδόν bei Thuc. 2, 90. Dem entsprechend hießen die beiden Buge d. h. die Rundungen der Schiffswand zu beiden Seiten des Vorstevens αἱ παρειαί, vgl. bei Homer die νῆες μιλτοπάρῃοι und φοινικοπάρῃοι die rotbugigen Schiffe; und die Klüsen d. h. die Öffnungen, durch die die Ankertaue fahren, οἱ ὀφθαλμοί, vgl. Böckh Urk. S. 102 ff.;

und das Vorderteil dem Winde entgegenstellen, in den Wind bringen, auf den Wind legen nannte man ἀντοφθαλμεῖν. Über den Klüsen befand sich das Namenbrett, d. h. das Brett mit dem Namen des Schiffes. ἡ πτυχίς oder ἡ πτυχή. Apoll. Rh. 1, 1089 Schol. πτυχὴ δὲ λέγεται, ὅπου τὸ τῆς νεὼς ἐπιγράφεται ὄνομα. Pollux 1, 86 wirrt ὀφθαλμός und πτυχίς durcheinander. Lucian. Nav. 5: ἡ πρῷρα τὴν ἐπώνυμον τῆς νεὼς θεὸν ἔχουσα τὴν Ἶσιν ἑκατέρωθεν.

Der innere hohle Raum des Schiffes, den wir schlechtweg den Raum oder das Hohl nennen, hieß τὸ κύτος oder ἡ κοίλη ναῦς. Der Boden desselben, wo das eingedrungene Wasser sich sammelt, der Sod, hieß ἡ ἀντλία, das Sodwasser selbst ὁ ἄντλος oder τὸ ἄντλον, und das Ausschöpfen ἀντλεῖν. Theogn. 672:

ἀντλεῖν δ' οὐκ ἐθέλουσιν · ὑπερβάλλει δὲ θάλασσα
ἀμφοτέρων τοίχων.

Ein bis zum Sinken leckes Schiff hieß ὑπέραντλος. Da Schiffspumpen im Altertume nicht bekannt waren, so mußte das durchgeleckte Wasser mit Schöpfgefäßen entfernt werden; ein solches hieß ἀντλητήριον. Aesch. Sept. c. Th. 802, Schol. ἄντλον λέγεται τὸ ἀπὸ τοῦ κλύδωνος εἰσερχόμενον ὕδωρ · ἑτοίμως οὖν οἱ ναῦται ἐξαντλοῦσι καὶ ἔξω τὸ τῆς θαλάσσης ὕδωρ ἐκφέρουσιν · ἐξ οὗ καὶ τὸ καλούμενον ἀντλητήριον. Als die Pompejanischen Schiffe bei Actium in Brand gesteckt waren, versuchten die Schiffsleute mit Seewasser zu löschen, waren aber dazu nicht im stande. Cass. Dio 50, 34: ἀδύνατοι δὲ πανταχῇ τοῦτο ποιεῖν ὄντες, οὔτε γὰρ πολλὰ ἢ καὶ μεγάλα τὰ ἀντλητήρια εἶχον, καὶ ἡμίσεα αὐτὰ ἅτε ταραττόμενοι ἀνέφερον. In kleinen Fahrzeugen wird man das Wasser aus diesen Gefäßen unmittelbar über Bord gegossen haben; auf großen konnte man Leitern in den Raum stellen und auf diesen stehend sich die Eimer zureichen, oder man konnte diese an einem Taue aus freier Hand aufziehen oder auch mit Hülfe einer Rolle aufwinden. Daß man eines der erstgenannten Verfahren angewendet habe, finde ich nirgend erwähnt, aber das letzte berichtet ein Erklärer zu Aristoph. Lys. 722: τροχιλία ἐστιν ὁ τροχὸς τοῦ ξύλου τοῦ φρέατος, δι' οὗ ἱμῶσι. δεδήλωται δὲ περὶ τούτου καὶ ἐν ὁλκάσι. Daß das große Schiff des Hiero von einem einzigen Manne mit Hülfe einer Archimedischen Schnecke entleert sei, Athen. 5, 40, ist so unwahrscheinlich, daß der ganze Bericht dadurch verdächtigt wird. Es ist zu bedauern, daß wir über einen für die Schiffahrt so wichtigen Punkt nicht genauer unterrichtet sind. Was geschah doch wohl, wenn das Schiff tagelang im Sturme trieb, schwer arbeitete und viel Wasser machte? Durfte man die Luken an Deck öffnen, wenn jeden

Augenblick eine See überkommen konnte, die das Schiff bei offenen Luken zum Sinken gebracht hätte? Aber es ist uns ja nicht einmal das Wort für Luke und Lukendeckel erhalten, obgleich diese bei Schiffen mit vollem Deck zweifellos vorhanden waren. Es soll hier nur darauf hingewiesen werden, wie wenig wir im stande sind, uns von den Schiffen des Altertums ein vollständiges Bild zu machen, da wir nicht einmal auf eine so wichtige Frage antworten können. Es ist dies aber zugleich ein Beweis dafür, daß die Alten sicherlich viele Einrichtungen gehabt haben, von denen die Überlieferung nichts sagt, und daß wir uns ihre Schiffe in Wirklichkeit weit vollständiger ausgerüstet denken müssen, als wir dies im einzelnen aus den uns erhaltenen Nachrichten nachweisen können.

Große Schiffe mit Kaufmannsgütern müssen auch innerhalb eine volle Beplankung oder, wie wir sagen, Wegerung gehabt haben, weil sonst die Ladung von dem an den Seiten durchleckenden Wasser beschädigt wäre. Diese Binnenplanken hießen ebenfalls σανίδες. Kleine, namentlich offene Schiffe, d. h. solche ohne Deck, werden nur auf dem unteren Boden eine Bauchdielung, ein Flach, ἔδαφος gehabt haben, Bretter, die lose nebeneinander gelegt werden, damit man sie aufnehmen und den Sod reinigen kann.

Bei Schiffen, die mit einem Deck versehen waren, dienten als Unterlage desselben, sowie zur Verbindung der Spanten querschiffs die Deckbalken, τὰ ζυγά. Die homerischen Schiffe hatten kein volles durchgehendes Deck, κατάστρωμα, sondern nur ein Vordeck und ein Hinterdeck. Da nun die Deckbalken und somit auch das Deck auf den obersten Inhölzern der Spanten ruhen mußte, so bedeutet ἐπ' ἰκριόφιν soviel wie auf dem Verdeck, ἴκρια νηὸς πρῴρης Od. 12, 229 das Vordeck, und ἴκρια νηὸς πρύμνης Od. 13, 74 das Hinterdeck. Das Wort ἴκρια hat also ganz denselben Doppelsinn, wie in Westfalen und Niedersachsen das Wort Balken, welches neben seiner eigentlichen Bedeutung auch noch die der Bodendielung des Raumes unter dem Dache hat. Andernteils möchte ich das ὑπὸ ζυγά, welches sich Od. 9, 99 und 13, 21 findet durch „unter Deck" übersetzen. Alkinoos setzt 13, 21 die Geschenke eigens dahin, wo sie den Ruderern nicht im Wege stehen. Das würden sie ja aber gerade unter den Ruderbänken gethan haben; niemand würde die Beine haben ausstrecken können. Und dann sind ja auch die Deckbalken am Vor- und Hinterschiffe so viel höher als die Ruderbänke, so daß in 9, 99 die Mannschaft besser unter Deck gebracht werden konnte, als unter die Ruderbänke, wo sie mit Füßen getreten wäre. Bei vollgedeckten Schiffen muß τὰ ζυγά natürlich das ganze Vordeck bedeuten. In Soph. Aj. 242 steht ζυγός einfach für Schiff und θοὸν εἰρεσίας ζυγὸν ἑζόμενον dichterisch für: ein rasches Ruderfahrzeug besteigend.

Ein glattes Deck, auf dem die Planken von vorn nach hinten in einer Ebene fortlaufen, finden wir bei den Schiffen der Alten nicht. Da sich auch ihre Segelschiffe gelegentlich der Remen bedienen mußten, so legte man die Mitte des Verdecks, wo die εἰρεσία geschah, dem Wasserspiegel näher, damit die Remen so wagerecht wie möglich in das Wasser eingreifen konnten. Wir nennen die ἴκρια πρώρης die Back, und die ἴκρια πρύμνης die Schanze, beide mit gemeinschaftlichem Namen die Verzäunung. Das griechische Wort dafür ist ἡ παρεξειρεσία, ὁ ἔξω τῆς εἰρεσίας τίπος. Bei Polyaen. Strat. 3, 11, 14 bedeutet es die Schanze und in den beiden Stellen Thuc. 4, 12 und 7, 34 die Back, und das Scholion zu letzterem Orte, sowie die Grammatiker Hesychius und Suidas verstehen darunter nur diese; aber das Scholion zu 4, 12 sagt, daß es sowohl Back als Schanze bedeute, und diese Angabe wird bestätigt durch die Stelle Arr. Per. P. E. 5: κοίλην μὲν γὰρ δι' ὀλίγου τὴν θάλατταν (τὸ πνεῦμα) ἐποίησεν, ὡς μὴ κατὰ τὰς κώπας μόνον, ἀλλὰ καὶ ὑπὲρ τὰς παρεξειρεσίας ἐπεισρεῖν ἡμῖν ἑκατέρωθεν ἀφθόνως τοῦ ὕδατος.

In der Mitte des Schiffes, wo gerudert wurde, mußte auf den Spantenköpfen als Bedeckung der Länge nach ein fester Balken liegen, der nach den Grammatikern τράφηξ hieß, vgl. Böckh Urk. S. 103. Er hat auf unseren Segelschiffen den Namen Schandeck und auf Ruderfahrzeugen den Namen Dollbord. Auf Schiffen mit vollem Deck bildet er gleichsam die Umrahmung des letzteren. Wie auch bei uns werden durch ihn hin schräg abwärts Löcher gebohrt gewesen sein, die dem Wasser, welches in See von den Wellen oder vom Regen auf das Deck kam, Abfluß nach außen verschaffte. Ein solches Speigat hieß εὐδίαιος. Hesych. τὰ ἐν τοῖς πλοίοις γινόμενα τρήματα διὰ τοὺς ὄμβρους. Offene kleine Schiffe, die im Winter auf das Land gezogen wurden, hatten für den Abfluß des Regen- und Schneewassers ein Loch im Boden, dessen Zapfen χείμαρος hieß, und bei uns Scheinagel genannt wird. Hesiod. op. 624:

νῆα δ' ἐπ' ἠπείρου ἐρύσαι...
χείμαρον ἐξερύσας, ἵνα μὴ πύθῃ Διὸς ὄμβρος.

Im Schiffsraume war unter dem Hinterdeck mittelst einer Scherwand oder eines Querschosses ein Verschlag abgesondert, in den die Seeleute ihre Habseligkeiten und die Reisenden ihr Gepäck bargen. Wir nennen ihn die Piek oder Steuerpflicht; nach Hesychius hieß er καπήλη · τὸ ἐν τῇ πρύμνῃ κοίλωμα, ἔνθα οἱ ναῦται πάντα ἀποτίθενται. Die Bezeichnung rührt offenbar daher, daß er zugleich den Mundvorrat enthielt. Das ἐνθέμιον, welches nach Pollux am Hinterteile des Schiffes befindlich war, wird wohl dieselbe Bedeutung haben. Auch die κοίλη ναῦς bei Synes. ep. 32 wird auf diesen Raum zu beziehen sein. Beim Zurücksenden eines flüchtigen, trunkfälligen Sklaven bittet der Briefschreiber, denselben doch ja auf dem Verdecke zu fesseln. Lasse man ihn frei umhergehen, so werde er unter Deck und an die Vorräte zu kommen suchen und nicht bloß sich selbst dem Trunke hingeben, sondern auch das Schiffsvolk dazu verleiten. πλείτω δὲ δεδεμένος ἐπὶ τοῦ καταστρώματος, μὴ γὰρ εἰς κοίλην ναῦν καταβαίη.

Am Vorderteile unter der Back wird sich ohne Zweifel ein ähnlicher Verschlag, eine Vorpflicht, befunden haben, in dem Segel, Tauwerk u. dgl. aufbewahrt wurde. Dieser als Segelkammer und Kabelgat dienende Raum hieß wahrscheinlich καραδάλη. Hesych. καραδάλη · ἁρμενοθήκη. Und darf man vom Riesenschiffe des Hiero auf die Einrichtung der gewöhnlichen schließen, so befand sich am Vorderteil auch der Behälter für das Trinkwasser. Athen. 5, 42: ἦν δὲ καὶ ὑδροθήκη κατὰ τὴν πρώραν κλειστή, ἐκ σανίδων καὶ πίττης καὶ ὀθονίων κατεσκευασμένη.

Auf großen Schiffen, die ein volles Deck hatten, tief geladen waren und deshalb schwerfällig im Wasser lagen, mußte von der Schanze bis zur Back an beiden Seiten über dem τράφηξ ein Geländer, φράγμα, angebracht sein, um den Wogenspritz abzuhalten und zugleich zu verhindern, daß eine etwa überkommende Welle alles von Deck wegspülte. Auf Kriegsschiffen diente es zugleich als Brustwehr, hinter der sich die Kämpfenden vor den Geschossen des Feindes schützten, woher auch unser Name Verschanzung für dasselbe rührt. Es war eine Riegelung, bestehend aus den aufrechten Riegelungsstützen und einer darüber gelegten schweren Planke, dem Riegel. Von außen war es der ganzen Länge nach mit der Schanzkleidung d. h. mit Brettern oder auch mit einem aus Häuten oder Haartuch hergestellten Schlaglaken bekleidet. Deshalb wurden jedem Kriegsschiffe zwei solcher Schlaglaken, παραρρύματα, eines für jede Seite mitgegeben. Vgl. Böckh Urk. S. 159 und Polyaen. Strat. 3, 11, 13. Weil diese äußere Bekleidung nur bei schlechtem Wetter und für die Schlacht angebracht, bei gutem Wetter aber oder im Hafen abgenommen wurde, so erscheinen die Geländer auf den uns erhaltenen Abbildungen durchbrochen. Bei ungedeckten Schiffen, die nicht tief gingen, sich leicht mit den Wellen hoben und senkten, also auch nicht leicht Wasser übernahmen, mochten sie nun groß oder klein sein, war eine solche Riegelung nicht nötig. Die Mannschaft bewegte sich nicht auf einem Deck, sondern auf dem Flach, dem Boden des Schiffes und hatte in der Schiffswand selbst schon eine Brustwehr. Aber nichts stand im Wege, auch auf ihnen, wenn es nötig schien, eine solche anzubringen. Wir thun dies in besonderen Fällen ebenfalls und nennen eine solche Erhöhung der Seitenwand einen Setzbord. Jenachdem Schiffe mit einer Riegelung oder Verschanzung versehen waren oder nicht, hießen sie κατάφρακτοι, verschanzt, oder ἄφρακτοι, unverschanzt. Uneigentlich wurden dann auch wohl gedeckte oder ungedeckte Fahrzeuge mit diesen Ausdrücken bezeichnet.

Auf den Abbildungen sehen wir bei vielen Schiffen am Hinterteile einen Geländerumgang als Ausbau, eine Hintergalerie, τὸ περιτόναιον. Poll. 1, 89: τὰ περὶ τὴν πρύμναν προὔχοντα ξύλα περιτόναια καλεῖται.

Um die schweren Taue, die starken Widerstand leisten mußten, auf dem Verdecke sicher zu befestigen, benutzte man im Altertume wie bei uns Pfosten, um welche die Taue mit einigen Rundschlägen oder Windungen gelegt wurden. So stand, wie sich aus den Abbildungen ergiebt, vor dem erhöhten Hinterdeck ein aufrechter Ständer, κάπης oder καταπήξ genannt. Hesychius hat κάπης· ξύλον τι ἐν τῇ πρύμνῃ τῆς νεὼς ὑπερέχον. Für das was wir allgemein Boller nennen, kurze dicke hölzerne oder steinerne Pfosten zum Belegen der schweren Taue, finden sich bei den Grammatikern noch die Ausdrücke λογγάσια und λογγῶνες. Während Hesychius unt. λογγάσια· ἐξ ὧν τὰ πρυμνήσια δέουσι τῶν νεῶν es ungewiß läßt, ob die steinernen Boller am Lande oder die hölzernen an Bord, oder ob beide gemeint sind, bezieht das Etym. magn. die Ausdrücke allein auf die steinernen Boller am Hafenkai: λογγῶνες δὲ καλοῦνται οἱ ἐπὶ τῶν λιμένων τρητοὶ λίθοι· οὓς τρυπῶσιν, ἵν' ἐξαπαρτῶσι τὰ σχοινία νεῶν ἐξ αὐτῶν. τοὺς δὲ τοιούτους λίθους καὶ λογγάσια ἔλεγον. Aber der bare Unsinn, daß solche Steine durchbohrt und die Taue darin eingefädelt gewesen seien, macht die Erklärung als die eines nicht Sachkundigen höchst verdächtig: Die Glosse beim Suidas unt. λογγῶνες ist offenbar verderbt. Dagegen dienten diese Pfosten nach Hesychius unt. λογγασίη· νεὼς καὶ ἱστίον ἔρεισμα nicht bloß um die Landfesten zu belegen, sondern auch um unter Umständen den Backstagen und damit dem Segel einen festen Halt zu geben, müssen sich also auf dem Schiffe und dann sicher auf beiden Seiten des Verdecks befunden haben.

Vor dem Maste standen die Winden, mit denen man die Anker und andere schwere Lasten hob, die στροφεῖα καὶ περιαγωγεῖς, Brat- und Gangspille, wie unsere Seeleute sagen, jene mit wagerechter, diese mit senkrechter Welle, sonst bei uns Haspel und Göpel genannt. Lucian. Nav. 5: αἱ ἄγκυραι καὶ στροφεῖα καὶ περιαγωγεῖς θαυμάσια πάντα μοι ἔδοξε. Plut. reip. ger. praec. pag. 812: οἱ κυβερνῆται τὰ μὲν ταῖς χερσὶ δι' αὐτῶν πράττουσι, τὰ δ' ὀργάνοις ἑτέροις δι' ἑτέρων, ἄπωθεν καθήμενοι, περιάγουσι καὶ στρέφουσι.

Auf dem Hinterdecke waren bedeckte Räume hergerichtet, die dem Reeder und Schiffer oder vornehmen Reisenden Obdach gewährten. Lucian. Nav. 5: αἱ μετὰ τὴν πρύμναν οἰκήσεις. Auf den Kriegsschiffen namentlich befand sich auf dem Hinterdeck eine nach vorn offene Hütte mit runder Hinterwand und gewölbtem Dache, ἡ σκηνή. Poll. 1, 89: ἐκεῖ που καὶ σκηνὴ ὀνομάζεται τὸ πηγνύμενον στρατηγῷ ἢ τριηράρχῳ. Arrian. Exp. Al. 6, 13: ὡς δ' ἐπέλαζεν ἡ ναῦς ἤδη τῷ στρατοπέδῳ τὸν βασιλέα φέρουσα κελεύει δὴ ἀφελεῖν τὴν σκηνὴν ἀπὸ τῆς πρύμνης, ὡς καταφανὴς εἶναι πᾶσιν.

Da die Zierraten am Schiffe ohne jegliche nautische Bedeutung sind, so mögen wenige Worte darüber genügen. Der Hintersteven lief nach oben nicht in ein stumpfes Ende, sondern in eine zierlich geschwungene Spitze aus, τὸ ἄφλαστον, die oft in einen Federbüschel, eine Kaupe oder, wie wir sagen, eine Krülle gespalten war, τὰ ἄκρα κόρυμβα. Apoll. Rh. 2, 601:

ἔμπης δ' ἀφλάστοιο παρέθρισαν ἄκρα κόρυμβα

oft aber auch in einen bald auswärts bald einwärts gebogenen, meist vergoldeten Schwanenhals, χηνίσκος, eigentlich Gänsehals, verlief. Lucian. Nav. 5: ἡ πρύμνα μὲν ἐπανέστηκεν ἠρέμα καμπύλη, χρυσοῦν χηνίσκον ἐπικειμένη. Jd. Ver. hist. 2, 41: ὁ ἐν τῇ πρύμνῃ χηνίσκος ἄφνω ἐπτερύξατο καὶ ἀνεβόησε.

Auch standen auf dem Hinterdeck geschnitzte vergoldete Götterbilder. Eurip. Jph. Aul. 209:

χρυσέαις δ' εἰκόσιν
κατ' ἄκρα Νηρῇδες ἕστασαν θεαί
πρύμναις, σῆμ' Ἀχιλλείου στρατοῦ.

Auf solche Bilder bezieht sich offenbar Weish. Sal. 14, 1: „Desgleichen thut, der da schiffen will und durch wilde Fluten zu fahren gedenkt und ruft an ein viel fauler Holz, denn das Schiff ist, darauf er fähret."

Am Kopfe des Vorstevens aber befand sich wie bei uns, geschnitzt oder gemalt das Abzeichen oder Wahrzeichen des Schiffes,

τὸ παράσημον, welches in Beziehung zu dessen Namen stand. Ovid. Trist. 1, 10, 1:
>Navis et a picta casside nomen habet.

Plut. Conv. pag. 162, A: πυθόμενος τῆς νεὼς τὸ παράσημον. Hom. Il. 9, 241. Schol.: ἐπὶ τῶν ἀκροστολίων ἦσαν ἀγάλματα καὶ εἰκόνες τῶν θεῶν.

Ich kann übrigens den Wunsch nicht unterdrücken, daß dieser Gegenstand, der doch durchaus keine nautischen Kenntnisse erfordert, von philologischer Seite einmal wieder, und zwar ohne auf die unzuverlässigen Grammatiker viel Gewicht zu legen, neu bearbeitet werden möchte. Wie mir scheint, trifft die bekannte Enschede=Ruhnken'sche Abhandlung, auf die stets Bezug genommen wird, nicht immer das Richtige.

3. Ballast und Ladung.

Jedes Schiff muß, um gegen das Umschlagen gesichert zu sein Ballast führen; weniger wenn es beladen ist, aber doch soviel, daß es sich aufrecht hält, auch wenn die Ladung gelöscht ist; und mehr wenn es unbeladen ist. Der Ballast hieß τὸ ἕρμα und das Ballasten ἑρματίζειν, Plut. ab princ. inerud. pag. 782: ἐξῆν οὖν φιλοσοφοῦντι καὶ τῇ διαθέσει γίνεσθαι Διογένην, καὶ τῇ τύχῃ μένειν Ἀλέξανδρον, καὶ διὰ τοῦτο γενέσθαι Διογένην μᾶλλον, ὅτι ἦν Ἀλέξανδρος, ὡς πρὸς τύχῃ μεγάλην πολὺ πνεῦμα καὶ σάλον ἔχουσαν, ἕρματος πολλοῦ καὶ κυβερνήτου μεγάλου δεόμενον. Jd. de solert. anim. pag. 979: ἐγὼ δὲ πάντας ἐκείνοις παρέχομαι τοὺς θαλαττίους, ὅταν αἴσθωνται μέλλοντα χειμῶνα καὶ σάλον ἑρματιζομένους λιθιδίοις, ὅπως μὴ περιτρέπωνται διὰ κουφότητα. Der gewöhnliche Ballast war Steinballast. Lycophr. 618:

τὸν ἑρματίτην νηὸς ἐκβαλὼν πέτρον

und dazu das Scholion: ἐν τοῖς κενοῖς πλοίοις οἱ πλέοντες βάλλουσι λίθον, ὅπως ὀρθῶς καὶ μὴ λοξῶς τῇ κουφότητι πλέοιεν. Damit die Ladung nicht vom Sodwasser beschädigt wurde oder auch nicht, wenn es wie Getreide eine lose war, zwischen den Steinballast geriet, so wurde der Sod und der Ballast mit Brettern, einer Bodendielung, belegt. War das Schiff unbeladen, so diente der Schiffsraum als Aufenthaltsort für die Reisenden, da man ein Zwischendeck nicht kannte.

Die Ladung, ὁ φόρτος, τὸ ἄχθος, mußte so gleichmäßig im Raume verteilt werden, daß das Schiff seine aufrechte Stellung behielt und nach keiner Seite überneigte. War letzteres doch der Fall, hellte es über oder hatte es, wie wir sagen, eine Schlagseite, so war es ἑτεραχθής oder ἑτεροβαρής. War es vorn zu schwer beladen, so daß es hier tiefer ging als hinten, so war es προωραχθής, vorlastig, wie wir sagen. Hatte die Ladung kein großes Gewicht, so konnte man den ganzen Raum damit anfüllen, aber bei schweren Gütern ging dies nicht an. Damit nun der Kaufmann, der das ganze Schiff für seine Waren gemietet hatte, sich nicht darüber beklagen konnte, daß der Schiffer zu wenig Ladung einnehme, so war an den Außenplanken durch eine Linie oder einen Strich bezeichnet, bis zu welchem Tiefgange ein Schiff beladen werden durfte. Eine solche Ladelinie, die unsere Gesetzgebung jetzt auch einführen will, hieß ὁ πλοῦς. Hesych. πλοῦς · τῆς νεὼς τὸ περίγραφον, μέχρι οὗ τὸν φόρτον λαβεῖν ὀφείλει.

Die Ladung muß im Raume fest gestaut werden. Besteht sie aus Waren, die in Kisten, Krügen, Körben, Säcken oder Ballen verpackt ist, so läßt sich das ohne Schwierigkeit bewerkstelligen. Anders ist es mit einer Stürzladung, d. h. einer solchen, die wie Getreide lose in den Raum gestürzt wird. Kann man damit, wie es z. B. bei Weizen seiner Schwere wegen der Fall ist, den Raum nicht ganz auffüllen, so bedarf es besonderer Vorsichtsmaßregeln. Wenn das Schiff stark schlingert, so rollt oder gleitet das Getreide nach der geneigten Seite hinüber und giebt dieser ein solches Übergewicht, daß das Schiff sich nicht wieder aufrichten kann oder wohl ganz umschlägt. Um dies Übergehen oder Überschießen der Ladung zu verhüten, bringt man Längsschosse, d. h. Scherwände von Brettern nach der Länge im Raume an; dann aber vermeidet man auch das Schiff vorn und hinten zu belasten, weil dadurch die Kielgebrechlichkeit erhöht werden würde, und bringt deshalb vorn und hinten Querschosse an, um hier freien Raum zu behalten. Man kann auch Bretter nach der Länge und Breite oben auf die Ladung legen und diese durch unter Deck gestemmte Stützen festhalten. Daß man im Altertume solche unumgängliche Vorsichtsmaßregeln angewendet haben wird, kann keinem Zweifel unterliegen. Ich weiß allerdings keinen bestimmten Beweis dafür anzuführen, glaube aber, die σανίδες, von denen beim Schiffbruche des Apostels Paulus, Apostelgesch. 27, 44, die Rede ist, hierauf beziehen zu müssen.

Löschen und Laden hieß ἀποφορτίζεσθαι und ἐπιφορτίζεσθαι. Eine Tauschladung einnehmen hieß ἀντιφορτίζεσθαι. Die Fracht, welche für das Verschiffen der Ladung gezahlt werden mußte, hieß τὸ ναῦλον oder ὁ ναῦλος.

Das Maß, wonach die Tragfähigkeit des Schiffes angegeben wurde, war der ἀμφορεύς, lat. amphora. Das bei Thucyd. 7, 25 vorkommende Wort μυριοφόρος oder μυριαφόρος wie einige Handschriften lesen, ist wohl dasselbe wie μυριάμφορος bei Aristoph. Pax 521. Über den Inhalt oder das Gewicht des ἀμφορεύς läßt sich schwerlich etwas genaues bestimmen.

4. Das Zeug oder die Takelung des Schiffes.

Der vorvorhergehende Abschnitt bezog sich auf den Schiffsrumpf τὸ σέλμα oder τὸ σκάφος, wie er auf dem Lande fertiggestellt wurde Athen 5, 44:

τίς τόδε σέλμα πέλωρον ἐπὶ χθονὸς εἴσατο;

Eurip. Cycl. 465:

νεὼς μελαίνης κοῖλον ἐμβήσας σκάφος.

War das Schiff vom Helgen abgelaufen, so mußte es mit Masten Rahen, Tauen, Segeln versehen, es mußte aufgetakelt oder aufgezeug werden. Die Ausrüstung im ganzen, das Zeug, hieß ἡ σκευή. Diod. Sic. 14, 79: ὃς ἀντὶ τῆς βοηθείας ἐδωρήσατο σκευὴν τοῖς Σπαρτιάταις ἑκατὸν τριήρεσι. Das Tau= und Segelwerk im besonderen hieß τὰ ὅπλα, das einzelne Gerät τὸ σκεῦος. In den Urkunden über das Seewesen des attischen Staates wird das hölzerne Gerät τὰ σκεύη ξύλινα, und das hängende Gerät, τὰ σκεύη κρεμαστά unterschieden. Bei der Wichtigkeit der Untersuchungen Böckhs will ich hier eine Übersicht derselben unter Anführung der Seitenzahl geben:

Τὰ σκεύη ξύλινα.

1. ταρρός   S. 112.
2. πηδάλια   S. 125.
3. κλιμακίδες   S. 125.
4. κοντοί   S. 125.
5. παραστάται   S. 126.
6. ἱστός   S. 127.
7. κεραῖαι   S. 129.

Τὰ σκεύη κρεμαστά.

1. ὑποζώματα   S. 133.
2. ἱστίον   S. 138.
3. τοπεῖα   S. 144.
   a. καλῴδια   S. 146.
   b. ἱμάντες   S. 148.

c. ἄγκοινα διπλῇ S. 152.
d. πόδες S. 153.
e. ὑπέραι S. 154.
f. χαλινός S. 157.
4. παραῤῥύματι τρίχινα } S. 159.
5. παραῤῥύματα λευκά
6. κατάβλημα } S. 160.
7. ὑπόβλημα
8. σχοινία S. 161.
  a. σχοινία ἀγκύρεια } S. 162.
  b. σχοινία ἐπίγυα
9. ἄγκυραι S. 166.

Xenophon Oecon. 8, 12 erwähnt neben den σκεύη ξύλινα und κρεμαστά auch noch σκεύη πλεκτά. Ich werde mich an diese Unterscheidungen nicht binden, sondern nach einander die Rundhölzer, das Segel= und Tauwerk und das Rubergeschirr beschreiben.

Der Mast ὁ ἱστός, später auch τὸ κατάρτιον genannt, Il. 1, 433, Schol. τὸ μέγα ξύλον, τὸ κατάρτιον λεγόμενον ὑπὸ τῶν ναυτικῶν, bestand aus einem einzigen Stücke und heißt bei Homer gewöhnlich ὁ εἰλάτινος, weil eine Tanne der dazu besonders geeignete Baum ist. Er war nach unten und oben etwas verjüngt und hatte in der Höhe des Verdecks, wo er der Gefahr des Brechens am meisten ausgesetzt war, seine größte Dicke. Dieser Teil, der Dickmast, hieß ὁ τράχηλος. Der Mastfuß, ἡ πτέρνα, stand auf dem Boden des Schiffes in der Mastspur, einer Vertiefung des Kolschwinns, ἡ und ὁ ληνός genannt. Athen. 11, 49. τοῦ γὰρ ἱστοῦ τὸ μὲν κατωτάτω πτέρνα καλεῖται, ἣ ἐμπίπτει εἰς τὸν ληνόν · τὸ δ' οἷον εἰς μέσον, τράχηλος. Am unteren Ende zu beiden Seiten hielten ihn Schienen oder Backen, οἱ παραστάται, die auf dem Schiffsboden oder seitlich am Kolschwinn so befestigt waren, daß der Mast nach hinten niedergelegt werden konnte. Isidor. Origg. 19, 2, 11. Parastatae stipites sunt pares stantes, quibus arbor continetur. An diesen Schienen befand sich ein halsbandartiger Bügel, der, wenn der Mast aufgerichtet war, geschlossen wurde, ὁ κλοιός. Hesych. κλοιός · μέρος τι τῆς νεώς. Cato. Malum deligatum, parastatae vinctae, v. l. iunctae. vgl. Böckh Urk. S. 126. Die ganze Vorrichtung, der Mastköcher, hieß ἡ ἱστοπέδη. Bei kleinen Schiffen, die kein Kolschwinn hatten, war an dessen Stelle auf dem Boden ein Klotz, der Maststuhl, ἡ τράπεζα, befestigt. Hesych. ἱστοπέδη · ξύλον ὀρθὸν ἐπὶ τῆς τραπέζης, ᾧ προσδέδεται ὁ ἱστός. Naumach. Basil. Patric. ap. Fabric. Bibl. Gr. VIII. pag. 140: ἐπὶ τῆς τρόπιος προσαρμόζεται ἡ τράπεζα, ἧς ἐντὸς ὁ ἱστὸς ἵσταται. Der aufgerich=

tete Mast lehnte sich in der Höhe des Decks nach vorn an einen Deckbalken; zu beiden Seiten neben ihm waren Klampen auf Deck befestigt, zwischen welche und den Mast ein Riegelholz als Keil gelegt wurde. Klampen und Riegelholz werden als σφῆνες bezeichnet, und die Öffnung im Deck hieß ἡ ἱστοδόκη. Ap. Rhod. 1, 1204 ff:

ὡς δ' ὅταν ἀπροφάτως ἱστὸν νεὸς ....
ὑψόθεν ἐμπλήξασα θοὴ ἀνέμοιο καταΐξ
αὐτοῖσι σφήνεσσιν ὑπὲκ προτόνων ἐρύσηται.

und dazu das Scholion: σφήνεσσιν · τοῖς περὶ τὴν ἱστοδόκην σφησὶ, τοῖς περιέχουσι καὶ κρατοῦσι τὸν ἱστόν.

Damit der Mast aufgerichtet und niedergelassen werden konnte, mußten die hinter ihm befindlichen Deckbalken, sowie das Deck selbst durchbrochen sein und durch besondere von den Seiten des Kolschwinns aufsteigende Ständer oder Deckstützen getragen werden. Der Zwischenraum war gleichsam ein Gang zwischen zwei Säulenreihen, ein Mittelbau und heißt bei Homer Od. 2, 424 ἡ μεσόδμη.

ἱστὸν δ' εἰλάτινον κοίλης ἐντοσθε μεσόδμης
στῆσαν ἀείραντες.

Dazu das Scholion: μεσόδμη · ἡ ὀπὴ, δι' ἧς ὁ ἱστὸς ἐνείρεται, παρὰ τὸ ἐν μέσῳ τῆς νηὸς δεδομῆσθαι. Ebenso Ap. Rhod. 1, 563:

δὴ ῥα τότε μέγαν ἱστὸν ἐνεστήσαντο μεσόδμῃ.

Das Scholion zu dieser Stelle: μεσόδμην δὲ τὴν ἱστοδόκην, ἐν ᾗ τίθεται καὶ κλίνεται ὁ ἱστός zeigt, daß die μεσόδμη auch ἱστοδόκη genannt wurde. In diesem Sinne findet es sich denn auch Ap. Rhod. 2, 1262 ff:

αὐτίκα δ' ἱστία μὲν καὶ ἐπίκριον ἔνδοθι κοίλης
ἱστοδόκης στείλαντες ἐκόσμεον,

woraus wir zugleich sehen, daß man, bevor der Mast niedergelegt wurde, in diesem Mastschachte, wenn wir ihn so nennen dürfen, erst die Rahe und das Segel barg. Sonst hieß die ἱστοδόκη auch ἱστοθήκη. Hesych. ἱστοδόκη · ἱστοθήκη, τὸ διὰ μέσου τῆς νεὼς φράγμα, εἰς ὃ κατακλινόμενος ὁ ἱστὸς ἐντίθεται.

Eine besondere Bedeutung hat ἱστοδόκη bei Homer Il. 1, 434:

ἱστὸν δ' ἱστοδόκῃ πέλασαν.

Der niedergelegte Mast mußte auf dem Hinterschiffe eine Unterlage haben, auf der er ruhte, und diese bestand in einem aufrechten Ständer, an den zu beiden Seiten Klampen genagelt waren, so daß eine Gabel gebildet wurde, die Mastgabel oder Mastschere. Das Scholion zu dieser Stelle lautet: λέγει δὲ τῷ κατὰ τὴν πρύμναν ἀνέχοντι ξύλῳ, καθ' οὗ κλίνεται ὁ ἱστός. Der Ständer selbst hieß wahrſcheinlich *κάπηξ*, vgl. Heſych. *κάπηξ · ξύλον τι ἐν τῇ πρύμνῃ τῆς νεὼς ὑπερέχον*, ſ. oben S. 41.

Den oberſten Teil des Maſtes bildete die Spindel, ἡ *ἠλακάτη*, Ap. Rhod. 1, 565 Schol. *ἡ ἠλακάτη δὲ τὸ ἀνώτατον τοῦ ἱστοῦ μέρος, ὥς φησιν Ἐρατοσθένης*, die mit ihm aus einem Stücke, aber von geringerem Durchmeſſer war, ſo daß der ſie umgebende Maſtkopf, *τὸ καρχήσιον*, auf dem ſcharf hervortretenden Rande des Maſtes ruhte. Dieſer Maſtkopf war ein wohl aus mehreren Stücken zu= ſammengeſetzter Holzklotz und ſoll ſeinen Namen von der becherförmigen Geſtalt erhalten haben. Da aber an ihm und in ihm die Rollen und Scheiben angebracht waren, über welche die dem Aufheißen der Rahe dienenden Taue liefen, ſo wäre es nicht unmöglich, daß das Wort von *κάρυα* und *ἔχειν* abzuleiten iſt, indem *κάρυον* in der Mecha= nik den Kloben bedeutet, in welchem das über eine Rolle laufende Tau wie in einer geſpaltenen Nußſchale enthalten iſt. Serv. ad Aen. 5, 77: Carchesium est summitas mali, per quam funes trai- ciunt. Es würde dann der Becher ſeinen Namen vom Maſtkopfe erhalten haben. Auf größeren, namentlich Kriegsſchiffen, trug der Maſtkopf ein flaches Lattengerüſt, auf dem Menſchen ſtehen konnten, zu deren Schutze eine Bruſtwehr ringsherum angebracht war, *τὸ θωράκιον*, Athen. 5, 43 und 11, 49. Nur in dieſem Falle hatte das Ganze Ähnlichkeit mit dem, was wir einen Mars oder, da dies niederdeutſche Wort einen Korb bedeutet, hochdeutſch Maſtkorb nennen. Auf der noch über den Maſtkopf hervorragenden oben zugeſpitzten Spindel war das Flügelſpill, ὁ *ἄτρακτος*, befeſtigt, ein kleiner auf= rechter Flaggenſtock, an dem der Flügel oder Stander, ὁ *ἐπισείων*, wehte. Poll. 1, 91. *τὸ δὲ ὑπὲρ τὴν κεραίαν ἄτρακτος, οὗ καὶ αὐτὸν τὸν ἐπισείοντα ἀπαρτῶσι.* Der ganze obere Teil des Maſtes, den wir den Top nennen, hieß auch *τὸ ἴκριον*; Ap. Rhod. 1, 566 Schol. *Ἴκριον δὲ οἱ μὲν μέρος τοῦ ἱστοῦ λέγουσι · Ἰστέον δέ, ὅτι Ἐρατοσθένης ἐν τῷ Ἀρχιτεκτονικῷ μέρη ταῦτά φησιν ἱστοῦ · πτέρνη, θωράκιον, ἠλα- κάτη, καρχήσιον, κεραία, ἴκριον.*

Darum wird die Rahe bei Homer Od. 5, 234 und 318 und bei Apollonius Rhodius Argon. 2, 1262 *τὸ ἐπίκριον*, die Topſtange, genannt. Der gewöhnliche Name war ἡ *κεραία*. Athen. 11, 49: *ἔχει δὲ τὸ καρχήσιον κεραίας ἄνω συννενούσας ἐφ' ἑκάτερα τὰ μέρη*, oder *τὸ κέρας*. Jenes Wort ſoll bei den Attikern, dieſes bei den Hellenen im Gebrauch geweſen ſein. J. Bekker Anecd. p. 200, 21: *κεραία πλοίου Ἀττικοί, κέρας Ἕλληνες.* Bei Artem. Oneir. 1, 35 wird ſie auch ἡ *ἱστοκεραία* (ος) genannt. Sie war ein rundes Stück Holz und wie der Maſt aus Tannenholz. Plin. H. N. 16, 39: navium malis antennisque propter levitatem praefertur abies. In der Mitte, wo ſie am Maſte lag, war ſie am dickſten und nach den Enden verjüngt. Aus den Abbildungen geht hervor, und die oben angeführte Stelle des Athenäus deutet daſſelbe an, daß ſehr große Rahen aus zwei Stücken zuſammengeſetzt waren, die in der Mitte, wo die Rahe vor dem Maſt lag, an einander gelaſcht wurden.

Die Enden, die Rahenocken, hießen τὰ ἀκροκέραια. War ſie auf= geheißt, ſo hing die Rahe wagerecht am Maſte, ſo daß ſie mit dieſem die Geſtalt eines T bildete und Auſonius in ſeinem Gedichte von den Buchſtaben ſagen konnte:
    Malus ut antennam fert vertice, sic ego sum T.
So bedeutet die Stelle bei Pindar Nem. 5, 94:
    ἀνὰ δ' ἱστία τεῖνον πρὸς ζυγὸν καρχασίου:
„Heiße die Segel ſo hoch, daß die Rahe zur Jochſtange des Maſt= korbes wird." Auf die Rahe beziehe ich auch in Il. 18, 3 und 19, 344 das προπάροιθε νεῶν ὀρθοκραιράων, und nicht, wie es manche Ausleger thun, auf den Vor= und Hinterſteven. Der Scholiaſt zu 18, 3 erklärt ganz richtig: ὀρθὰς κεραίας ἐχόντων · καλεῖται δὲ κεραία τὸ ἐπάνω τοῦ ἱστοῦ δεδεμένον πλάγιον ξύλον. Das Wort ὀρθός muß hier wie bei Polyb. 6, 24, 2 und bei Euklid den techniſchen Sinn rechtwinklig haben, und ich finde dies beſtätigt dadurch, daß daſſelbe Beiwort Il. 8, 231 und Od. 12, 348 auch von den Rindern ge= braucht wird: βοῶν ὀρθοκραιράων. Gerade im Gegenſatze gegen die Hörner der Ziegen und Gemſen, welche ſteil aufrecht aus dem Schädel hervorwachſen, haben die Rinder rechtwinklig abſtehende

ober, wie es in der Naturgeschichte heißt, auseinander gespreizte. Das macht ja eben die Schönheit des Rindergehörns aus, und sicher wird durch ὀρθός nicht ausgedrückt werden sollen, daß die Enden der Hörner nach aufwärts gekrümmt sind. Die Vergleichung der Rahen mit den Hörnern des Stiers findet sich auch sonst im Altertume, so bei Artem. Oneir. 2, 12: ἔοικε γὰρ (ὁ ταῦρος) τῷ ἱστῷ καὶ τῇ καταρτίῳ τῆς νεὼς ὅλης διὰ τὰς βύρσας καὶ τὰ κέρατα. Ich würde die beiden Wörter mit breitrahig und breithörnig wiedergeben.

Jeder Mast, sowohl auf den Kriegs= als auf den Handels= schiffen hatte nur eine einzige Rahe; seinem Baue und seiner Ein= richtung nach konnte eine zweite gar nicht angebracht werden. Mir ist auch bei keinem Schriftsteller eine Andeutung begegnet, wonach der Mast eine solche gehabt hätte. Wenn in den Urkunden des Pi= räeus für denselben Mast mehrere Rahen vorkommen, so können diese nur zum Ersatze gedient haben; ich verstehe nicht, wodurch Böckh S. 31 seine entgegengesetzte Ansicht stützen will. Gerade die Rahe ist dem Brechen am meisten ausgesetzt, viel eher als der Mast, und es wäre unbegreiflich, wenn im Altertume nicht wenigstens auf den größeren Schiffen eine Ersatzrahe an Bord gewesen sein sollte. Wird doch auch bei uns stets eine solche mitgenommen; und daß selbst Masten in alter Zeit für den Notfall doppelt vorhanden waren, ergiebt sich aus Hesychius περίνεως · ὁ δεύτερος ἱστὸς καὶ καθάπαξ τὰ διττὰ τῆς νεὼς σκεύη.

Um die Rahe, wenn sie aufgeheißt, so wie auch wenn das Segel vom Winde geschwellt wurde, dicht am Maste festzuhalten, diente das Rack, ἡ ἄγκοινα, wahrscheinlich ein Taurack, d. h. eine Schlinge, die von hinten nach vorn um den Mast laufend zu beiden Seiten von oben nach unten um die Rahe gelegt und hinter dem Maste wieder verbunden wurde, daher ἄγκοινα διπλῆ. Wo die Schlinge mit ihren beiden Armen den Mast umfaßt, ist sie auf Kugeln gereiht, so daß sie sich beim Auf= und Niederholen leicht auf= und niederschiebt. Serv. ad Aen. 5, 489: malus quibusdam malis ligneis cingitur, quorum volubilitate vela facilius elevantur. Isid. Orig. 19, 4, 7: Anquina funis, quo ad malum antenna adstringitur. Malus quibusdam maleolis ligneis cingitur, quorum volubilitate vela facilius elevantur. Vgl. Böckh Urk. S. 152.

Die Taue, welche den Mast stützten, wurden in der ältesten Zeit, so Od. 5, 260 mit einem gemeinschaftlichen Namen als οἱ κάλοι bezeichnet. Uns fehlt ein solcher, aber wir können das Wort Stag benutzen, weil dies, wenn auch jetzt in einem engeren Sinne gebraucht, doch von Hause aus nichts anderes bedeutet als Stütztau. Soll der Mast nach allen Seiten gestützt werden, so gehören dazu wenigstens drei Taue. Soviel kommen bei Homer vor, aber in der Art und Weise, wie sie angebracht waren, unterschied sich die frühere Zeit von der späteren. Bei den kleinen homerischen Schiffen, auf denen der Mast aufgerichtet und niedergelassen wurde, empfahl es sich um eben dieses Zweckes willen zwei von den drei κάλοι nach vorn fahren zu lassen. Sie hießen οἱ πρότονοι, die Bugstage.

Od. 2, 424: ἱστὸν δ' εἰλάτινον κοίλης ἔντοσθε μεσόδμης
στῆσαν ἀείραντες, κατὰ δὲ προτόνοισιν ἔδησαν.

Il. 1, 434: ἱστὸν δ' ἱστοδόκῃ πέλασαν προτόνοισιν ὑφέντες.

Als Odysseus vom Sturme überfallen wird, der von vorn auf das Segel fällt, da brechen die beiden Bugstage und der Mast fällt hintenüber in das Schiff.

Od. 12, 409: ἱστοῦ δὲ προτόνους ἔρρηξ' ἀνέμοιο θύελλα
ἀμφοτέρους · ἱστὸς δ' ὀπίσω πέσεν.

Aus diesen Stellen geht auf das Deutlichste hervor, daß Böckh irrt, wenn er Urk. S. 147 sagt: „Im Homer erscheinen zwei πρότονοι, einer nach dem Vorderteile, einer nach dem Hinterteile." Wären sie wirklich so angebracht gewesen, so hätten doch nicht beide, sondern nur einer von ihnen brechen können und zwar nur der, der nach vorn fuhr. Obgleich Böckh sonst so vorsichtig in der Benutzung der Grammatiker ist und ihnen mehrfach Widersprüche und Unkenntnis nachweist, hat er sich hier durch das Scholion zu Od. 2, 425 und durch Hesychius verführen lassen. Jenes lautet: οἱ δὲ παλαιοὶ κάλωας ἀπὸ τοῦ καρχησίου εἰς πρῷραν καὶ πρύμναν διατείνοντας und würde das Richtige treffen, wenn es sich auf die κάλοι im allgemeinen und nicht ausschließlich auf die πρότονοι bezöge. Es scheint an der unrechten Stelle zu stehen und ursprünglich eine Erklärung zu Od. 5, 260 gewesen zu sein, wenn es nicht, und das ist mir das wahrscheinlichste, ganz anderswoher genommen ist und garnicht zu Homer gehört, da dieser ja kein καρχήσιον kennt. Wenn Hesychius sagt πρότονοι · οἱ ἑκατέρωθεν τοῦ ἱστοῦ σχοῖνοι ἐκτεταμένοι εἰς τὴν πρῷραν καὶ πρύμναν ἔμπροσθεν, so muß καὶ πρύμναν später eingeschoben sein, wie schon das Wort ἔμπροσθαν beweist, und getilgt werden. Dagegen hat der Scholiast zu Ap. Rhod. 1, 567, der überhaupt unter seinen Genossen noch die meiste Sachkenntnis verrät, ganz richtig: οἷς δὲ ἰσχυροποιεῖται ὁ ἱστὸς ἐξ ἑκατέρου μέρους ἐπὶ τὴν πρῷραν, προτόνους. Böckh hätte hier nicht die Erwähnung des Hinterteils vermissen sollen. Was Eustathios beibringt, ist reine Faselei, und wenn Böckh von dessen Behauptungen sagt, sie seien schwer zu glauben, so ist das viel zu milde ausgedrückt; sie sind der Besprechung nicht wert.

Den beiden Bugstagen, den πρότονοις, steht das Backstag, der ἐπίτονος, gegenüber, der vom Top des Mastes nach hinten fuhr. Dieser hatte nun aber nicht blos die Aufgabe, den Mast gegen den Winddruck von hinten zu stützen, dafür sorgte ja zum großen Teile schon die ἱστοπέδη, er mußte bei kleinen Schiffen wie bei den homerischen auch die Stelle des Falls vertreten, d. h. der Vorrichtung, vermittelst welcher die Rahe in die Höhe gezogen und niedergelassen, geheißt und gestrichen wird. Während die beiden πρότονοι von einem einzigen Taue gebildet wurden, welches mit einem Rundschlage um den Top des Mastes gelegt und mit seinen Enden an den beiden Bugen befestigt war, fuhr der ἐπίτονος bei den homerischen Schiffen, die ja keinen Mastkopf hatten, durch ein Loch oben am Maste und wurde mit seinem Ende an der Vorderseite des Mastes entweder um die Rahe geschlungen oder durch ein in deren Mitte befindliches Bohrloch gesteckt und vermittelst eines Knotens am Zurückschlüpfen gehindert. So konnte mit ihm die Rahe geheißt werden; und war dies geschehen, so wurde sein anderes Ende nach hinten an Bord befestigt; er diente folglich zugleich als Fall und als Backstag. Auch bei uns dient das Fall in Booten und das Oberbramfall auf großen Schiffen zugleich als Backstag. Damit lösen sich die Widersprüche, die Böckh Urk. S. 149 in den Angaben der Grammatiker findet, wo einmal gesagt wird, der ἐπίτονος sei τὸ δέρμα, ᾧ πλόιον ἱστὸς κατασφαλίζεται und ein anderes mal ὁ δεσμεύων ἱμὰς πρὸς τὸν ἱστὸν τὸ κέρας oder ὁ συνέχων τὸ κέρας κάλως. Unserer seemännischen Sprache fehlt das Wort für ein Tau, welches wie der ἐπίτονος zugleich als Backstag und Fall dient, aber wir könnten es passend als „Spanntau" bezeichnen.

Es wirft diese Einrichtung des ἐπίτονος nun auch Licht auf den Vorgang beim Scheitern des Schiffes Od. 12, 405 ff. der zwar nur in groben Umrissen, aber doch so gezeichnet wird, daß diese für den seekundigen Zuhörer zur Ausmalung des einzelnen vollständig ausreichen. Als der Sturm von vorn auf das Segel fällt und es gegen den Mast drängt, brechen die Bugstage; der Mast stürzt hintenüber auf das Hinterdeck und zerschmettert dem Steuermann den Schädel. Dabei schlägt die Rahe, die durch die Brassen nicht nach vorn, sondern nur nach hinten gestützt ist, mit ihren Enden auf die beiden Seiten des Schiffes, bricht in der Mitte durch und fällt mit Segel und Tauwerk, τὰ ὅπλα, in den

Sod. Der ἐπίτονος wird dadurch von der Rahe frei, aber der Knoten, der ihn vor dem Bruche der Rahe an dieser festhielt, läßt ihn nicht durch das Loch im Maste schlüpfen und so bleibt er mit diesem verbunden. Ein Blitz, kein zündender, sondern ein sogenannter kalter Schlag, schleudert die Gefährten aus dem Schiffe und Odysseus irrt wirren Sinnes allein auf dem steuerlosen Fahrzeuge umher. Da stürzt eine Woge in das Schiff und schlägt die Wandungen des Rumpfes auseinander, so daß der kahle Kiel im Wasser treibt. Aber auch der Mast, der mit seinem oberen Ende auf dem Hinterdeck wie in der ἱστοδόκη gelegen hat, ist dadurch vom Schiffe frei geworden und fällt auf den Kiel. Odysseus bindet schwimmend beide mit dem ἐπίτονος zusammen und setzt sich darauf. Das alles geht in einer so natürlichen und für den Fachmann so verständlichen Weise vor sich, daß man sich fragt, wie es möglich ist, hier von einer raffinierten Erfindung zu sprechen. Auch die Stelle in Caes. B. G. 3, 14: „Una erat magno usui res praeparata a nostris, falces praeacutae insertae affixaeque longuriis, non absimili forma muralium falcium. His cum funes, qui antemnas ad malos destinabant, comprehensi adductique erant, navigio remis incitato praerumpebantur. Quibus abscisis antemnae necessario concidebant, ut, cum omnis Gallicis navibus spes in velis armamentisque consisteret, his ereptis omnis usus navium uno tempore eriperetur" wird klar und verständlich, wenn man von der berechtigten Voraussetzung ausgeht, daß die Schiffe der Veneter trotz ihrer Höhe und Stärke so einfach getakelt waren, wie die homerischen. Funes, qui antemnas ad malos destinabant können entweder nur das Rack oder die gleich zu besprechenden Toppenanten oder das Fall gewesen sein. Das erste wäre, weil es drang um den Mast lag, sicher nicht; die Toppenanten wären wegen ihrer Höhe höchst schwierig mit der Sichel von den niedrigen römischen Schiffen aus zu erreichen gewesen; und wäre es geschehen, so hätte es keinen Erfolg gehabt; die Rahe, die ja vom Fall gehalten wird, wäre nicht von oben gefallen. Dazu kommt, daß die Toppenanten auf den Schiffen der nördlichen Meere erst sehr spät eingeführt sind. Die normännischen Fahrzeuge, mit denen Wilhelm der Eroberer nach England übersetzte und die auf den fast gleichzeitigen Teppichen von Bayeux abgebildet sind, kennen sie nicht. Es kann also nur vom Fall die Rede sein. Aber auch dies wäre von den niedrigen römischen Schiffen aus nicht zu erfassen gewesen, wenn es wie bei uns dicht am Maste heruntergefahren wäre; diente es aber wie der ἐπίτονος zugleich als Backstag, und war es wie dieser seitlich an Bord befestigt, so wird der Vorgang verständlich.

Bei den großen Schiffen, auf denen der Mast nicht niedergelassen wurde, genügte ein einziger πρότονος, der am Vorsteven befestigt wurde und dann recht eigentlich unserem Stag entsprach. Er hat gegen zwei πρότονοι den großen Vorzug, daß er der Rahe einen größeren Spielraum gestattet, wenn sie schräg gegen einen Seitenwind gerichtet werden muß. Daß er seinem Namen entsprechend vom Top des Mastes nach vorn fuhr, geht sonnenklar aus der Stelle in Lucian. Jup. trag. 47 hervor, wo von einem Steuermann die Rede ist, der οὐδὲν εὐλόγως macht, so daß ὁ πρότονος, εἰ τύχοι, ἐς τὴν πρύμναν ἂν ἀποτέταται.

Je höher nun aber der Mast und mit ihm das Segel wurde, desto weniger genügte die Stütze, die er in der ἱστοδόκη fand. Um seine Widerstandskraft gegen den Segeldruck zu verstärken und sein Brechen zu verhüten, mußten besondere Taue angebracht werden, die vom Top nach hinten fuhren und zu beiden Seiten an Bord befestigt wurden. Sie werden κατ' ἐξοχὴν als οἱ κάλοι oder κάλωες bezeichnet. So das Scholion zu Ap. Rhod. 1, 565: καθόλου μὲν πᾶν σχοινίον κάλως λέγεται, νῦν δὲ οἷς ὁ ἱστὸς ἰσχυρὸς ποιεῖται ἀφ' ἑκατέρου τοῦ πλευροῦ τῆς νεώς. Vgl. Böckh Urk. S. 146. Wir nennen diese Taue Haupttaue. Man sollte nicht, wie das wohl geschieht, das Wort Want dafür gebrauchen, welches Gewebe bedeutet, mhd. want in Gewand, Leinwand u. s. w., und von dem die Haupttaue nur einen Teil nämlich die Kette oder den Aufzug bilden. Um das Want herzustellen, flechten wir als Einschlag zwischen die Haupttaue kleine Quertaue, die Webeleinen, und nennen dies das Want ausweben. So entstehen die Strickleitern, wie die Wanten in der Büchersprache heißen, aber, soviel ich weiß, kommen solche im Altertume nicht vor. Die κλῖμαξ στυππίνη war eine Strickleiter mit hölzernen Brettern als Stufen, eine Jakobsleiter, wie wir sagen. Je größer das Schiff und damit der Mast war, desto mehr Haupttaue waren natürlich nötig, um dem letzteren einen sicheren Halt zu geben.

Bei Schiffen, die κάλους und ein καρχήσιον hatten, fiel der ἐπίτονος weg. Hier mußte als Fall ein besonderes Tau gebraucht werden, um die Rahe zu heißen und zu streichen. Sein Name ist nicht mit Sicherheit nachzuweisen. Böckh. Urk. S. 157 findet es im χαλινός, spricht sich aber doch nicht entschieden aus, und in der That sind seine Gründe nicht überzeugend. Er selbst sagt auf S. 150: „Man kann unter dem ἱμάς der Grammatiker auch ein in der Mitte der Rahe angebrachtes Tau oder das Fall verstehen, womit die Rahe gehoben und gesenkt wird, und fast passen darauf die Ausdrücke der Grammatiker genauer." So ist es in der That. Geht man davon aus, daß das Fall ein im Mastkopfe über eine Rolle laufendes Tau sein muß, und stellt die folgenden Angaben zusammen: Galen Lex. Hippocr. καρχήσιον · τὸ ἐπ' ἄκρῳ τῷ ἱστῷ, τὸ ἔχον τὴν τροχηλίαν. Pind. Nem. 5. 94 Schol. καρχήσιον γὰρ ἐν ᾧ τὸν ἱμάντα ἐνείρουσι. Hesych. ἱμάς · τὰ ὅπλα, οἷς τὸ κέρας ἀνάγεται τῆς νεώς, so scheint es gar keinem Zweifel zu unterliegen, daß ὁ ἱμάς der technische Ausdruck für das Fall gewesen ist. Zwar haben οἱ ἱμάντες eine allgemeinere Bedeutung, und die Grammatiker führen deren mehrere an, aber dem Worte οἱ κάλοι geht es ja ebenso. Andererseits wird ἱμᾶν und ἱμονιά immer gerade da gebraucht, wo es sich um ein Aufziehen vermittelst eines Taues handelt. Am nächsten läge es, das in Galen. Lex. Hippocr. vorkommende Wort οἱ καρχήσιοι durch Fall zu erklären; namentlich wenn es sich um ein doppeltes Fall für dieselbe Rahe zu beiden Seiten des καρχήσιον handelt.

An der Rahe war das Segel, τὸ ἱστίον, befestigt, dichterisch τὸ λαῖφος und, weil es meist aus Leinewand angefertigt war, auch ἡ ὀθόνη genannt; erst später findet man bei Alexandrinischen Schiffen auch baumwollene, βύσσινα, Athen. 5, 39. Freilich scheint es nach den neuesten Untersuchungen, als ob diese Stoffe bisher nicht richtig gedeutet sind. Ursprünglich war wohl das substantivierte Adjektiv τὸ ἱστίον das Gewebe, sowie es der Webstuhl, ὁ ἱστός, unmittelbar liefert. Da dessen Breite aber für größere Segel nicht genügte, so mußten mehrere solcher Streifen, die bei der weiblichen Kleidung Bahnen, bei den Seeleuten Kleider heißen, in der Breite aneinander gesetzt werden, und so kommt es, daß der Plural τὰ ἱστία z. B. bei Homer Od. 12, 402:

ἱστὸν στησάμενοι, ἀνά θ' ἱστία λευκ' ἐρύσαντες

und auch sonst vielfach da gebraucht wird, wo doch nur von einem einzigen Segel die Rede ist. So bedeutet Od. 9, 149 ἱστία πάντα nicht alle Segel, als ob von mehreren die Rede wäre, sondern das ganze, volle Segel, und wo Synesius Ep. 4 mit nur einem einzigen Segel fährt, da nennt er dies ὅλοις ἱστίοις πλεῖν.

Man kannte im Altertume keine anderen Segel als Rahesegel. Ich muß diese von Böckh Urk. S. 141 für die Kriegsschiffe begründete Behauptung nicht nur bestätigen, sondern auch auf die Handelsschiffe ausdehnen. Nur die Alexandrinischen Getreideschiffe hatten ein dreieckiges Segel, von dem weiter unten die Rede sein wird.

Der Saum des Segels wird bei uns zur Verstärkung an ein dünnes geschmeidiges Tau genäht, welches das Leich heißt. Im Griechischen liegt dafür kein anderes Wort vor als τὸ κράσπεδον, und auch dies nur unter der Voraussetzung, daß es ein technisches war. Eurip. Med. 523:

δεῖ μ' ὥστε νηὸς κεδνὸν οἰακοστρόφον
ἄκροισι λαίφους κρασπέδοις ὑπεκδραμεῖν,

d. h. mit vollem, bis zum äußersten Saum entfalteten Segel. Statt des von uns gebrauchten Taues scheinen die Alten dazu Streifen von Seehundsfell benutzt zu haben. Plut. Symp. 4, 2: τὸ δέρμα τῆς φώκης καὶ τὸ τῆς ὑαίνης, οἷς τὰ ἄκρα τῶν ἱστίων οἱ ναύκληροι καταδιφθεροῦσι.

Die an den vier Ecken des Segels vom Leich gebildeten Schleifen oder Augen hießen αἱ γωνίαι. Procop. B. V. pag. 209 B. Apoll. Rhod. 1, 567 Schol. Die beiden oberen dienen zum Anschlagen des Segels, indem sie mit einem Tau an die Enden der Rahe, die Rahenocken, festgebunden werden, und heißen deshalb bei uns die Nockohren (Ohr = Öhr); die beiden unteren werden zum Einbinden der Schoten gebraucht und heißen deshalb bei uns die Schothörner. Da die Segeltücher im Altertume wohl nicht so schwer wie bei uns waren und auch nicht aus Hanf gewebt wurden, so wären die Segel bei großer Fläche leicht dem Zerreißen ausgesetzt gewesen, hätte man sie nicht in der Höhe und Breite durch aufgenähte Lederstreifen verstärkt, so daß sie uns auf den Abbildungen schachbrettartig gefeldert erscheinen. Die Stelle in Lucian. Nav. 4: παρὰ τὸν ἱστὸν ἐπὶ πολὺ ἑστηκεν ἀναβλέποντες, ἀριθμοῦντες τῶν βυρσῶν τὰς ἐπιβολάς hat den Erklärern viel Kopfbrechens verursacht, und man hat geglaubt, das Segel sei aus Tierfellen zusammengesetzt gewesen, aber das war ja weder bei den Griechen noch bei den Römern der Fall. Cäsar hätte es doch wohl Bell. Gall. 3, 13 nicht als besondere Eigentümlichkeit der Venetischen Schiffe erwähnt: pelles pro velis alutaeque tenuiter confectae; hae sive propter lini inopiam atque eius usus inscientiam, sive eo, quod est magis veri simile, quod tantas tempestates Oceani tantosque impetus ventorum sustineri ac tanta onera navium regi velis non satis commode posse arbitrabantur. Wie bei Joseph. Antiq. 4, 8, 37 die ἐπιβολαὶ σανίδων übergelegte Bretter, so werden in der Stelle Lucians τῶν βυρσῶν αἱ ἐπιβολαί die als Besatz dienenden Lederstreifen bedeuten. Die Zahl derselben mußte natürlich mit der Höhe des Segels zunehmen.

Das Befestigen oder, wie wir sagen, das Anschlagen des Segels an die Rahe geschah mit Hülfe eines Taues, des Rahebandes, welches bei den Griechen τὸ περιτόνιον hieß. Hesych. τὸ περιτόνιον · ὁ ἱμὰς ὁ δεσμεύων τὸ πρὸς τὸ ἱστίον κέρας. Zu dem Ende mußten im Segel unter dem Raheleich, dem oberen Randsaume, Kauschen angebracht sein, d. h. Löcher, in die ein Leder- oder Metallring eingenäht war, zum Durchstecken des Rahebandes, οἱ κρίκοι. Poll. 1, 94: καὶ δι᾽ ὦν οἱ κάλοι διείρονται κρίκοι · τὸ γὰρ κίρκοι ποιητικόν, ἴδιον δὲ τὸ κύκλοι. Nun wird zuerst das Raheband durch ein Nockohr des Segels gezogen und um das Rahenock gelegt. Damit es sich nicht nach der Mitte der Rahe hin verschiebe, sind an dieser in geringem Abstande von den Enden kleine keilförmige Hölzer, die Nockklampen, angenagelt, oder es sind Bolzen eingeschlagen; dann wird das Raheband durch die Kauschen gesteckt und mit Marlschlägen um die Rahe gereiht, und endlich auch das andere Nockohr am Rahenock befestigt. Das Segel anschlagen hieß τὴν ὀθόνην παρακρούειν. Lucian. Tyr. 1. Schol. παρακέκρουσται · οἱ Ἀθηναῖοι οὕτως φασὶν ἰδίως τὸ τὴν ὀθόνην τῇ κεραίᾳ συμβαλεῖν. Das Segel abschlagen hieß τὰ ἱστία λύειν, Od. 15, 496, Apoll. Rh. 4, 1632. War es abgeschlagen, so rollte man es auf, τὰ ἱστία μηρύεσθαι, Od. 12, 170, um es bequem weglegen zu können.

In jedes Schothorn, also in jede der beiden unteren Ecken des Segels, werden zwei Taue eingebunden, mit denen das Segel nach unten befestigt wird. Von diesen vier Tauen heißen die beiden, welche nach hinten fahren, die Schoten, οἱ πόδες, und die beiden, welche nach vorn fahren, die Halsen, οἱ πρόποδες. Apoll. Rh. 1, 567 Schol. τοὺς δὲ (κάλωας) κατὰ τὰς γωνίας πόδους · ἐφεξῆς δὲ τούτων πρόποδας. Wo bei Lucian. Jup. trag. 47 von einem Steuermann die Rede ist, der alles verkehrt macht, da werden von diesem auch οἱ πόδες ἐς τὴν πρῴραν ἀμφότεροι statt nach hinten geholt. Die Schoten und Halsen dienen, um beim Aufheißen des Segels das Schlagen und Flattern desselben zu verhindern und das vom Winde geschwellte festzuhalten und nach einer bestimmten Richtung anzustraffen. Wenn also das Schiff vor dem Winde segelt, so daß Rahe und Segel mit der Kielrichtung einen rechten Winkel bilden, so wird das Segel allein durch die beiden nach hinten fahrenden Schoten gegen den Winddruck gehalten. Man nannte das im Altertume ἀμφοῖν τοῖν ποδοῖν segeln. Aristoph. Av. 35 Schol. αἱ νῆες οὐριοδρομοῦσαι ἀμφοῖν τοῖν ποδοῖν πλέουσιν. Apoll. Rh. 2, 930:

αὐτίκα δ᾽ οἵ γ᾽ ἀνέμοιο κατασπέρχοντος ἔβησαν
νῆ᾽ ἔπι · κὰδ δ᾽ ἄρα λαῖφος ἐρυσσάμενοι τανύοντο
ἐς πόδας ἀμφοτέρους · ἡ δ᾽ ἐς πέλαγος πεφόρητο.

Quint. Smyrn. 9, 438 ed. Tychsen:
ἱστία δ' αἶψ' ἐτάνυσσαν ὑπ' ἀμφοτέροισι πόδεσσι.

Segelt das Schiff aber mit einem Seitenwinde, so daß Rahe und Segel schräg zur Kielrichtung stehen müssen, so wird an der Luvseite, d. h. der dem Winde zugewendeten Seite, der Hals nach vorn straff angeholt und die Schote gefiert, d. h. nachgelassen, während an der Lehseite, d. h. der dem Winde abgewendeten Seite, die Schote nach hinten geholt und der Hals gefiert wird. In bezug auf die Scholien zu Od. 5, 260: *πόδας · τοὺς πόδας τοὺς κάτωθεν συνέχοντας τὴν ὀθόνην · ἢ τοὺς μεταγωγοὺς τοῦ κέρατος · ἕτεροι δέ φασι σχοινία, οἷς συνέχεται ἀπὸ πρώρας καὶ ἀπὸ πρύμνης ὁ ἱστός · ἢ τὰ ἑκατέρωθεν δεδεμένα τοῖς ἁρμένοις σχοινία* habe ich folgendes zu bemerken. Von den vier Erklärungen treffen die erste und letzte im allgemeinen zu; auch die zweite insofern, als bei den Schiffen, die wie z. B. die normännischen des Mittelalters ohne Brassen sind, die Rahe ihre Richtung durch die Schoten erhält; die dritte ist, so wie sie dasteht, sinnlos. Wird aber das offenbar verschriebene *ὁ ἱστός* in *τὸ ἱστίον* geändert, so giebt sie den Zweck der *πόδες*, unter denen hier sowohl die eigentlichen *πόδες* als auch die *πρόποδες* zu verstehen sind, ganz richtig an. Im Scholion zu Od. 10, 32: *πόδα · τὸν μεταγωγὸν τοῦ κέρατος κάλων ἢ τὸ πηδάλιον* ist die erste Erklärung wie die oben erwähnte zweite nur bedingt richtig, die zweite *ἢ τὸ πηδάλιον* aber aus der Luft gegriffen, weil der Erklärer von der Handhabung des Segels nichts verstanden hat. Odysseus hat als vorsichtiger Seemann stets die Lehschote d. h. die Schote an der Lehseite des Schiffes in der Hand, einmal deshalb, damit er sie, wenn ein plötzlicher Windstoß in das Segel fällt, sofort fliegen lassen kann, um der Gewalt des Windes nachzugeben und so das Kentern oder Umschlagen zu verhüten; dann aber auch, um bald durch Anholen, bald durch Fieren, *ξυντεῖναι καὶ ἀπωθεῖν* vgl. Plut. de amic. mult. pag. 95, dem etwa umspringenden Winde stets die volle Hinterfläche des Segels zu bieten. Auch in den folgenden Stellen ist stets die Lehschote gemeint. Plut. reipubl. ger. praec. pag. 818: *μικρὸν δὲ ποδὸς χαλάσαι μεγάλῃ κύματος ἀλκῇ.* Der Scholiast zu Lucian. Contempl. 3 hat zu *ἐνδοῦναι* (fieren) *ὀλίγον τοῦ ποδός · ποῦς λέγεται τὸ σχοινίον τὸ κατέχον κάτωθεν τὸ ἱστίον.* Aristoph. Eq. 434: *ἄθρει καὶ τοῦ πόδος παρίει.* Eur. Or. 705:
*καὶ ναῦς γὰρ ἐντᾰθεῖσα πρὸς βίαν ποδὶ
ἔβαψεν · ἔστη δ' αὖθις, ἢν χαλᾷ πόδα.*

Dazu das Scholion: *καὶ ναῦς γὰρ βιαίως τοῦ ποδὸς ἐκταθέντος ὑπέκυψεν ὥστε ὕδωρ ἐκδέξασθαι ·* (Wir sagen Wasser übernehmen, Wasser schöpfen.) πάλιν δὲ ἀνωρθώθη, ἐὰν χαλᾷ καὶ ἐνδιδῷ τὸν πόδα. Ebenso Soph. Antig. 713:

αὔτως δὲ ναὸς ὅστις ἐγκρατῆ πόδα
τείνας ὑπείκει μηδὲν ὑπτίοις κάτω
στρέψας τὸ λοιπὸν σέλμασιν, ναυτίλλεται.

Auch in der Stelle Pind. Nem. 6, 94:

τὸ δὲ πὰρ ποδὶ ναὸς ἑλισσόμενον
αἰεὶ κυμάτων λέγεται
παντὶ μάλιστα δονεῖν
θυμόν.

ist unter ποῦς die Schote und nicht wie der Scholiast meint τὸ πηδάλιον zu verstehen, welches gar keinen Sinn giebt. Wenn sich das Schiff so auf die Seite neigt, daß die Wellen die Schote bespülen, so ist die größte Gefahr vorhanden, daß das Schiff umschlägt oder daß es voll Wasser schlägt und sinkt. Ebenso hat ποῦς in der Stelle Eur. Hec. 940:

νόστιμον ναῦς ἐκίνησε πόδα

die Bedeutung Schote. Für unser: alle Segel setzen, sagten die Griechen: alle Taue in Bewegung setzen, Lucian. Scyth. 11: πάντα κάλων κινεῖν. Die Schote zur Rückfahrt ansetzen ist kein unebener Ausdruck für heimfahren. Ähnlich lesen wir Eur. Hec. 1019:

καὶ γὰρ Ἀργεῖοι νεῶν
λῦσαι ποθοῦσιν οἴκαδ' ἐκ Τροίας πόδα.

Die Römer sagten pedem facere, so Virgil Aen. 5, 830: una omnes fecere pedem. Der Stelle Iphig. in Taur. 1134 habe ich in ihrer verderbten, handschriftlichen Überlieferung vergebens einen Sinn abzugewinnen versucht. Ich werde weiter unten darauf zurückkommen.

Es muß noch erwähnt werden, daß bei kleineren Segeln, wie bei einem Bootssegel und auch bei dem später zu besprechenden ἱστίον ἀκάτιον, in jedem Schothorne nur ein Tau eingebunden wird, so daß entweder das eine als Schote und das andere als Hals oder beide als Schoten dienen.

Schwierig ist die Antwort auf die Frage, wie man im Altertume die Segelfläche minderte. Daran, daß man einen oder mehrere Teile des Segels in Falten legte, ist nicht zu zweifeln. Es ergiebt sich dies nicht nur aus den erhaltenen Bildwerken, sondern auch aus Schriftstellen, wie z. B. aus Synes. ep. 4. ἀνελαμβάνομεν δὲ αὐτὸ (τὸ ἱστίον) καθάπερ τῶν χιτώνων τοὺς κόλπους, wo ἀνελαμβάνομεν denselben Sinn hat, wie bei unseren Frauen das Wort aufnehmen, wenn sie sagen, daß sie ihr Kleid aufnehmen. Wir nennen das Verkleinern des Segels Refen und verfahren bei den Rahesegeln in folgender Weise. Quer über die Breite des Segels sind in gewissen Abständen Streifen von Segeltuch genäht, in denen sich Löcher, die Refgaten, befinden, durch die vermittelst zweier Knoten kurze Taue befestigt sind, die Refzeisen, so daß sie auf beiden Seiten des Segels herabhängen. Ist nun der obere Teil des Segels an der Rahe hinaufgezogen, so werden die Refzeisen über der Rahe zusammengeknotet und das Segel ist gereft. Jenachdem nur der oberste Teil des Segels oder mehrere an der Rahe befestigt sind, sagt man, daß ein oder zwei oder drei Refe eingebunden sind. Im Altertume muß man nun aber den Bildwerken zufolge eine andere Einrichtung gehabt haben. Es waren, wie wir oben gesehen haben, nicht nur quer, sondern auch von oben nach unten Streifen von Leder über das Segel genäht, τῶν βυρσῶν αἱ ἐπιβολαί, und diese müssen ebenso wie bei uns mit Refgaten versehen gewesen sein. Aber in die letzteren waren nicht wie bei uns Refzeisen eingebunden, sondern ein am unteren Saume, dem Unterleich, befestigtes Tau fuhr von unten auf durch die Löcher abwechselnd nach hinten und vorn bis oben an die Rahe, von wo es durch einen am Oberleich eingenähten Ring wieder nach unten fuhr. Zog man also das Tau an, so wurde das Segel von unten herauf in Falten gelegt, wie es ja auch bei uns in derselben Weise mit Fenstervorhängen geschieht. So habe ich mir nach den vorhandenen Abbildungen die Vorrichtung erklärt, kann aber nicht verbürgen, daß ich genau das Richtige getroffen habe. Da unser Verfahren ein anderes ist als das der Alten, so fehlt uns für das letztere der technische Ausdruck. Das Wort refen sollten wir eigentlich nicht dafür gebrauchen; eher würde aufgeihen passen, da wir damit allgemein das Aufholen des Segels bezeichnen, wie dies z. B. beim Festmachen des Segels geschieht, wo erst das ganze vermittelst der Bauchgurten bis unter die Rahe geholt d. h. aufgegeiht und dann mit kurzen Tauen, den Beschlagzeisen, an letzterer festgebunden wird. Sollte nicht gerade dies Aufgeihen gemeint sein, wenn es im Homer heißt Il. 1, 433: ἱστία στείλαντο oder Od. 3, 11: ἱστία στεῖλαν ἀείραντες oder Od. 16, 353: ἱστία στέλλοντες? Es bedeutet τὸ πρόσωπον στέλλεσθαι ja auch das Gesicht in Falten legen, und beim Aufgeihen des Segels wird dasselbe ebenso durch Aufziehen von unten auf in Falten gelegt. Wenn nun aber das Wort στέλλειν bei Homer vollständig ausreicht, um das Aufgeihen zu bezeichnen, wozu dann noch die bei Späteren vorkommenden zusammengesetzten ἀναστέλλειν, συστέλλειν und ὑποστέλλειν, wenn diese nicht etwas besonderes bedeuten sollen? Und was ist mit ihnen eigentlich gemeint? Ich will die beiden Stellen, in denen sie vorkommen, zusammen hiehersetzen, da jedenfalls dieselbe Sache besprochen wird. Zunächst ist es die in Aristot. Probl. mech. 7, die nach der Bekkerschen Ausgabe, die mir allein zu Gebote steht, so lautet: διὰ τί, ὅταν ἐξ οὐρίας βούλωνται διαδραμεῖν, μὴ οὐρίου τοῦ πνεύματος ὄντος, τὸ μὲν πρὸς τὸν κυβερνήτην τοῦ ἱστίου μέρος στέλλονται, τὸ δὲ πρὸς τὴν πρῷραν ποδιαῖον ποιησάμενοι ἐφιᾶσιν; — ἢ διότι ἀντισπᾶν τὸ πηδάλιον πολλῷ μὲν ὄντι τῷ πνεύματι οὐ δύναται, ὀλίγῳ δὲ, ὁ ὑποστέλλονται. προάγει μὲν οὖν τὸ πνεῦμα, εἰς οὔριον δὲ καθίστησι τὸ πηδάλιον, ἀντισπῶν καὶ μοχλεύον τὴν θάλατταν. ἅμα δὲ καὶ οἱ ναῦται μάχονται τῷ πνεύματι · ἀνακλίνουσι γὰρ ἐπὶ τὸ ἐναντίον ἑαυτούς. Und dann das Scholion zu Aristoph. Eq. 434: ἐπειδὰν γὰρ πλείων ἄνεμος ἐμπέσῃ τοῖς πλέουσι, συστέλλουσι καὶ παραιροῦσι τῶν ἱστίων τὰ πολλὰ ἢ τὸ μὲν ἓν μέρος τοῦ ἱστίου · τὸ δὲ ἕτερον ἀναστέλλεται.

Zur allgemeinen Erklärung dessen, wovon hier die Rede ist, diene folgendes. Wenn der Wind nicht von hinten, sondern von der Seite kommt, der Schiffer ihn aber so benutzen will, als ob er von hinten käme, so muß die Rahe mit dem Segel schräg gegen die Kielrichtung gestellt sein; die eine Hälfte des Segels, die an der Lehseite, wird dann dem Steuermanne, und die andere Hälfte, die an der Luvseite, wird dem Vorschiffe näher sein. Wenn nun aber der Wind so heftig wird, daß man nicht das ganze Segel fahren kann, dann greift man die durch die Diagonale abgeschnittene eine Hälfte auf, läßt aber die andere stehen, so daß man einen Zipfel oder Schoß vom Segel bildet, ποδιαῖον ποιησάμενος. Damit behält das Schiff noch so viel Fortgang, daß es gesteuert werden kann, und wird zugleich durch den seitlichen Winddruck gegen das heftige Hinundherschwanken gestützt. Zum Verständnis des Scholions wird dies hinreichen und zugleich den Beweis liefern, daß durch συστέλλειν, welches mit παραιρεῖν zusammengestellt ist und auch sonst stets zusammenfalten bedeutet, das Aufgeihen und durch ἀναστέλλειν das entgegengesetzte, das Festgehaltenwerden, das Entfaltetbleiben ausgedrückt werden soll. Ich würde diese Auslegung nicht gewagt haben, wenn sie nicht von der Gegenüberstellung geradezu gefordert würde. — Die Stelle des Aristoteles ist mir so, wie sie vorliegt, nicht verständlich. Jedenfalls ist die Antwort anders als bei Bekker zu interpungieren und zwischen ὀλίγῳ δὲ und ὁ ὑποστέλλονται eine Zeile wenn nicht ausgefallen doch in Gedanken zu ergänzen, so daß man liest: ὀλίγῳ δὲ ὄντι τῷ πνεύματι, δύναται. τὸ τοῦ ἱστίου μέρος, ὃ ὑποστέλλονται κτλ. Ich würde sie dann so verstehen: „Wenn man einen nicht von hinten kommenden

Wind doch als einen solchen benutzen will, warum geiht man den dem Steuermanne nähern Teil des Segels auf, läßt aber den dem Vorschiff näheren, indem man einen Schoß macht, seine Wirkung üben? Vielleicht, weil das Schiff bei heftigem Winddruck nicht zu steuern ist, wohl aber bei mäßigem. Denn dann übt der Wind auf den noch herunterhängenden Teil des Segels seine forttreibende Kraft; das Steuer aber, welches als Hebel gegen das Wasser drängt, hält auf den richtigen Kurs, εἰς οὔριον ἤγουν πλοῦν. Zugleich wehren sich die Seeleute gegen den Wind, indem sie sich ihm entgegen (auf die Luvseite) neigen." Das letztere kann sich natürlich nur auf Boote oder ganz kleine Fahrzeuge beziehen. Sonst wäre, abgesehen davon, daß wir das Segel nicht in Leh sondern luvwärts aufgeihen würden, von seemännischer Seite nichts einzuwenden. Es wird sich schwerlich feststellen lassen, ob das Verfahren der Alten durch die besondere Einrichtung ihrer Segel bedingt wurde. Das Wort ὑποστέλλεσθαι hat aber offenbar die Bedeutung herunterhängen lassen, einen Vorhang fallen lassen, also auch verschleiern oder verdecken. Darum bei Plut. de adul. pag. 60 die Zusammenstellung ὑποστέλλεσθαι μηδέν, μηδ' ἀποσιωπᾶν. In demselben Sinne steht das Wort bei Pind. Isthm. 2, 59: οὐχ ὑπέστειλ' ἱστίον ξενίαν ἀμφὶ τράπεζαν, wo es nicht, wie der Scholiast meint, das Segel einziehen τὰ ἱστία συστέλλειν, sondern gerade das Gegenteil, die Segel entfalten, bedeutet: „Laß nicht den Vorhang, eine Scheidewand um deinen gastlichen Tisch fallen." Ein technischer Ausdruck für das Aufgeihen könnte wohl ἀνιμᾶν sein, vgl. Heliod. Aeth. 5, 2: τὰ ἱστία ἀνιμᾶν und dann wären ἱμάντες die Bauchgurten. Apoll. Rh. 4, 890. Schol.: ἱμάντας δὲ τῆς κεραίας λέγει, οἷς τὸ ἱστίον προσδέδεται τῇ κεραίᾳ. Photius: ἱμάντας, τοὺς τῶν ἱστίων. Ἀρισταγόρας. Und wenn das sich bei Hesychius findende Wort ἀνηρεοί· κρίκοι δι' ὧν οἱ κάλοι διαδέχονται mit ἀναιρέω zusammenhinge, so möchten darunter gerade die Ringlöcher, die Kauschen im Segel zu verstehen sein, durch welche die Geihtaue fuhren. Es kommen noch andere Ausdrücke vor, die sich auf das Aufgeihen und Losmachen des Segels beziehen. So hat Eustathios zu Od. 5, 260. S. 1534, 8: κάλους δὲ οἷς τὸ ἱστίον συσπᾶται καὶ ἀνίεται, wo jenes das Aufgeihen und dies das Entfalten bezeichnet. Für das letztere sagt Pind. Pyth. 1, 176: ἐξιέναι. Achill. Tat. 2, 32: καθιέναι. Dies Wort veranlaßt mich, darauf hinzuweisen, wie sehr in technischen Dingen die Klarheit des Ausdrucks und des Verständnisses leidet, wenn ein und dasselbe Verfahren nicht stets durch ein und dasselbe Wort, oder was noch schlimmer ist, wenn es durch ein mehrdeutiges

Wort bezeichnet wird. So z. B. würde der deutsche Seemann gar nicht wissen, was gemeint wäre, wenn man ihm vom „Segel aufziehen" sprechen wollte. Soll das heißen, das an den unteren Ecken mit den Schoten festgesetzte Segel vermittelst der Rahe in die Höhe ziehen, so bedeutet es so viel wie das Segel setzen oder entfalten. Soll es aber heißen, das von der Rahe herabhängende Segel mit Hülfe der Bauchgurten an die Rahe hinaufziehen oder aufgeihen, so bedeutet es so viel, wie das Segel bergen oder der Wirkung des Windes entziehen. Ein ebenso zweideutiges Wort ist nun καθιέναι, herablassen. Damit kann gemeint sein, daß man das an der Rahe festgeschnürte und mit ihr aufgeheißte Segel durch Lösung der Beschlagzeisen entfaltet und herunterläßt, das hieße das Segel setzen; es kann aber auch bedeuten, die Rahe, an der das Segel entfaltet ist, herablassen, das hieße das Segel bergen. In der That kommt καθιέναι in dieser doppelten Bedeutung vor. Bei Achill. Tat. 2, 32 bezeichnet: τὸ ἱστίον καθίετο das Segel wurde gesetzt; dagegen bei Hom. Hymn. in Apoll. 487: ἱστία μὲν πρῶτον κάθετον und ib. 503: ἱστία μὲν πρῶτον κάθεσαν, daß das Segel geborgen wurde. Ich will hier noch folgende Ausdrücke anführen, wo man das Wort τὰ ἱστία durch τὴν κεραίαν ersetzen könnte: das Segel setzen heißt: τὰ ἱστία ἕλκειν Od. 2, 426, oder τὰ ἱστία ἀνερύειν Od. 9, 77 und 12, 402, oder τὰ ἱστία ἀρέσθαι Cass. Dio 50, 33, oder τὰ ἱστία ἐγείρειν Cass. Dio 50, 33; das Segel bergen heißt τὰ ἱστία καθαιρεῖν Od. 9, 149. Lucian. V. H. 2, 43, oder τὰ ἱστία χαλᾶν Procop. B. V. 1, 17 und 1, 20. Auf das Segel selbst beziehen sich die Ausdrücke: τὰ ἱστία πετανννύναι Od. 5, 480, oder ἀναπετανννύναι Il. 1, 480, oder καταπετανννύναι Eur. Hel. 1475 sämtlich mit der Bedeutung das Segel entfalten, während τὰ ἱστία τείνειν Od. 11, 11 vom Segel gesagt wird, wenn der Wind es schwellt. Selbstverständlich kann man das Segel sehr straff anziehen, ohne daß es deshalb bei schwachem Winde geschwellt würde.

Das Vermindern der Segelfläche erfolgte nur dann, wenn der Wind so stark war, daß sein Druck auf das ganze Segel diesem selbst oder der Rahe oder dem Maste gefährlich wurde. Die Rahe selbst konnte darum bis zum Top des Mastes aufgeheißt bleiben. Aristoph. Ranae 999:

> ἀλλὰ συστείλας ἄκροισι
> χρώμενος τοῖς ἱστίοις.

Wurde der Wind noch heftiger, so durfte dies nicht geschehen, die Rahe wurde dann auf die halbe Masthöhe herabgefiert; denn nach

dem Gesetze des Hebels übt der Druck am Top des Mastes auf diesen eine stärkere Wirkung aus als in der Mitte. Hirt. Bell. Alex. 45: tempestas erat turbulenta et nulla suspicio hostis, cum repente adversam ad se venientem navem antennis ad medium malum demissis animadvertit. Hor. Od. 2, 10:
> Sapienter idem
> contrahes vento nimium secundo
> turgida vela.

Senec. Med. 320:
> nunc lina sinu
> tendere toto; nunc prolato
> pede transversos captare Notos;
> nunc antennas medio tutas
> ponere malo; nunc in summo
> religare loco, cum iam totos
> avidus nimium navita flatus
> optat.

Wurde das Segel mit Hülfe der Schoten und Halsen in eine bestimmte Richtung gegen den Kiel gestellt, so mußte die Rahe dieselbe annehmen, und so finden wir sowohl im Altertume als im Mittelalter, daß die Rahen keineswegs immer mit besonderen Tauen ausgestattet sind, durch die sie um die vertikale Achse in eine bestimmte Richtung gedreht und in dieser festgehalten werden. Wir nennen solche an den Rahenocken befestigten und von da an Deck hinunterfahrenden Taue, durch welche die Rahe um ihre vertikale Achse gedreht wird, die Brassen. Bei den Griechen hießen sie αἱ ὑπέραι. Od. 5, 260 Schol. σχοινία, οἷς μετάγεται τὸ κέρας. Böckh Urk. S. 156: „Die ὑπέραι oder Brassen dienen dazu, die Rahe wagerecht zu bewegen und dadurch ihre Stellung gegen den Kiel zu verändern, μετάγειν." Da die Brassen oben an der Rahe und die Schoten unten am Segel sind, so erklärt sich das Sprichwort: τὴν ὑπέραν ἀφεὶς τὸν πόδα διώκει, er vernachlässigt die höheren Ziele und verfolgt die niedrigen. Eustathius 1534, 24 sagt ganz richtig: καλοῦνται δὲ πόδες διὰ τὸ κάτω εἶναι, ἀπεναντίας ταῖς προῤῥηθείσαις ὑπέραις, ὡς οἷον ὕπερθεν κεφαλαῖς τῶν τοιούτων ποδῶν · ἐξ ὧν ῥῆμα ποδῶ ποδιώσω, ὡς δηλοῖ καὶ ὁ Λυκόφρων ἔνθα ποδωτὰ λίνα τὰ ἱστία φησίν. Das lateinische Wort dafür wird das bei Plautus vorkommende Wort versoria sein, denn das bei Isidor sich findende opifera ist nach Hemsterhuis zu Lucian. Dial. mort. 4, 1 aus ὑπέρα verdorben. Das Scholion zu dieser Lucianischen Stelle lautet: ὑπέρα τὸ τοῦ κεϱως τοῦ ἱστοῦ σχοινίον, ᾧ ἀνίεται καὶ διατείνεται (τὸ ἱστίον). Dazu bemerkt Böckh Urk. S. 155: „Um diese Glosse zu verstehen, muß man bemerken, daß διατείνειν nicht ist auseinanderspannen, da an der Rahe nichts auszubreiten ist, sondern nur anspannen, anstrengen, anziehen, statt ἐπιτείνειν oder ἐντείνειν, lat. intendere. Dies beweist auch der Gegensatz ἀνίεται, denn das Nachlassen ist der Gegensatz des Anspannens oder Anziehens, nicht des Ausspannens oder Ausbreitens. Durch ἀνίεται und διατείνεται ist nun nichts anderes als durch μετάγεται bezeichnet."

Während die Brassen die Rahe um ihre vertikale Achse rechts oder links herumdrehen, dienen die Toppenanten dazu, sie um ihre horizontale Achse wie einen Wagebalken auf und nieder zu bewegen. Es sind dies Taue, welche von den Rahenocken schräg nach dem Top des Mastes hinauf und von hier an Deck hinunterfahren. Sie können noch eher entbehrt werden als die Brassen und werden schwerlich schon zur Zeit Homers in Gebrauch gewesen sein. Man könnte sogar bezweifeln, ob die Alten überhaupt solche Taue gekannt haben, die genau unsern Toppenanten entsprechen. Auch bei unseren größten Schiffen hat die große d. h. die größte Rahe nur einen Toppenant an jeder Seite; es wäre nicht nur unnötig, sondern durchaus ungeeignet, ihrer mehrere anzubringen. Die alten Schiffe aber zeigen auf den Abbildungen, denen man in dieser Beziehung wohl Glauben schenken darf, mehrere solcher Taue an jeder Seite. Man könnte nun glauben, daß die inneren Taue zum Aufheißen des Segels gedient, also zum Fall gehört hätten, aber dann würde man schwerlich noch Toppenanten gebraucht haben. Wie, wenn dieselben keinen andern Zweck gehabt hätten, als den, daß die auf der Rahe beschäftigten Seeleute sich daran festhalten konnten? Auf solche Taue wenigstens wird hingewiesen in der Stelle Lucian. Nav. 4: θαυμάζοντες ἀνιόντα τὸν ναύτην διὰ τῶν κάλων, εἶτα ἐπὶ τῆς κεραίας ἄνω ἀσφαλῶς διαθέοντα, τῶν κεροιάκων ἐπειλημμένον. Will man hier Toppenanten angedeutet finden, und ich selbst neige dieser Ansicht zu, so steht dem nichts im Wege, da ja auch diese den Leuten auf der Rahe einen Halt bieten, aber sonderbarerweise erklärt das Scholion: τὰ νῦν κάρια λεγόμενα παρὰ τοῖς ναυτικοῖς, ἃ καὶ κρίκους καλοῦσιν οἱ παλαιοί. Böckh Urk. S. 150 glaubt, daß die in den Inschriften vorkommenden ἱμάντες nur die Toppenanten sein können. Das ist ja bei der allgemeinen Bedeutung von ἱμάς nicht unmöglich, scheint mir aber doch nicht festgestellt; jedenfalls irrt Böckh darin, daß er glaubt, die Toppenanten könnten, falls sie nur nicht an Deck herunterführen, aus einem einzigen Stück Tau gemacht sein; das ist unmöglich. Ein anderer Ausdruck für den Toppenant scheint κεραιοῦχος oder κερουλκός gewesen zu sein. Bei Hesychius findet sich unter κερουλκός · κάλως ὁ κεραιοῦχος. Beim Lucan Pharſ. 8, 177 kommt ein ceruchus vor, mit dem ebenfalls der Toppenant gemeint sein soll und dies hat den Salmasius Exercit. Plin. Eb. 1689 pag. 402 veranlaßt im Scholion zu Aristoph. Eq. 759: δηλοῦται δὲ ὑπὸ Φερεκράτους ἐν τοῖς Ἀγρίοις, ὅταν λέγῃ · Ὁ δὴ δελφίς ἐστι μολιβδοῦς · δελφινοφόρος τε κέρδος διακόψει τοὔδαφος αὐτῶν ἐμπίπτων καὶ καταδύων die Verse des Pherekrates so herzustellen:

ὁ δὲ δελφίς ἐστι μολυβδοῦς, δελφινοφόρος τε κεροῦχος
ὃ διακόψει τοὔδαφος αὐτῶν ἐμπίπτων καὶ καταδύων.

wo er aber die Wahl läßt, zwischen κεροῦχος und κεραία. Jedenfalls müßte sich aber das ὃ διακόψει auf δελφίς beziehen, und um das hervorzuheben, wäre es vielleicht besser, κεραία zu setzen. Auf den δελφίς werde ich weiter unten zurückkommen.

Bei Athenäus 5, 39 kommt noch ein ἱστίον ἁλουργεῖ παρασείρῳ κεκοσμένον und bei Lucian. Nav. 5: τοῦ ἱστίου τὸ παράσειον πυραυγές vor. Die Vermutung liegt nahe, daß hier von einer und derselben Sache die Rede und entweder παράσειρον in παράσειον oder dies in jenes zu ändern ist. Aber dazu sind wir doch schwerlich befugt. In der Stelle Lucians hat der Scholiast τοῦ ἱστοῦ statt τοῦ ἱστίου gelesen. Nun berichtet Pollux, daß man sowohl am Top des großen Mastes wie am Flaggenstock auf dem Hinterdeck einen Stander, eine kleinere Flagge habe wehen lassen, und dies wird durch die Abbildungen z. B. des Schiffes auf dem Grabmal der Naevoleja Tyche bestätigt. Poll. 1, 90: τὸ μέσον δὲ τῆς πρύμνης σανίδιον · τὸ δ᾽ ἐπηρτημένον αὐτῷ ἐπισείον. 1, 91: τὸ δὲ ὑπὲρ τὴν κεραίαν ἄτρακτος · οὗ καὶ αὐτοῦ τὸν ἐπισείοντα ἀπαρτῶσι. Ich möchte glauben, daß παράσειον gleichbedeutend mit ἐπίσειον ist. Jedenfalls ist die Erklärung des Scholiasten, der unter dem παράσειον das καρχήσιον verstehen will, unzutreffend und aus der Luft gegriffen. Anderenfalls könnte παράσειρον einen neben dem Segel flatternden Wimpel bedeuten; auch wir befestigen solche wohl zum Schmucke an den Rahenocken. Die Beiworte ἁλουργές und πυραυγές würden recht gut sowohl zum Wimpel wie zum Stander passen. Man hat παράσειρον auch auf den Saum oder das Leich des Segels beziehen wollen, aber das scheint mir doch höchst bedenklich, da man dazu ja Leder oder Seehundsfell benützte. Ich wage keine Entscheidung. Auf die in die Lexika übergegangene Vermutung Gesners, daß παράσιον, aus dem durch Umstellung der Buchstaben π und σ das Wort σιπάριον ent-

5*

standen sei, das Segel bedeute, welches lateinisch supparum genannt wird, werde ich weiter unten zurückkommen.

Die Kriegsschiffe und größeren Handelsschiffe hatten zwei Masten, einen größeren und einen kleineren. Böckh Urk. S. 128: „Unsere Inschriften geben die vollkommenste Entscheidung darüber, daß die Trieren zwei Masten hatten." Der kleinere stand auf dem Vorschiffe, der große in der Mitte des Schiffes. Dieser hieß ὁ ἱστὸς μέγας oder γνήσιος, seine Rahe ἡ κεραία μεγάλη, sein Segel τὸ ἱστίον μέγα. Der Vormast hieß zur Zeit der Trieren ὁ ἱστὸς ἀκάτειος, seine Rahe ἡ κεραία ἀκάτειος und sein Segel τὸ ἱστίον ἀκάτειον. Später wurden Vormast und Vorsegel mit dem gemeinschaftlichen Namen ὁ δόλων und noch später mit ὁ ἀρτέμων bezeichnet. Wer die

Schriftstellen, in denen diese Benennungen vorkommen, mit seemännischer Fachkenntnis gelesen hat, für den ist ein Zweifel in bezug auf ihre Bedeutung gar nicht möglich. Die sich widersprechenden Erklärungen der alten Grammatiker liefern nur einen Beleg mehr dafür, daß man sich in technischen Dingen gar nicht auf sie verlassen darf. Hätte man sie nicht beachtet, so würde man längst im Klaren gewesen sein. Es ist wieder das Verdienst Böckhs, aus den Inschriften den Begriff des Wortes ἀκάτειος endgültig festgestellt zu haben. Er sagt S. 127: „Die Urkunden befreien uns von dem Irrtume, welcher bisher über die Benennungen geherrscht hat. Gewöhnlich glaubt man nämlich, der große Mast habe ἱστὸς ἀκάτειος oder ἀκάτιος geheißen. Derselbe Irrtum über die Bedeutung des Wortes ἀκάτειος findet sich auch wieder bei den Rahen und Segeln, wo wir diesen Gegenstand besonders besprechen werden. Es liegt schon im Worte, daß der ἱστὸς ἀκάτειος ein kleinerer Mast sei, wie ihn ein Segelboot ἄκατος hatte und eben dies gilt von den übrigen Geräten." Damit hat Böckh nicht sagen wollen, daß die ἄκατος ausschließlich oder auch nur vorzugsweise ein Segelboot gewesen sei. Sie war noch mehr ein Ruder= als ein Segelboot; gerade als πλοῖον πειρατικόν oder λῃστικόν, wozu sie vielfach benutzt wurde, hatte sie den Vorteil, bei Windstille das verfolgte Schiff leicht einholen zu können. Heliod. Aeth. 5, 23: (πειρατικὸν τὸ ἀκάτιον ἕπεται κατ' ἴχνος). ὁ δὲ ἄνεμος τῆς ἄγαν φορᾶς ὤκλαζε καὶ κατ' ὀλίγον ἐνδιδοὺς ἄπρακτός τε καὶ μαλακὸς τοῖς ἱστίοις ἐνέπιπτε, τέλος καὶ εἰς γαλήνην ἐξενικήθη, τοῖς ἐπιδιώκουσιν ὑπηρετούμενος · οἱ γὰρ κατὰ τὴν ἄκατον, ἕως μὲν ἡμῖν ὁ πλοῦς ὑπήνεμος ἠνύετο μακρῷ τῆς ὁλκάδος ἀπελείποντο, μείζοσι τοῖς ἱστίοις πλέον τὸ πνεῦμα δεχομένης. ἐπειδὴ δὲ τὴν θάλασσαν ἐστόρεσεν ἡ γαλήνη, καὶ τὰς κώπας ἡ χρεία παρεκάλει, θᾶττον ἡμῖν ὥστε εἰπεῖν ἐπέστησαν, ἅτε οἶμαι πρόσκωποί τε πάντες οἱ ἐμπλέοντες καὶ κοῦφον ἀκάτιον καὶ πρὸς εἰρεσίαν εὐπειθέστερον ἐλαύνοντες. Schon um dieses Zweckes willen mußte die ἄκατος sehr scharf gebaut sein, und Brunns An= nahme, daß das Wort ἄκατος mit der indogermanischen Wurzel ak = spitz zusammenhänge, hat viel für sich. Euripides giebt ihr auch in den beiden Stellen Orest. 341 und Hec. 446, wo sie vorkommt, das Beiwort θοή. Man benutzte sie deshalb gern als Eilboot, um Nachrichten zu überbringen, vgl. Thucyd. 1, 29 und Böckh Urk. S. 75. Übrigens war sie nicht von bestimmter Größe. Sie war als Schiffs= boot so klein, daß sie bis zum Top des Mastes geheißt werden konnte, Agath. hist. 3, 21: νῆες δὲ φορτίδες μεγάλαι μετεώρους εἶχον τὰς ἀκάτους καὶ ἀμφ' αὐτὰ δήπου τὰ καρχήσια τῶν ἱστῶν ἀνιμηθείσας. Brunn hat diese Stelle nur aus dem Suidas, wo sie unter κυματωγή ab= gekürzt steht, angeführt und ist dadurch zu einem Mißverständnisse veranlaßt. Er sagt: "Wenn große Lastschiffe in Nöten an der Küste vor Anker gingen, wurden diese Rettungsboote, um nicht von dem Sturm und Wogendrange an das Schiff geworfen und zerschellt zu werden, auf dieselben gehoben und an Tauen, welche um den Mast befestigt waren, aufgehängt." Das Letzte wird nebenbei gesagt keinem Seemanne in den Sinn kommen, und von Nöten und Rettungsbooten ist hier gar keine Rede. Hätte Brunn die Stelle im Agathias, aus dem sie Suidas genommen, im Zusammenhange gelesen, so würde er gefunden haben, daß bei der Belagerung der Küstenstadt Phasis am gleichnamigen Flusse die Belagerten große Lastschiffe so nahe wie möglich an die Brandung, πρὸς τῇ κυματωγῇ πλησιαίτατα, d. h. an die Stadtmauer heranholten, damit sie als Mauertürme benutzt würden. Da aber die ὁλκάδες kein Θωράκιον d. h. keinen Mars oder Mastkorb, sondern nur ein καρχήσιον d. h. einen Mastkopf ohne Brustwehr hatten, so ersetzten die Vertheidiger das dadurch, daß sie die Boote, τὰς ἀκάτους, bis zum Mastkopfe aufheißten und mit Schleuderern und Bogenschützen besetzten. Auch der Nachen des Charon, der sonst, z. B. Lucian. Dial. mort. 10, 1 ein μικρὸν σκαφίδιον ist, wird Athen. XIII. 597 A ἄκατος genannt. Sie war aber auch, wie aus der vorstehenden Stelle Heliodors hervorgeht, so groß, daß sie als wirkliches Seeschiff diente. Die bei Herodot 7, 86 vorkommenden σιτηγοὶ ἄκατοι der persischen Flotte können ja auch keine Boote gewesen sein, und die bei Lucian. Ver. hist. 1, 5 erwähnte ἄκατος hatte mehr als 50 Mann Besatzung. Ich möchte deshalb keinen deutschen Ausdruck für geeigneter halten als Jacht. Auch diese bedeutet vorzugsweise ein schnelles Fahrzeug, welches im übrigen von der verschiedensten Größe und auf die verschiedenste Weise getakelt sein kann. Mit jeder anderen deutschen Schiffsbenennung würden wir einen engeren Begriff verbinden.

Ich möchte hier erwähnen, daß die Übersetzung der Worte Aristoph. Eq. 759: τὴν ἄκατον παραβάλλου nach der Auslegung der alten Grammatiker mit: „Halte dein Boot bereit" sicher unrichtig ist. Zu der Aufforderung, kühn und thatkräftig zu erscheinen, dem Angriffe zuvorzukommen und sich kampfbereit zu machen, will es doch in keiner Weise passen, daß das Boot fertig gemacht werden soll, um die Flucht und Rettung vorzubereiten. Das hieße doch nichts anderes, als: zeige dich furchtsam! Hier ist ἄκατος das Schiff des Gegners und die Worte können keinen andern Sinn haben, als: Halte mit deinem Schiffe gerade auf das feindliche Schiff zu! Dieselbe Wendung findet sich im Plutarch Pomp. 73. Als Pompejus auf der Flucht in einem Ruderboote die Küste entlang fährt, sieht er ein gerade unter Segel gegangenes Frachtschiff und giebt Zeichen, daß er aufgenommen zu werden wünscht. Der römische Schiffer Peticius erkennt den Pompejus und befiehlt sofort den Seeleuten, die Fahrt nicht fortzusetzen, sondern auf das Boot zuzuhalten, um den Flüchtling an Bord zu nehmen, ἐκέλευσε τοὺς ναύτας τὸ ἐφόλκιον παραβαλεῖν. Welcher Schiffer würde doch wohl in einem solchen Falle ganz unnötigerweise auch noch sein eigenes Boot über Bord setzen?

Wie aber kam es, daß der Vormast der großen Schiffe als ἱστὸς ἀκάτειος, als Bootsmast bezeichnet wurde? Ich denke mir die Sache so. Auf allen uns erhaltenen Abbildungen von Schiffen mit zwei Masten steht der Vormast nicht aufrecht, sondern ist in sehr schräger Richtung vorüber geneigt. Das nun wird auch in der ἄκατος der Fall gewesen sein, die, wie gesagt, vorzugsweise ein Ruderboot war und das Segel nur dann gebrauchte, wenn der Wind von hinten kam. Da konnte denn der Mast so weit wie möglich nach vorn gestellt werden, und es mußte das geschehen, damit er den Rudernden so wenig wie möglich im Wege stand. Als kleines, scharfgebautes Ruderboot war die ἄκατος ein πλοῖον ἀμφηρικόν, d. h. so schmal, daß jeder Ruderer zwei Remen führte. Thucyd. 4, 67 Schol. ἀκάτιον ἀμφηρικόν · πλοιάριον ἑκατέρωθεν ἐρεσσόμενον, ἐν ᾧ ἕκαστος τῶν ἐλαυνόντων δικωπίας ἐρέττει. Hätte der Mast in der Mitte gestanden, so hätte er die Ruderer vor und hinter ihm beengt und am Ausgreifen gehindert, sowohl er selbst als auch das Segel mit seinen Schoten. Darum stellte man ihn nicht allein ganz vorn hin, sondern neigte ihn auch noch schräg vorüber und behielt so den inneren Raum des Bootes ganz frei für die Ruderer. Zunächst auf dieser Ähnlichkeit des Schiefliegens beruhte der Name Boots-, oder wenn man will, Jachtmast für den Vormast der größeren Schiffe. Aber auch darin stimmten beide überein, daß ihr Segel nur unter besonderen Umständen gesetzt wurde. Und damit es mit Leichtigkeit gehandhabt und ohne viel Umstände geheißt und gestrichen werden konnte, so durfte es nur eine lose Rahe haben, d. h. eine solche, die nicht wie bei dem großen Segel durch ein Rack, sondern nur durch ein Fall am Maste festgehalten wurde. Wollten wir das ἱστίον ἀκάτειον im Deutschen benennen und damit zugleich ausdrücken, daß es ein Rahesegel am Fockmast sei, so würde wohl Breitfock die entsprechende Übersetzung sein.

Ich muß nun einen Punkt betonen, auf den man bisher nicht das ihm zukommende Gewicht gelegt hat. Böckh sagt auf S. 131 mit vollem Rechte: „In den Schlachten gebrauchte man die Segel nicht." Daß Graser sich auf S. 199 untersteht, Böckh wegen dieser Behauptung zu schulmeistern, ist eben wieder ein Beweis von seiner Anmaßung, über Dinge zu sprechen, von denen er nichts versteht. Hat ein Schiff keine Remen, so kann es selbstverständlich die Segel nicht entbehren und darf folglich auch den Mast nicht niederlegen. Das war bei den Venetern der Fall, deren Niederlage ja aber gerade daher rührte, daß ihnen die römischen Schiffe an Beweglichkeit überlegen waren. Es giebt für ein Ruderschiff, welches rasche Wendungen ausführen soll, kein böseres Hindernis als die Segel. Ist kein Wind da, so kann selbstverständlich auch nicht von einem Nutzen die Rede sein, wohl aber von einem empfindlichen Nachteile, weil die Bewegung des Schiffes, mag sie vorwärts oder rückwärts geschehen, stets einen Luftdruck dem Segel entgegen hervorruft, der dann durch Ruderkraft überwunden werden muß. Ist aber Wind da, so wird dieser sich der Bewegung des Schiffes in allen denjenigen Richtungen, in denen er von vorn auf das Segel fällt, entgegenstemmen, und diese Richtungen erstrecken sich beinahe über einen halben Kreisumfang. Und wie, wenn der Wind von hinten in das Segel fiel, und man nun gezwungen war, rückwärts zu rudern, πρύμνην ἀνακρούειν, wie das in der Schlacht so oft vorkam, wieviel Kraft hätte man da vergeuden müssen? Und wäre es bei frischem Winde überhaupt gelungen? Aber wenn man auch von allem diesem ganz absehen dürfte, so müssen die Segel doch auch bedient werden, und dies kann nur an Deck geschehen, wo die Kriegesleute den Platz dichtgedrängt einnehmen und den Seeleuten überall im Wege stehen würden. So würde unter sonst gleichen Umständen ein Ruderschiff unter Segel gegen ein Ruderschiff ohne Segel stets im Nachteile sein. Über solche technisch-nautische Fragen brauchten uns gar keine Nachrichten aus dem Altertume erhalten zu sein, sie verstehen sich für den nur einigermaßen Sachkundigen ganz von selbst. Aber es liegen in bezug auf diesen Punkt die bündigsten Aussagen vor. Im Liv. 26, 39 heißt es: Velis tum forte, improvidus futuri certaminis, Romanus veniebat, d. h. hätte die römische Flotte erwarten können, auf den Feind zu stoßen, so hätte sie sicher keine Segel geführt. Ähnlich lesen wir bei Cassius Dio 50, 33, daß Cäsar nach der Schlacht bei Actium die Flüchtigen nicht verfolgt habe, weil er sich nur zur Schlacht ausgerüstet und folglich keine Segel gehabt habe: τοὺς φεύγοντας καὶ ἄνευ ἱστίων ὄντες καὶ πρὸς τὴν ναυμαχίαν μόνην παρεσκευασμένοι οὐκ ἐπιδιώξαν. In Xen. Hell. 6, 2, 27 heißt es von Iphikrates, der um den Peloponnes nach Kerkyra segelte: ἐπεὶ ἤρξατο τοῦ περίπλου, ἅμα μὲν ἔπλει, ἅμα δὲ πάντα ὅσα εἰς ναυμαχίαν παρεσκευάζετο · εὐθὺς μὲν γὰρ τὰ μεγάλα ἱστία αὐτοῦ κατέλιπεν, ὡς ἐπὶ ναυμαχίαν πλέων. καὶ τοῖς ἀκατείοις δέ, καὶ εἰ εὔφορον πνεῦμα εἴη, ὀλίγα ἐχρῆτο · τῇ δὲ κώπῃ τὸν πλοῦν ποιούμενος ἄμεινόν τε τὰ σώματα ἔχειν τοὺς ἄνδρας καὶ ἄμεινον τὰς ναῦς πλεῖν ἐποίει. Die Worte τὰ μεγάλα ἱστία κατέλιπεν, ὡς ἐπὶ ναυμαχίαν πλέων liefern den unantastbaren Beweis, daß wenigstens die großen Segel bei einem Seegefechte nicht gebraucht wurden. Selbst wenn man sie unter sonst günstigen Umständen hätte benutzen wollen, man hätte es nicht gedurft. Die Kriegsschiffe der Alten waren Rammschiffe und erlitten bei jedem Stoße, mochte er glücklich oder unglücklich ausfallen, eine furchtbare Erschütterung. Rannten nun gar zwei in voller Fahrt befindliche Schiffe gegeneinander, so erfolgte der Zusammenstoß für jedes Schiff mit einer Stärke, als ob es mit der Summe beider Geschwindigkeiten gegen einen festen Körper angerannt wäre. Die Wucht dieses Stoßes würde nun auf das obere Ende des aufgerichteten hohen Mastes, den wir als Hebel zu betrachten haben, in der Weise übertragen sein, daß er, falls er nicht selbst über Deck abgebrochen wäre, die aufgeheißte Rahe vorausgeschleudert haben würde. Sie hätte sich vom Maste losgerissen und die unter ihr auf Deck befindlichen Leute zerschmettert. Durfte aber die Rahe nicht geheißt werden, woran wollte man das Segel führen? Das erste demnach, was geschehen mußte, wenn man sich gefechtsbereit machte, war das, daß man Segel und Rahe strich. Darum heißt es Hirt. bell. Alex. 45: Vatinius ubi navem adversum se venientem conspexit, celeriter vela subduci demittique antennas iubet et milites armari. Aber auch nicht einmal der kahle Mast durfte aufrecht stehen bleiben; die Gewalt des Stoßes hätte ihn brechen oder aus seiner Mastspur und seinen Stagen reißen können. Und selbst in dem günstigen Falle, wo dies nicht geschehen wäre, hätten die Deckbalken, gegen die er sich stützte, von ihm einen solchen Stoß erhalten, daß der Verband des Schiffes in bedenklichster Weise gelockert wäre. Legte man ihn aber nach hinten nieder, so traf der Stoß den auf dem Kiele ruhenden Mastfuß in schräger Richtung und kein Holz im Schiffe konnte besser als der Kiel einem Stoße widerstehen. Alle diese Dinge verstehen sich so sehr von selbst, daß ein Zweifel daran auch dann nicht möglich wäre, wenn uns bestimmte Nachrichten darüber fehlten. Wir lesen aber ausdrücklich im Liv. 36, 44: Quod ubi vidit Romanus, vela contrahit malosque inclinat et simul armamenta componens opperitur insequentes naves. Deshalb müssen wir das Niederlegen des großen Mastes auch da voraussetzen, wo es nicht besonders erwähnt wird, wie in der eben angeführten Stelle aus dem bellum Alexandrinum. Ein charakteristisches Beispiel liefert die kurz vorher angezogene Stelle aus Xen. Hell. 6, 2, 27. Es heißt da bloß τὰ μεγάλα ἱστία κατέλιπεν ὡς ἐπὶ ναυμαχίαν πλέων, und von einem Niederlegen des großen Mastes ist nichts gesagt; aber es wäre thöricht zu glauben, derselbe habe gestanden. Der Gedanke läge nahe, daß Iphikrates ihn gar nicht habe aufrichten lassen, weil er ja doch kein Segel für ihn hatte. Aber in der That waren die großen Masten niedergelegt, denn einige Zeilen weiter lesen wir: ἐν δὲ ταῖς ναυσὶν αἰρόμενος αὖ τοὺς ἱστοὺς ἀπὸ τούτων ἐσκοπεῖτο, d. h. er ließ sie wieder, αὖ, aufrichten, um Ausguck zu halten, so daß wir nicht an die schrägen Vormasten, sondern an die hohen, aufrecht stehenden großen Masten zu denken haben. Das Aufrichten des Mastes hieß τὸν ἱστὸν αἴρεσθαι Xen. Hell. 6, 2, 29; ἐπαίρεσθαι Polyb. 1, 61, 7; ὀρθοῦν Lucian. Catapl. 1. Das Niederlegen des Mastes hieß τὸν ἱστὸν ἀφιέναι oder ὑφιέναι Il. 1, 434; καθαιρεῖν Od. 15, 496; χαλᾶν Ap. Rhod. 2, 1464; κλίνειν Ap. Rhod. 4, 1632. Wie man beim Aufrichten und Niederlegen verfuhr, wissen wir nicht. Jedenfalls geschah es mit Hülfe eines vom Top des großen Mastes nach vorn fahrenden starken Taues, und ich habe mich gefragt, ob nicht der in den Urkunden vorkommende χαλινός gerade zu diesem Zwecke gedient hat. Er würde in diesem Falle am besten mit Stag zu übersetzen sein. Was Böckh dagegen sagt, ist nicht schlechthin zu verwerfen, hat mich aber doch nicht überzeugt.

Die vorhin erwähnten Gründe, weshalb der große Mast während der Schlacht niedergelegt sein mußte, trafen für den vorüber geneigten Vormast nicht zu. Er brachte nicht allein keine Gefahr, sondern mußte selbst zum Angriffe und zur Verteidigung, ja nötigenfalls zur Flucht dienen. Oben ist schon die Stelle aus Aristoph. Eq. 759: τοὺς δελφῖνας μετεωρίζου erwähnt. Dazu bemerkt ein Scholion: δελφίς · σιδηροῦν κατασκεύασμα ἢ μολίβδινον εἰς δελφῖνα ἐσχηματισμένον · τοῦτο δὲ ἐκ τῆς κεραίας τοῦ ἱστοῦ αἱ ναυμαχοῦσαι ἤφιεσαν εἰς τὰς τῶν πολεμίων καὶ κατεδύοντο. Vgl. auch die Verse des Pherekrates oben S. 67. Und zu Thucyd. 7, 41 lautet die Glosse: ἐκ τῶν κεραιῶν δελφῖνες ἦσαν ἠρτημένοι μολίβδινοι, ὥστε ἐμβάλλεσθαι ταῖς προσπλευούσαις πολεμίαις ναυσίν, οἷον ἐμπίπτοντες αὐταῖς διέκοπτον τοὔδαφος αὐτῶν καὶ κατέδυον. Man heißte an der Rahe eine schwere Eisen- oder Bleimasse in der Gestalt eines Delphines auf und ließ sie bei der Annäherung an ein feindliches Schiff auf dasselbe fallen, um seinen Boden zu durchschlagen und es so zum Sinken zu bringen. Nun kann von einer anderen Rahe als der des Vormastes schon deshalb keine Rede sein, weil der große Mast niedergelegt war. Aber selbst wenn er gestanden hätte, würde man doch seine Rahe nicht benutzt haben. Worauf eben alles ankam und woran alle Kunst und Kraft gewendet wurde, war das, daß man mit dem zum Rammen gepanzerten Vorderteile auf das feindliche Schiff traf. Was konnte es da nutzen, daß man an die Rahenocken des großen Mastes die Delphine hängte? Hätte man sie losgelassen, so wären sie ohne Wirkung geblieben und in die See gefallen, und hätte man das nicht gethan, so würde der Stoß die schweren Massen mit einer solchen Wucht nach vorn geschleudert haben, daß sie die Rahe vom Maste hätten reißen müssen. Jedenfalls mußten doch die Delphine so weit nach vorn über den Vorsteven hinaus hängen, daß sie beim Lösen durch den Stoß auf das feindliche Schiff fielen. So weit konnte aber das Ende der großen Rahe nicht reichen. Schon die Lastschiffe, νῆες βραχεῖαι, waren länger als die Rahe, um wie viel mehr die Kriegsschiffe, νῆες μακραί. Wurde aber die Rahe am schräg vorüber geneigten Vormaste aufgeheißt und nicht querschiffs, sondern längsschiffs gebraßt, so ragte das Vorderende, an dem der Delphin hing, weit über den Vorsteven hinaus. Auch hierfür brauchte es keiner weiteren Bestätigung aus dem Altertume, so selbstverständlich ist es, daß als κεραία δελφινοφόρος nur die κεραία ἀκάτειος gebraucht werden konnte. Aber es fehlt eine solche nicht. Poll. 1, 86 sagt ausdrücklich: ὑπὲρ δὲ τὸ ἔμβολον δελφὶς ἵσταται, ὅταν ἡ ναῦς δελφινοφόρος ᾖ.

Das Segel am Vormast, τὸ ἱστίον ἀκάτειον, ὁ δόλων, ὁ ἀρτέμων, wurde nur unter besonderen Umständen geheißt, und das waren für Handelsschiffe nicht dieselben, wie für Kriegsschiffe, weil die bewegende Kraft für jene wesentlich im Großsegel, für diese aber in den Remen lag. Kam der Wind von hinten, so konnte auf einem Segelschiffe vom Vorsegel kein Gebrauch gemacht werden, weil es blind gelegt, d. h. weil ihm vom Großsegel der Wind abgefangen wäre. Nur der von der Seite kommende Wind konnte beide Segel füllen, und dann wird man auch beide gesetzt haben. Auch wenn das Schiff durch den Wind wenden mußte, leistete das Vorsegel vortreffliche Dienste. Man ließ erst den Seitenwind recht voll in das schräg gestellte Großsegel fallen, damit das Schiff so viel Fahrt voraus bekam wie möglich. Dann legte man das Steuer so, daß das Schiff in den Wind aufschoß, und um nun den Kopf ganz herumzubringen, heißte man das Vorsegel und braßte es back, d. h. so, daß der von vorn auf dasselbe fallende Wind es nach der Seite herumdrängte, nach der das Schiff wenden sollte. Zu gleicher Zeit wurde auch das Großsegel umgebraßt oder umgelegt. Hatte man vorher den Wind von der rechten Seite bekommen, so erhielt man ihn jetzt von der linken; was vorher Schote gewesen war, wurde zum Hals und umgekehrt.

Während die Segelschiffe das Vorsegel nicht benutzen konnten, wenn der Wind recht von hinten kam, machten die Ruderschiffe gerade in diesem Falle davon Gebrauch. Wurde es gesetzt, so diente es wesentlich zur Beschleunigung der Fahrt und nahm den Ruderern einen Teil der Arbeit ab. An diesem Orte möchte ich den Versuch

machen, eine vielbesprochene Stelle in der Taurischen Iphigenie auf=
zuklären, wo der Chor der scheidenden Priesterin eine glückliche,
rasche Heimfahrt wünscht. καὶ σὲ μὲν, πότνι᾽ Ἀργεία, πεντηκόντορος

οἶκον ἄξει, λιπαρὰν εἰς Ἀθηναίων ἐπὶ γᾶν. Dann heißt es v.
1132 ff. nach der handschriftlichen Überlieferung:
ἐμὲ δ᾽ αὐτοῦ λιποῦσα βήσῃ ῥοθίαις πλάταις.
ἀέρι δ᾽ ἱστία πρότονοι κατὰ πρῷραν, ὑπὲρ στόλον
ἐκπετάσουσι πόδα ναὸς ὠκυπόμπου.
Ohne Zweifel ist sie, so wie sie dasteht, verderbt. Nach ἱστία muß
des Metrums wegen ein einsilbiges Wort eingeschaltet werden, wofür
man καί oder πρό vorgeschlagen hat. Ich möchte mit Bergk πάρ vor=
ziehen. Aber die größte Schwierigkeit macht das Wort πρότονοι, wofür
eine Handschrift πρότονος hat. Ich habe lange nachgesonnen, in welche
nautische Gedankenverbindung der πρότονος hier wohl eintreten könnte,
aber es ist mir nicht gelungen, eine solche zu finden. Alle Vorschläge,
die darauf hinauslaufen, das Wort beizubehalten, geben einen zu
gezwungenen Sinn, um annehmbar zu erscheinen. Einen πρότονος
oder πρότονοι giebt es nur am großen Maste, und dieser wurde, wie
oben erwähnt, auf einem Ruderschiffe nicht aufgerichtet, um den inneren
Raum für die Ruderer frei zu lassen. So können die ἱστία nur
ἀκάτεια sein, vgl. die vorstehende Figur. Daß Euripides die Take=
lung der Triere auf die homerische Zeit übertragen hat, findet sich
auch sonst bei ihm. Ich sehe nur Heilung, wenn das Wort πρότονος
durch ein anderes ersetzt wird, und glaube, daß der scharfsichtige
Reiske, man möchte sagen mit nautischem Instinkte das richtige ge=
troffen hat, wenn er πρότονος in προτενεῖς und ἐκπετάσουσι in ἐκπετάσασα ändert. Die Stelle würde dann so lauten:
ἐμὲ δ᾽ αὐτοῦ λιποῦσα βήσῃ ῥοθίαις πλάταις,
ἀέρι δ᾽ ἱστία πὰρ προτενεῖς κατὰ πρῷραν, ὑπὲρ στόλον
ἐκπετάσασα πόδα ναὸς ὠκυπόμπου.
„Du wirst fortgehen mit wellenschlagenden Rudern und wirst zugleich

(πάρ) das Vorsegel (τὰ ἰστία κατὰ πρώραν) entfalten, die Schoten fliegen lassend über den Steven des eilenden Schiffes." Wir sagen nämlich, wenn wir recht vor dem Winde segeln, daß wir mit fliegenden Schoten fahren. In der Bedeutung fliegen lassen steht ἐκπεταννύναι auch Theophyl. Ep. 38. Sollte der Singular πόδα Anstoß geben, so könnte man mit Scaliger den Dual πόδε oder auch den Plural πόδας lesen.

Wie sich aus der oben angeführten Stelle bei Xenophon ergiebt, wollte Iphikrates von der Erleichterung der Ruderer durch Setzen des Vorsegels, καὶ εἰ εὔφορον πνεῦμα εἴη, nichts wissen, da er die ganz richtige Ansicht hatte, daß das Rudern die Leute kräftige und das Schiff ohne Vorsegel besser woge, ἄμεινον τὰς ναῦς πλεῖν. Wir sagen nämlich vom Schiffe, daß es gut wogt, wenn es sich mit den Wellen leicht hebt und senkt; und ein gewöhnlicher Ausdruck ist: es wogt wie eine Ente, wenn es auf den Wellen wie eine Ente auf- und niedertanzt. Es nimmt dann kein Wasser über. Wenn es aber schwerfällig wie ein Klotz in der See liegt, dann spülen die Wellen darüber hin; und das wird dadurch veranlaßt, daß der Winddruck auf das Vorsegel den Kopf des Schiffes niederdrückt. Daß Iphikrates deshalb, wie Brunn meint, auch die Vormasten hätte niederlegen lassen, wäre zwecklos gewesen und geht auch nicht aus dem Texte hervor. Wäre er übrigens in der Lage gewesen, nicht bloß ὡς ἐπὶ ναυμαχίαν πλέων, sondern wirklich dem Feinde entgegenzufahren und sich zur Schlacht fertig machen zu müssen, so würde er sicher die Kräfte der Leute geschont, er würde die ἰστία ἀκάτεια gebraucht und sie erst gestrichen haben, wenn er an den Feind gekommen wäre. Suidas δόλων · οἱ δὲ Ῥωμαῖοι πλησίον γενόμενοι καθεῖλον τοὺς δόλωνας. Procop. B. V. 1, 17: τοῖς δὲ ναύταις ἐπήγγελλε, παρακολουθεῖν τε ἀεὶ καὶ τοῦ στρατεύματος μὴ πολὺ διεστάναι, ἀλλ' ἐπιφόρου μὲν γινομένου τοῦ πνεύματος, χαλάσαντας τὰ μεγάλα ἱστία τοῖς μικροῖς ἃ δὴ δόλωνας καλοῦσιν ἕπεσθαι, λωφήσαντος δὲ παντελῶς τοῦ ἀνέμου, βιάζεσθαι ὅσον οἷοί τε ὦσιν ἐρέσσοντες. Eine wichtige Rolle spielten sie deshalb während und nach der Schlacht, wenn ein Schiff sich zurückziehen mußte, sei es weil die Kräfte der Ruderer erschöpft waren, sei es weil man die Remen eingebüßt hatte, oder weil man sonst kampfunfähig geworden war. War dann der Wind günstig, und ungünstig war er eigentlich nur, wenn er gerade auf Land zu wehte, so wurde das Vorsegel zur Flucht geheißt. Diod. 20, 61: ἡ ναῦς φοροῦ πνεύματος ἐπιλαβομένη τοῦ δόλωνος ἀρθέντος ἐξέφυγε τὸν κίνδυνον. Polyb. 16, 15, 2. Ed. Gronov. S. 1409:

ἐκ δὲ τοῦ κινδύνου μιᾶς νηὸς ἐπαραμένης τὸν δόλωνι διὰ τὸ τετρωμένην αὐτὴν θαλαττοῦσθαι πολλοὺς καὶ τῶν ἐγγὺς τὸ παραπλήσιον ποιοῦντας ἀποχωρεῖν πρὸς τὸ πέλαγος. Liv. 36, 44. Dolonibus erectis altum petere intendit. Jb. 36, 45: Polyxenides sublatis dolonibus effuse fugere intendit. Jb. 37, 30. Postquam praetoriam navem Polyxenidae vela dantem videre, sublatis raptim dolonibus, et erat secundus petentibus Ephesum ventus, capessunt fugam. Somit diente das Vorsegel recht eigentlich als Helfer in der Not, es war ein ἱστίον ἐπικούριον, und τὸ ἀκάτιον αἴρεσθαι das Vorsegel heißen wurde sprichwörtlich gesagt für: sich dem Verderben entziehen. Plutarch de audiend. poet. 1. benutzt dies zu einem Wortspiele: πότερον οὖν ἀναγκάζωμεν τοὺς νέους, τὸ Ἐπικούρειον ἀκάτιον ἀραμένους, ποιητικὴν φεύγειν καὶ παρεξελαύνειν; denn er berichtet: Non posse suaviter vivi sec. Epic. 12. von den Epikuräern: ταύτας μέντοι τὰς τηλικαύτας καὶ τοσαύτας ἡδονὰς ὥσπερ ἀεννάους ἐκτρέποντες οὗτοι καὶ ἀποστρέφοντες, οὐκ ἐῶσι γίνεσθαι τοὺς πλησιάσαντας αὐτοῖς, ἀλλὰ τοὺς μὲν ἐπαραμένους τὰ ἀκάτια φεύγειν ἀπ' αὐτῶν κελεύουσι.

Auffallend ist es mir gewesen, überall dem Irrtume zu begegnen, als ob man das Vorsegel deshalb geheißen hätte, weil damit dem Schiffe die größtmögliche Geschwindigkeit gegeben wäre. Derselbe muß wohl auf einen mißverstandenen Ausdruck Quintilians zurückgeführt werden, der Instit. or. 12, 2 die oben erwähnte Vorschrift der Epikuräer mit den Worten giebt: fugere omnem disciplinam navigatione velocissima. Das kann doch in der That nicht die schnellste Fahrt, die überhaupt möglich ist, bedeuten, denn mit dem Großsegel hätte man jedenfalls eine größere Geschwindigkeit erreicht als mit dem Vorsegel möglich war. Daß eben deshalb auch die Flucht nicht immer gelang, daß die navigatio des Verfolgers velocior als die navigatio velocissima sehen wir z. B. aus dem Vorfalle bei Appian B. C. Seite 735 Ed. Steph. ἁλισκομένων δὲ καὶ πιμπραμένων τῶν Καίσαρος νεῶν, αἱ μὲν ἀράμεναι τὰ βραχέα τῶν ἱστίων ἀπέπλεον εἰς τὴν Ἰταλίαν, τῶν παραγγελμάτων καταφρονοῦσαι· καὶ αὐτὰς ἐπ' ὀλίγον οἱ τοῦ Πομπηΐου διώξαντες ἔτι, τὰς ὑπολοίπους ἀνέτρεψαν καὶ τῶνδε τὰς μὲν ἥρουν ὁμοίως, τὰς δὲ ἐνεπίπρασαν. Vielleicht hatte Pompejus sich die Zeit genommen, den Großmast aufzurichten und das Großsegel zu setzen und so die Flüchtigen eingeholt. Denn wenn es bei Polybius p. 87. Ed. Gronov. heißt: πεντήκοντα μὲν αὐτῶν ναῦς κατέδυσαν· τὸ δὲ λοιπὸν πλῆθος ἐξαράμενον τοὺς ἱστοὺς καὶ κατουρωῦσαν αὖθις ἀπεχώρει πρὸς τὴν Ἱερὰν νῆσον, εὐτυχῶς καὶ παραδόξως ἐκ μεταβολῆς αὐτοῖς πρὸς τὸν δέοντα καιρὸν τοῦ πνεύματος συνεργήσαντος, so möchte ich hier unter τούς ἱστούς die großen Masten verstehen, und dann wäre das ein Beweis, daß unter günstigen Umständen nicht das Vorsegel gesetzt, sondern der Großmast aufgerichtet und das Großsegel gesetzt wurde.

Der dritte Name für das Vorsegel, ὁ ἀρτέμων, findet sich, abgesehen von den Grammatikern, nur in der einzigen Schriftstelle Act. Ap. 27, 40. Aus der hier geschilderten Lage des Schiffes und den zur Rettung ergriffenen Maßregeln ergiebt sich für den Seemann auf den ersten Blick die Notwendigkeit, das Vorsegel zu setzen, mit solcher Gewißheit, daß über die Bedeutung des ἀρτέμων nie eine verschiedene Meinung hätte aufkommen können, wenn eben seemännische Kenntnisse mehr verbreitet wären. Ich werde das aber, weil ich doch weiter unten darauf zurückkommen muß, an diesem Orte nicht näher begründen und mich hier begnügen, das zusammenzustellen, was die Grammatiker darüber mitteilen. Ich finde dabei Gelegenheit, einige andere Fragen zu besprechen, die mit dem ἀρτέμων in Verbindung stehen. Da sind es nun zunächst zwei Angaben des Hesychius, die man bisher merkwürdigerweise ganz übersehen hat und zwar wohl deshalb, weil sie unter anderen Erklärungen versteckt sind, während in der alphabetischen Reihenfolge das Wort ἀρτέμων nicht aufgeführt wird. Wir lesen bei ihm μασχάλη · μέρος τι τῆς πρώρας, ὅπου καὶ τὸ τέρθρον, ὃ καλοῦσιν ἀρτέμωνα und τέρθρον · ὁ λεγόμενος ἀρτέμων. Dann τερθρωτήρ · ὅπου ὁ πρωρεὺς προορᾷ τὰ ἐν τῇ θαλάσσῃ. Daß das τέρθρον am Vorschiffe aufzusuchen ist, ergiebt sich aus dem selbständigen Scholion zu Aristoph. Eq. 440: τέρθριοι · οἱ ἔσχατοι κάλοι, οὓς ἐκφόρους καλοῦσιν οἱ ναῦται, οὓς ὅταν ἐκδιδῷ τὸ πνεῦμα, πρώτους ἐκ πρώρας χαλῶσι. Dann findet sich zu Juven. Sat. 12, 67
      inopi miserabilis arte cucurrit
 vestibus extentis et, quod superaverat unum,
  velo prora suo.
das Scholion: i. e. artemone solo velificaverunt. Mit wie großer Vorsicht man nun auch die nautischen Erklärungen der Lexikographen und Grammatiker aufnehmen muß, in dem Punkte, daß der ἀρτέμων auf dem Vorschiffe gestanden hat, stimmen ihre Angaben mit dem, was sich aus der Sachlage von selbst ergiebt, überein. Auch werden diese Zeugnisse durch kein anderes entkräftet. Denn die so oft angeführte Stelle über den ἀρτέμων bei Isid. Orig. 19, 3 ist unklar und kann je nach der Interpunktion bestätigend oder widersprechend ausgelegt werden. Jedenfalls verrät Isidor schon dadurch, daß er das ἱστίον ἀκάτιον das größte Segel nennt und daß für ihn ἀκάτιος, δόλων

und ἀρτέμων verschiedene Arten von Segeln sind, seinen gänzlichen
Mangel an Sachkunde. Das Scholion zu Eurip. Med. 278, wo auch
der ἀρτέμων erwähnt wird, kommt hier nicht weiter in Betracht. Nur
braucht der Glossator das Wort χαλᾶν hier in einem anderen als
dem gewöhnlichen Sinne. Es bedeutet bei ihm das Segel setzen.

Was für Taue aber sind die τέρθριοι, die hier mit dem ἀρτέμων in Verbindung gebracht werden? Ein Scholion zu Ap. Rhod.
1, 567 sagt uns, daß es Taue am Vorschiff gewesen seien, vor den
Halsen. Leider kommt das Wort nicht im Texte des Apollonius vor,
sonst würden wir dadurch wohl mehr Aufschluß erhalten, als durch
die Glosse. Die einzige Schriftstelle, in der die τέρθριοι sich finden,
ist die oben erwähnte bei Aristophanes Eq. 440. Kleon und der
Wursthändler streiten sich, wer den anderen an Unverschämtheit über-
treffe. Dieser hat erzählt, daß er schon als Knabe freche Streiche
ausgeübt, den Köchen Fleisch gestohlen, es, um nicht überführt zu
werden, in seiner Hinterkerbe versteckt und die That abgeschworen
habe. Darum, setzt er mit Anspielung auf Kleon hinzu, habe ihn
denn auch ein Rhetor für fähig erklärt, noch einmal Volkstribun zu
werden. Kleon meint, er werde ihm schon seinen Übermut austreiben,
er werde sich wie ein Sturmwind erheben und Erde und Meer auf-
regen. Der Wursthändler geht auf dies Bild ein, vergleicht sich mit
einem Schiffe und sagt: dann werde er seine Würste bergen, natürlich ἐς τὼ κοχώνα, sich von den Wogen mit dem Winde κατὰ κῦμα
οὔριον, Gegensatz πρὸς ἐναντίον κῦμα Polyaen. Strat. 4, 6, 8, tragen
und den Kleon hinterdrein heulen lassen. Demosthenes spaßt:

κἄγωγ', ἐάν τι παραχαλᾷ, τὴν ἀντλίαν φυλάξω,

d. h. dann wolle er auf den Schiffssod, hier also die Kerbe, passen,
ob nicht etwas von dem Inhalte, von den Würsten, für ihn abfalle.
Als nun Kleon seine Schmähungen herauszupoltern beginnt, nimmt
auch der Chor das Bild vom sturmgepeitschten Schiffe auf und warnt
den Wursthändler, er möge vorsichtig sein und die Schote etwas nachlassen, damit der Sturm der Beschuldigungen nicht mit voller Kraft
in das Segel falle. Kleon aber setzt seine Schmähungen fort, der
Sturm seiner Verläumdungen hält an, so daß der Chor sich veranlaßt sieht dem Wursthändler zu raten, nun auch die τερθρίους niederzulassen, worauf dieser antwortet: τὸ πνεῦμ' ἔλαττον γίγνεται, d. h. es
ist nicht nötig, der Wind nimmt schon ab.

So fasse ich die Sache auf, indem ich der alten Rollenvertei-
lung treu bleibe, trotzdem ich nicht verkenne, daß die vorgeschlagene
Änderung vieles für sich hat. Es kommt alles darauf an, wie man

die Bedeutung der τέρθριοι feststellt. Der Scholiast erklärt sie für
Taue, οὕς, ὅταν ἐκδιδῷ τὸ πνεῦμα, πρώτους ἐκ πρώρας χαλῶσι. Da ist
es mir nun zunächst aufgefallen, daß man die alte Lesart ἐκδιδῷ
„wenn der Sturm ausbricht", in ἐνδιδῷ, „wenn der Sturm nachläßt",
geändert hat. Ich habe lange nachgesonnen, was für Taue das denn
doch wohl gewesen sein könnten, die man bei abnehmendem Sturme
hätte niederlassen müssen, aber es ist mir nicht gelungen, eine Auf=
klärung zu finden, die nautisch zu begründen wäre. Ich weiß eben
mit ἐνδιδῷ gar keinen Sinn zu verbinden. Wohl aber giebt es bei
der Art und Weise, wie die Schiffahrt im Altertume getrieben wurde,
Fälle, wo bei ausbrechendem Sturme Taue niedergelassen werden
mußten. Auf einen derselben, der aber hier ausgeschlossen ist, werde
ich weiter unten bei dem Schiffbruche des Paulus zurückkommen, wo
es sich um die Worte χαλάσαντες τὶ σκενός handelt. Dagegen hat
sich mir eine Vermutung aufgedrängt, die ich zwar nur als solche
gebe, aber doch der Erwägung empfehlen möchte, da ich sie für mehr
als wahrscheinlich halte. Das Gespräch dreht sich um ein sturmge=
peitschtes Schiff, und es ist schon von der ἀντλία die Rede gewesen.
Nun haben wir in dem Worte τέρθριοι in diesem Falle nicht den
eigentlich technischen Ausdruck, falls der Scholiast darin Recht hat,
daß die gerade hier genannten Schiffstaue von den Seeleuten ἐκφο-
ροι genannt würden. Wie, wenn sich dieser Ausdruck auf das ἀντλεῖν
bezöge? Das Wort bedeutet Ausbringer, Ausleerer und ἐκφορεῖν
wird vom Ausschöpfen gebraucht. Das Scholion zu Lucian. Timon
12 lautet: ἐξεφόρει · ἀπήντλει. Zu Aeschyl. Septem c. Th. 802
sagt das Scholion: ἑτοίμως οὖν οἱ ναῦται ἐξαντλοῦσι καὶ ἔξω τὸ τῆς θαλάσσης ὕδωρ ἐκφέρουσιν. Im ersten Augenblicke, wo der Wind sich
erhebt, genügt es, das Segel zu sichern und das geschieht, wenn man
den Winddruck dadurch vermindert, daß man die Schote nachläßt.
Deshalb heißt es zunächst: τοῦ ποδὸς παρίει. Hat man es aber nicht
mit einem bloßen Windstoße zu thun, sondern mit einem anhaltenden
Sturme, in dem das Schiff schwer arbeitet und leck wird, dann ist
es vor allem erforderlich, daß man das eingedrungene Wasser ent=
fernt und die Taue mit dem Schöpfeimer niederläßt. Und das, als
das zweite was nötig ist, bedeutet τοὺς τερθρίους παρίει. Ich gehe
dabei von der mehr als wahrscheinlichen Voraussetzung aus, daß das
Ausschöpfen des Sodwassers, das ἀντλεῖν nicht hinten, sondern vorn
am Schiffe geschah. Das Wort τέρθρον, eigentlich das äußerste,
das Ende, die Spitze, soll nach Hesychius ὁ ἀρτέμων sein; wahr=
scheinlich steht es elliptisch für τὸ τέρθρον τοῦ ἀρτέμωνος. Ich denke

mir, daß die ἔκφοροι von Aristophanes deshalb τέρθριοι genannt werden, weil sie über Rollen oder Kloben liefen, welche zu beiden Seiten am Top, der Spitze des Vormastes befestigt waren. Diese Vortoptaue, wie wir sie nennen könnten, fanden nun aber nicht bloß als ἔκφοροι beim Aufwinden der Schöpfeimer Verwendung, sie dienten auch zum Aufheißen des Vorsegels. Der ἀρτέμων hatte, wie oben erwähnt, eine lose Rahe, die nicht mit einem Rack am Maste befestigt war. Wollte man ihn beisetzen, so wurden die τέρθριοι an die Rahenocken gebunden und dienten dann zuerst als Fall beim Aufheißen des Segels, dem aufgeheißten Segel aber als Toppenanten. So erscheint das Vorsegel auf den Abbildungen, und so erledigt sich auch die Erklärung des Hesychius: τέρθριοι · οἱ εἰς τὸ κέρας τοῦ ἱστίου ἑκατέρωθεν δεδεμένοι, ἐν οἷς τὸ ἄρμενον ἕλκουσι, so wie die des Galenus in Exeg. τέρθρον · κυρίως μὲν οὕτως ὀνομάζεται τὸ ἄκρον τῆς κεραίας, καὶ τέρθριοι οἱ κάλοι ἐντεῦθεν, ἐπὶ τὰ ἄκρα τοῦ ἱστίου παρήκοντες, sowie des Suidas: τερθρεία · ἡ λεπτολογία. ἔστι γάρ τι σχοινίον ἐν τοῖς πλοίοις λεπτόν, ὃ καλεῖται τέρθρον. φασὶ δέ τινες τὰ ἄνω τρημάτια τοῦ ἐπὶ τῷ ἱστῷ ὀργάνου, ἀφ' οὗ ἤρτηται τοῦ ἱστοῦ ἡ κεραία. Sollte ich den τερθρίοις die richtige Stelle angewiesen haben, so werden sie es auch gewesen sein, mit denen die κεραία δελφινοφόρος geheißt wurde, von der oben S. 75 die Rede gewesen ist.

Vielleicht oder höchst wahrscheinlich hatte der ἀρτέμων noch eine weitere Aufgabe zu erfüllen. Da das Wort nach der allgemeinen Annahme von ἀρτάω abzuleiten ist, so muß es den Mast bedeuten, an dem etwas aufgehängt wurde, und da es als Unterscheidungszeichen vom großen Maste gebraucht wird, so kann damit nicht die Rahe oder das Segel gemeint sein. Wie, wenn der Vormast ganz besonders dazu gedient hätte, beim Laden und Löschen die Güter zu heben, so daß die eigentliche Übersetzung des ἀρτέμων Krahnmast wäre? Vitruv beschreibt 10, 2 verschiedene Hebevorrichtungen, darunter § 8—10 auch eine solche mit einem einzigen schrägen Standbaume, die wir Krahn nennen. Das Windezeug besteht aus zwei dreischeibigen Blöcken oder Kloben, von denen der eine an der Last, der andere an der Spitze des Baumes befestigt ist. Unter dem oberen Kloben sind drei Taue befestigt, von denen jedes zunächst abwärts über eine Scheibe im unteren und von da aufwärts über die entsprechende Scheibe im oberen Kloben läuft. Am Fuße des Baumes ist dann ein Leitkloben befestigt, der ebenfalls drei Scheiben hat, über deren jede eines der vom oberen Kloben herunterfahrendes Tau läuft, um so in der Ebene von einer beliebigen Anzahl von

Leuten gezogen zu werden. Vitruv sagt nun, daß der Leitkloben von den Römern artemon genannt werde. Liegt da nicht die Wahrscheinlichkeit nahe, daß der Krahn vom Leitkloben, das Ganze vom Teil seinen Namen empfangen habe? Er setzt hinzu, daß solche Hebevorrichtungen beim Laden und Löschen der Schiffe Anwendung fänden und zu dem Ende in carchesiis versatilibus, auf drehbaren Kopfständern oder Gangspillen aufgestellt würden, sagt aber nicht, ob an Bord oder am Lande. Ich möchte doch das erstere für eben so wahrscheinlich halten als das letztere. Es war sicher die Minderzahl der Häfen mit solchen Kajungen oder Bollwerken versehen, daß tiefgehende Kauffahrer unmittelbar an sie hätten anlegen können, um die am Lande aufgestellten Krähne zu benutzen. Viel häufiger kam der Fall vor, daß ein Schiff auf der Reede liegen bleiben und die Ladung mit Hülfe des Bootes an Bord und an Land bringen lassen mußte. Isid. Or. barca est, quae cuncta navis commercia ad litus portat. Unter dieser Annahme, daß der Vormast wegen der an ihm befindlichen Vorrichtung, um die Güter aus dem Schiffe und in dasselbe heben zu können, mit dem Namen ἀρτέμων bezeichnet wurde, wird dann auch ein sonst ganz rätselhaftes Scholion zu Lucian. Jup. trag. 46 verständlich: ἀκάτια · εἰσίν, οἱ τὰ παρ' ἡμῖν λεγόμενα κάροια ἀκάτιά φασιν, οἷς ἡ κεραία ἐνέλκεται. Offenbar ist κάρυα statt des sinnlosen und ganz unbekannten κάροια zu lesen, und dann würde das Scholion sagen: unter ἀκάτια verstehen einige auch die κάρυα ἀκάτια, die Blöcke am Vormast, mit denen die Rahe am Vormast, dem ἱστὸς ἀκάτιος, geheißt wird. In dem einen Falle wäre der Name des Leitklobens auf den Mast, in dem anderen der Name des Mastes auf die Kloben übertragen. Es bedarf übrigens wohl kaum der Erinnerung, daß die zu beiden Seiten am Vormast befestigten Kloben nicht dreischeibig gewesen zu sein brauchen. Einscheibige werden, da sie ja doch zu zweien angebracht waren, ausreichend gewesen sein. Und wenn der ἀρτέμων des Kauffahrers vorzugsweise als Krahnmast und nur in Ausnahmefällen als Segelmast gebraucht wurde, während das umgekehrte bei dem ἱστὸς ἀκάτειος und dem δόλων der Kriegsschiffe der Fall war, so erklärt sich auch die sonst schwer begreifliche Stelle Dig. L. tit. XVI. fr. 242: Javolenus lib. II. ex posterioribus Labeonis: Malum navis esse partem, artemonem autem non esse Labeo ait, quia pleraeque naves sine malo inutiles essent ideoque pars navis habetur, artemo autem magis adiectamento quam pars navis est. Pardessus: Us et coutumes de la mer I, 127.

mizzen und bei den Deutschen erst Mesan und jetzt Besan geworden ist. Es sind aus dieser Verschiebung manche Verwechselungen hervorgegangen, und wenn Papias sagt: Artemo velum navis breve. Velum artemonis hodiernum ita vocatur sive velum latinum, forma triangulari suspensum de malo artemonis, qui est in puppe. Malus prorae vocator Misenensis, medius vero magnus, so bezieht sich dies lediglich auf die Bezeichnungsweise der romanischen Völker, wie sie noch jetzt bei den Franzosen üblich ist.

In der ersten Zeit, wie auch noch bei Homer, hatten die Seeschiffe nur einen Mast mit einem Rahesegel; später kam bei den Kriegs- und größeren Handelsschiffen ein zweiter, der kleinere Vormast, ebenfalls mit einem Rahesegel in Gebrauch, und endlich finden wir zur Kaiserzeit bei den größten Kauffahrern noch ein drittes Segel, welches am Top des großen Mastes über dem großen Segel angebracht wurde. Man unterschied darnach Einsegler πλοῖα μονάρμενα Tzetzes ad Lycophr. 101; Zweisegler πλοῖα διάρμενα Synes. ep. 4; und Dreisegler πλοῖα τριάρμενα Lucian. Lexiph. 15, Pseudol. 27 und Nav. 14. Zu der Stelle des Lycophron 101:

σκαρθμῶν ἰαύσεις εἰναφώσσωνα στόλον

lautet die Glosse: εἰναφώσσωνα · τὸν ἐννεάρμενον ἢ τὸν μονάρμενον. Ich bin überzeugt, daß Tzetzes hier einen Mißgriff gemacht hat. Schiffe mit neun Segeln hat es im Altertume nie gegeben, und das Beiwort „mit einem Segel versehen" wäre doch zu albern, um dichterisch sein zu können. Darf ich eine Vermutung wagen, so hängt das Wort εἰναφώσσων mit εἰνοσίφυλλος zusammen und bedeutet „mit flatternden Segeln."

Das dritte Segel hieß bei den Römern supparum. Der griechische Name dafür ist nicht festzustellen, denn das Wort σίφαρος ist bei Arr. Epict. 3, 2, bei Poll. 1, 91 und bei Hesych. unter ἐπίδρομον nicht handschriftlich überliefert, sondern nach einem siparum des Isidorus mit sehr fraglicher Berechtigung hineingebessert. Deshalb ist auch die von Gesner vorgeschlagene Änderung des Wortes παράσιον in σιπάριον nicht zu billigen. Vgl. oben S. 67. Was wir vom supparum wissen, ergiebt sich aus folgenden Stellen. Senec. ep. 77: Subito hodie nobis Alexandrinae naves apparuerunt, quae praemitti solent et nuntiare secuturae classis adventum. Tabellarias vocant. Gratus illarum Campaniae adspectus est. Omnis in pilis Puteolorum turba consistit et ex ipso velorum genere Alexandrinas quamvis in magna turba navium intellegit. Solis enim licet supparum intendere, quod in alto omnes habent naves. Nulla

enim res aeque adiuvat cursum, quam summa pars veli: illinc maxime navis urgetur. Itaque quoties ventus increbuit, maiorque est quam expedit, antenna submittitur; minus habet virium flatus ex humili. Cum intravere Capreas et promonturium, ex quo
. Alta procelloso speculatur vertice Pallas
ceterae velo iubentur esse contentae: supparum Alexandrinarum insigne est.

Senec. Med. 327: alto rubicunda tremunt
suppara velo.

Lucan. Pharſ. 5, 429: Summaque pandens
suppara velorum perituras colligit auras.

Dazu das Scholion: vela minora in modum Deltae litterae.

Iſid. Or. 19, 3, 4: Siparum genus veli unum pedem habens, quo iuvari navigia solent in navigatione, quoties vis venti languescit.

Die Stellen bei Statius u. a. bringen zur Erklärung nichts weiteres bei. Daß das supparum nicht am Vormaſte geheißt ſein konnte, ergiebt ſich aus dem, was im Vorhergehenden über dieſen Maſt geſagt iſt, von ſelbſt. Wir haben alſo in ihm ein am großen Maſte über dem großen Segel angebrachtes dreieckiges Segel in der Geſtalt eines aufrechten △ oder ⊿ zu ſehen, vgl. Böckh Urk. S. 143. Über die Art und Weiſe wie es geſetzt wurde, ſind wir nicht unterrichtet. Nach einigen Abbildungen ſcheint es, als ob die beiden unteren Ecken an den Rahenocken angebunden geweſen ſeien, und dann konnte das Segel nur durch ein in die obere Ecke eingebundenes Tau geheißt werden, welches durch einen am Top des Maſtes über dem Maſtkopfe, καρχησιων, an der Spindel, ἠλακάτη, befeſtigten Kloben lief. Da nun aber die Rahe bei leichtem Winde bis ganz unter den Maſtkopf aufgeheißt wurde, ſo konnte ein ſolches Segel nur wenig Fläche bieten, und nicht allzuviel nützen. Auch wäre für das Tau der oberen Ecke der Ausdruck pes veli eben nicht geeignet, obgleich die Möglichkeit einer ſolchen Übertragung auf dasſelbe zugegeben werden muß, weil es für ein dreieckiges Segel dieſelben Dienſte leiſten würde, wie bei einem Rahſegel die Schoten in den unteren Ecken. Sonſt könnte man ſich das supparum auch in der Geſtalt eines rechtwinkligen Dreiecks und in der Weiſe angebracht denken, daß man es mit der einen Kathete an die Hälfte einer Spiere anſchlug, es mit dieſer aufheißte, die Spiere aufrecht hinter dem Maſte befeſtigte und dann das Segel mit ſeiner anderen Kathete längs der Rahe ausholte. Man hätte dann ein Segel gehabt, an welchem die Bezeich=

nung pes veli für die am Rahenocke befestigte Ecke in ihrer eigentlichen Bedeutung zuträfe. Es ist das aber lediglich eine Vermutung, und wir werden auch wohl nicht über eine solche hinauskommen, falls wir nicht aus einer deutlichen Abbildung noch nähere Aufklärung erhalten. Will man ein deutsches Wort für das supparum, so kann man einzig und allein Topsegel dafür gebrauchen, weil damit nur der Ort des Segels angegeben, über seinen Schnitt aber und die Art und Weise wie es angebracht war, nichts bestimmt wird.

Oben auf dem Hintersteven befand sich der Flaggenstock ἡ στυλίς, an dem der Wimpel, ἡ ταινία, befestigt zu werden pflegte. Poll. 1, 90: τὰ δὲ ἄκρα τῆς πρύμνης ἄφλαστα καλεῖται, ὧν ἐντὸς ξύλον ὀρθὸν πέπηγεν, ὃ καλοῦσι στυλίδα · οὗ τὸ ἐκ μέσου κρεμάμενον ῥάκος ταινία ὀνομάζεται. An diesem Flaggenstock und ebenso am Flaggenspill am Top des großen Mastes ließ man auch wohl einen Flügel, einen Stander, τὸν ἐπισείοντα, wehen. Vgl. oben S. 67. Die Signal- und Nationalflaggen hießen τὰ σημεῖα. Thucyd. 2, 90: ἀπὸ σημείου ἑνὸς ἄφνω ἐπιστρέψαντες τὰς ναῦς. Polyaen. Strat. 3, 11, 11: οἱ κυβερνῆται ταῖς ναυσὶ τῶν Ἀθηναίων ἀπαντῶντες, διὰ τὸ μὴ ἔχειν αὐτοὺς τὸ Ἀττικὸν σημεῖον ἀμφιγνοοῦντες, παρέπλεον. Jb. 8, 53, 3: Ἀρτεμησία τριηραρχοῦσα νεὼς μακρᾶς οὐ μόνον τὸ τῶν βαρβάρων ἀλλὰ καὶ τὸ τῶν Ἑλλήνων σημεῖον εἶχεν. εἰ μὲν ἐδίωκεν αὐτὴ ναῦν Ἑλληνίδα, τὸ βαρβαρικὸν ἀνέτεινε σημεῖον · εἰ δὲ ὑπὸ Ἑλληνίδος νεὼς ἐδιώκετο, ἀνέτεινε τὸ Ἑλληνικόν, ἵνα οἱ διώκοντες ὡς Ἑλληνικῆς νεὼς ἀπέχωντο. Eurip. Iph. Aul. 254:

Βοιωτῶν δ' ὅπλισμα, ποντίας
πεντήκοντα νῆας εἰδόμαν
σημείοισιν ἐστολισμένας.

Plinius h. n. 19, prooem. sagt: alia vela in proris, alia in puppibus pandi ac tot modis provocari mortem. Bei Hesychius und Isidor wird ein Hintersegel und bei Pollux ein Hintermast, beide unter dem Namen ἐπίδρομος erwähnt. Die Wendung bei Plinius ist eine so albern geschraubte, daß man nicht weiß, ob sie ernst zu nehmen und ob nicht vielleicht mit dem velum in puppi die Flagge oder der Stander am Flaggenstock gemeint ist. Das späte Vorkommen des Wortes ἐπίδρομος bei den Grammatikern, von denen übrigens der eine den anderen ausgeschrieben haben mag, würde zwar für sich allein kein Beweis dafür sein, daß man früher ein Hintersegel nicht gekannt hat. Aber es findet sich im klassischen Altertume, abgesehen von den beiden Schiffsungetümen des Philopator und des Hiero, die hierfür nicht maßgebend sein können, auch nicht die geringste Spur von einem Maste auf dem Hinterschiffe, und so glaube ich nicht weiter darauf eingehen zu müssen und mit der Erwähnung jener Notizen genug gethan zu haben.

War man gezwungen, statt des großen Segels z. B. bei schwerem Sturme ein kleineres, etwa ein ἀκάτιον beizusetzen, so hieß ein solches im Gegensatze zum γνήσιον ein ἱστίον νόθον, vgl. Syneſ. ep. 4. Selbstverständlich wurde dann dies ἀκάτιον am großen Maste aufgeheißt.

Ich gebe hier nach einem Wandgemälde in Herculanum das Bild eines Schiffes, welches wohl nur der Einbildungskraft des Malers seine Entstehung verdankt. Es führt an der Rahe zwei Segel, wie es scheint umgekehrte suppara und in diesem Falle jedenfalls ἱστία νόθα. Mir ist keine einzige Schriftstelle bekannt, die auch nur entfernt auf eine so befremdende Segelführung zu beziehen sein könnte.

Um der Zugkraft eine bestimmte Richtung zu geben, gebrauchte man im Altertume wie bei uns die einfache Rolle oder Scheibe mit fester Achse, ὁ τροχός. So heißt es in Aristoph. Lysistr. 722, Schol. von der Rolle am Brunnengalgen, über die das Seil läuft, welches den Eimer aus der Tiefe heraufzieht: ὁ τροχὸς τοῦ ξύλου τοῦ φρέατος δι'

οὗ ἱμῶσι · δεδήλωται δὲ περὶ τούτου καὶ ἐν ὁλκάσι. Auf den Schiffen mögen solche Rollen am Maste oder an der Rahe gelegentlich befestigt gewesen sein, um Güter aus- oder einzuladen. Aber sie werden auch wie bei uns eine andere wichtige Verwendung gefunden haben. Auf unseren kleineren Schiffen ist die Schote ein einfaches im Schothorn befestigtes Tau, welches mit seinem losen Ende unmittelbar auf das Deck fährt. Bei unserem großen Untersegel dagegen ist in das Schothorn ein Block mit einfacher Scheibe eingebunden; die Schote wird mit dem einen Ende außenbords in einem Ringbolzen eingebunden, das andere lose Ende fährt zunächst über die Scheibe im Block und von da über eine andere in der Schanzkleidung angebrachte Scheibe oder Rolle von außen nach innen, so daß es binnenbords festgesetzt werden kann. Auf diese Weise wird es möglich, dem Segel eine größere Breite zu geben, als wenn die Schote unmittelbar binnenbords vom Segel auf das Deck fährt. Aus den Abbildungen ergiebt sich, daß eine der unsrigen ähnliche Einrichtung sich schon im Altertume bei den vorgeschrittenen seefahrenden Völkern fand, und hierauf wird sich die Mitteilung Herodots beziehen, daß die Ägyptier die Taue binnenbords befestigten und hierin von den übrigen Völkern abwichen. Hdt. 2, 36: τῶν ἱστίων τοὺς κρίκους καὶ τοὺς κάλους οἱ μὲν ἄλλοι ἔξωθεν προσδέουσι, Αἰγύπτιοι δὲ ἔσωθεν. Als das Schiff, auf dem Synesius fuhr, vom Sturme überfallen wurde, mußte man mit dem vollen Segel lenzen, d. h. vor dem Winde dahin fahren, denn wegnehmen oder aufgeihen konnte man es nicht, weil die Taue durch die Feuchtigkeit aufgequollen waren und nicht über die Scheiben in den Blöcken laufen wollten, sich bekniffen wie wir sagen. Synes. ep. 4: ὃ δὲ ἐποίει. παρὰ πόδας τὸν κίνδυνον, οὐχ ἕτερον ἦν ἀλλ' ὅτι πᾶσιν ἱστίοις ἡ ναῦς ἐφέρετο, ὑποτεμέσθαι δὲ οὐκ ἦν, ἀλλὰ πολλάκις ἐπιχειρήσαντες τοῖς καλῳδίοις ἀπηγορεύκειμεν, τῶν τροχῶν ἐνδακόντων. φθάνει δὲ ἡμέρα καὶ ὁρῶμεν τὸν ἥλιον ὡς οὐκ οἶδ' εἴ ποτε ἥδιον. τὸ δὲ πνεῦμα ῥᾷον ἐγίνετο τῆς ἀλέας ἐπιδιδούσης, καὶ ἡ δρόσος ἐξισταμένη παρεῖχεν ἡμῖν κεχρῆσθαι τοῖς καλῳδίοις καὶ τὸ ἱστίον μεταχειρίζεσθαι.

Um die Zugkraft zu verstärken, diente das Takel oder der Flaschenzug, ἡ τροχιλία, lat. trochlea. Ein Takel muß immer aus wenigstens zwei Blöcken bestehen, die dann einscheibig oder mehrscheibig sein können. Die Alten hatten auch schon die schweren Takel, die wir ein Gien nennen. So finden wir bei Vitruv 10, 2, 3 ein μηχάνημα τρίσπαστον und πεντάσπαστον, ja bei Plut. Marcell. 14 ein Windezeug mit vielen Scheiben, ein μηχάνημα πολύσπαστον. Der Block besteht aus dem Gehäuse, dem Stropp und dem Läufer. Das

Gehäuse hat die Gestalt einer platten Nuß, und daher hat der Block bei den Mechanikern den Namen τὸ κάρυον. In ihm läuft die Scheibe, ὁ τροχός, um den Nagel oder Zapfen, τὸν ἄξονα. Auf der Außenseite des Gehäuses ist der Länge nach eine Kerbe eingeschnitten, um die der Stropp, ὁ τόνος, gelegt wird, mit dem man den Block an seiner bestimmten Stelle befestigt, gleichsam anspannt. Das über die Scheiben laufende Tau, an dem die Zugkraft wirkt, heißt der Läufer, τὸ τοπεῖον oder τοπήϊον. Poll. 10, 31: μέρη δὲ τροχιλίας, τονία, τοπεῖα, ἀξόνια, wo das letzte Wort Gehäuse, Scheiben und Nagel umfaßt. Daß die τοπεῖα Taue bedeuten müssen, mit denen etwas aufgeheißt wird, ergiebt sich aus den bei Böckh Urk. S. 144 angeführten Belegen. Es heißt in der bei Harpokration angezogenen Stelle des Strattis in den Makedonern:

τὸν πέπλον δὲ τοῦτον
ἕλκουσ' ὀνεύοντες τοπείοις ἄνδρες ἀναρίθμητοι,
εἰς ἄκρον ὥσπερ ἱστίον τὸν ἱστόν.

Daher verbindet Archippos im Esel die τοπεῖα mit den τροχιλίαις:
τροχιλίαισι ταῦτα καὶ τοπείοις
ἱστᾶσιν οὐκ ἄνευ πόνου.

Böckh hat gelegentlich der Erklärung des Wortes τοπεῖα die verschiedene Bedeutung der σχοινία, καλῴδια und τοπεῖα, man kann sagen mit seemännischer Fachkenntnis, festgestellt. Wir würden σχοινία mit Kabel übersetzen müssen; es sind die schwersten Taue, die für die Anker und die Landfesten gebraucht werden. Die καλῴδια, bei Homer κάλους, würden wir unter dem Ausdrucke stehendes Gut begreifen, d. h. Tauwerk, welches mit seinen beiden Enden befestigt ist, wozu vor allem die den Mast stützenden Taue, die Stage und die Haupttaue, gehören. Die τοπεῖα aber, das Wort im allgemeinen Sinne wie in den Urkunden genommen, würden wir als laufendes Gut bezeichnen, d. h. Tauwerk, welches mit seinem einen Ende lose ist. Es sind die leichtesten Taue, und zu ihnen gehören die Falle, Brassen, Toppenanten, Schoten und Halsen. Auf Grund dieser von Böckh selbst angenommenen Erklärung möchte ich bezweifeln, daß das Wort τοπεῖα Ortstaue bedeuten und mit τόπος zusammenhängen soll. Der Ausdruck würde sich in diesem Falle doch besser für das stehende Gut eignen.

Auch das Befestigen der losen Enden des laufenden Tauwerks, das Belegen der Taue wie wir sagen, wird im Altertume auf dieselbe Weise geschehen sein, wie bei uns. In der Nagelbank, einer schmalen, an der Riegelung binnenbords entlang laufenden Planke sitzen runde, stumpfe, hölzerne Pflöcke, die nach unten und oben hervorragen und bei uns Kavielnägel heißen. Um diese wird das Tau mit mehreren Schlägen überkreuz gelegt und mit einem Halbstich

gegen das Ablösen gesichert. Diese Nägel hießen bei den Alten αἱ περόναι. Apoll. Rh. 1, 563:

δή ῥα τότε μέγαν ἱστὸν ἐνεστήσαντο μεσόδμῃ
δῆσάν τε προτόνοισι, τανυσσάμενοι ἑκάτερθε
καδδ' αὐτοῦ λίνα χεῦαν, ἐπ' ἠλακάτην ἐρύσαντες
ἐν δὲ λιγὺς πέσεν οὖρος · ἐπ' ἰκριόφιν δὲ κάλωας
ξεστῇσι περόνῃσι διακριδὸν ἀμφιβαλόντες κτλ.

und das Scholion: περόνας · τοὺς πασσάλους ἐπὶ τῶν σανιδωμάτων (ἢ τοὺς καλουμένους τρόχους), οἷς τὰ σχοινία δεσμεύουσι, wo aber die eingeklammerte Stelle auf einem Mißverständnisse, einer Verwechselung der περόναι und τρόχοι beruhen muß.

Waren die Segel geheißt und die Taue festgesetzt, so lagen die losen Enden auf Deck umher. Um dasselbe aufzuklaren, mußte man das Tauwerk aufscheren, man mußte jedes Tau aufschießen, d. h. in runde, über einander liegende Kringe legen, μηρύεσθαι, und so auf seinen zugehörigen Nagel hängen oder anbinden. Böckh Urk. S. 146 giebt das Wort μήρυμα durch Knäuel wieder, aber die Seeleute sagen dafür eine Scheibe Tauwerk, denn es wird vom Reepschläger in einer Scheibe aufgerollt und an Bord gebracht. Unter δήσασθαι ὅπλα bei Homer Od. 2, 430 ist das Aufscheren des Tauwerks zu verstehen. Dagegen ist mir die Stelle bei Apoll. Rh. 4, 887:

ἐκ δὲ βυθοῖο
εὐναίας εἷλκον περιγηθέες, ἄλλα τε πάντα
ἄρμενα μηρύοντο κατὰ χρέος · ὕψι δὲ λαῖφος
εἴρυσσαν τανύσαντες ἐν ἱμάντεσσι κεραίης.

in bezug auf das ἄρμενα μηρύοντο nicht ganz klar. Sind die Anker aus der Tiefe gehoben, so können doch zunächst nur die Kabel und erst nachdem die Segel gesetzt sind, auch alle anderen Taue aufgeschossen werden. Aber bedeutet ἄρμενα hier Tauwerk? Der Text ist nicht sicher überliefert, und eine ganze Zahl von Handschriften liest πόντῳ statt πάντα. Ebenso der Scholiast, der erklärt: τὸ δὲ ἄρμενα τὰ ἁρμόδια δηλοῖ · τὸ δὲ μήρυον τὸ ἐσώρευον ἢ εὐτρέπιζον δηλοῖ · καὶ τὰ ἄλλα οὖν, φησὶ, τὰ τῷ πόντῳ ἁρμόδια ηὐτρέπιζον κατὰ χρέος καὶ ὡς ἐχρῆν. Aber auch so verstehe ich nicht, was denn eigentlich gemeint sein soll. Das Beste scheint mir doch, den Text so festzustellen, wie er oben gegeben ist, und anzunehmen, daß der Dichter zwei auseinanderfallende Handlungen hier zusammengefaßt hat.

5. Das Rudergeschirr.

Die Ruder, welche zur Fortbewegung des Schiffes dienen, heißen bei dem deutschen Seemanne die Remen; unter Ruder schlechthin versteht er stets das Steuer. Bei Homer heißt der Remen τὸ ἐρετμόν, der Griff ἡ κώπη und das Blatt τὸ πηδόν. Aber nicht nur bei ihm, sondern auch sonst wird häufig der Teil für das Ganze gebraucht. So heißt in den attischen Urkunden und bei den späteren Schriftstellern der ganze Remen ἡ κώπη. Auch ταρρός oder ταρσός bezeichnet ursprünglich das Blatt, synekdochisch aber auch den Remen und in der Kunstsprache der attischen Urkunden das ganze Rudergeschirr mit Ausnahme des Steuerruders, vgl. Böckh Urk. S. 112. „In letzterer Weise gebraucht auch Euripides den Singular Jphig. Taur. 1346 nnd Hel. 1554, wo zu lesen ταρσόν τε χειρί · λευκά θ' ἱστί᾽ εἱμέν᾽ ἦν, und von den Späteren Polybios 16, 3, 12. Durch eine sehr schöne Übertragung hat man hiervon die Zahnreihen ταρσός ὀδόντων, vielleicht auch die Wimpernreihen, nicht bloß die Stellen der Augenlider, aus welchen die Wimpern hervorwachsen, ταρσοί genannt, endlich die Flügel der Vögel, διυγνὴς ταρσὸς πτερύγων bei Meleager: letztere namentlich stellen ganz das Bild eines vollständigen Ruderwerks dar durch die neben einander gereihten Flugfedern." Daß auch die allgemeinen Ausdrücke λαβή und ἐγχειρίδιον für den Griff und πλάτη für das Blatt und der letztere wieder ἀπὸ μέρους τὸ πᾶν für den Remen gebraucht wurden, bedarf kaum der Erwähnung.

Der Remen der Alten wird sich in nichts von dem unsrigen unterschieden haben und muß wie dieser aus einem einzigen Stück Holz gearbeitet gewesen sein. Ein solches hieß κωπεύς, und unter ἀποξύνειν ἐρετμά bei Homer Od. 6, 269 wird sowohl das Ausschneiden des Remens als das Zuschärfen des Blattes zu verstehen sein.

Die auf den Spantenköpfen liegende, die Schiffswandung oberhalb bedeckende Planke, welche die Unterlage für die Remen bildet, hieß wie bereits oben gesagt ist ὁ τράφηξ. Wir nennen sie auf den kleinen Schiffen, auf denen allein jetzt noch Ruderkraft angewendet wird, den Dollbord, ein Ausdruck, der gleich seine Erklärung finden soll. Das Rudern oder Rojen, wie der deutsche Seemann sagt, kann entweder im Sitzen oder Stehen geschehen. Bei dem Rudern im Sitzen wendet der Rojer das Gesicht nach hinten, bei dem im Stehen nach vorn. Da man bei jenem die größere und nachhaltigere Kraft entwickeln kann, so kommt das letztere nur unter besonderen Umständen vor, und deshalb wollen wir hier davon absehen. Beim Rudern im Sitzen wird sich das Fahrzeug vorwärts bewegen, wenn der Rojer den Griff des Remens nach dem Eintauchen des Blattes in das Wasser an sich zieht, und dies heißt Rojen im eigentlichen Sinne; dagegen wird das Fahrzeug rückwärts oder, wie wir sagen, über Steuer gehen, wenn der Rojer den Griff von sich abstößt, und dies nennt man streichen oder über Steuer streichen. Man fährt auf diese Weise zurück ohne das Schiff zu wenden. Die Griechen nannten dies ἐλαύνειν ἐπὶ πρύμναν, Polyaen. Strat. 3, 10, 17, mit einem technischen Ausdrucke πρύμναν κρούεσθαι Thuc. 1, 50 u. ö. oder πρύμναν ἀνακρούεσθαι Aristoph. Vesp. 399. Diod. 11, 18 u. ö.; die Römer inhibere. Cic. ab. Att. 13, 21, 3: Inhibere est verbum totum nauticum. Quamquam id quidem sciebam, sed arbitrabar sustineri remos, cum inhibere essent remiges iussi. Id non esse eiusmodi didici heri, cum ad villam nostram navis appelleretur. Non enim sustinent, sed alio modo remigant; id ab ἐποχῇ remotissimum est. Semper Carneades retentionem aurigae similem facit ἐποχῇ. Inhibitio autem remigum motum habet et vehementiorem quidem remigationis navem convertentis ad puppim. Ich habe die ganze Stelle hergesetzt, weil in ihr ein nicht unwichtiger Beitrag zu der Seemannschaft der Alten versteckt ist, den der Nichtseemann schwerlich darin finden wird. Auf der Bootfahrt, die Cicero gemacht hat, läuft er nicht in einen Hafen ein, sondern läßt am Strande anlegen. Nun steht selbst bei ruhigem Wetter doch immer etwas Brandung am Ufer, indem sich ab und zu aus dem schlichten Wasser eine höhere Welle erhebt, und es ist beim Landen große Vorsicht anzuwenden, daß eine solche Welle das Boot nicht mit sich nimmt und auf den Strand wirft, wobei dasselbe nur zu leicht kentert oder über Kopf geworfen wird. Es ist deshalb für ein Boot, welches dem Strande schon nahe ist, strenge Vorschrift, sich von einer auflaufenden Welle nicht mit fortnehmen zu lassen, sondern beim Herannahen derselben ohne zu wenden sofort die Fahrt zu hemmen und über Steuer zu streichen, um so der brandenden Welle entgegen zu arbeiten und sie so rasch wie möglich vorbeilaufen zu lassen. Und diesen Vorgang schildert Cicero.

Ein Ruderboot kann auch ohne Steuer alle Wendungen machen. Soll es nach rechts wenden, so rojet man nur auf der linken Seite, und soll es nach links wenden, so rojet man nur auf der rechten Seite. Auch eine ganze Wendung kann so gemacht werden. Wir werden weiter unten sehen, daß ein Segelschiff beim Einlaufen in den Hafen immer erst mit Hülfe der Remen so gewendet wurde, daß es mit dem Hinterschiffe dem Lande zu lag. Je nach der Gelegenheit geschah dies durch Rojen entweder bloß an Steuerbord oder bloß an Backbord, und hierauf beziehe ich die beiden Stellen in Ovids Metamorphosen:

3, 597: Forte petens Delum Chiae telluris ad oras
applicor et dextris adducor litora remis.
15, 703: Linquit Iapygiam laevisque Amphrisia remis
saxa fugit.

Am raschesten erfolgt die Wendung, wenn man auf der einen Seite rojet und auf der anderen streicht, und ich möchte glauben, daß dies gemeint ist, wenn die Römer von einem alienum remigium sprechen. Liv. 26, 39, 13: Prorae inter se iunctae haerebant, puppes alieno remigio circumagebantur.

Damit der Remen sowohl beim Anziehen, ἀνακλίνειν Hom. Od. 13, 78, als beim Abstoßen des Griffes, προπίπτειν Hom. Od. 9, 490, eine Widerlage findet, legen wir ihn zwischen zwei in den Schiffsbord gesteckte Pflöcke, die Dollen heißen. Daher hat der τράφηξ bei uns den Namen Dollbord. Bei den Alten wurde, wie das auch jetzt noch im Mittelmeer allgemein Gebrauch ist, nur eine Dolle, ὁ σκαλμός, benutzt, gegen die sich der Remen beim Anziehen des Griffes legte. Ihn an der Dolle beim Abstoßen des Griffes festzuhalten, diente ein lederner Ring oder Stropp, ὁ τροπός oder τροπωτήρ. Der Griff des Remens hat einen so kleinen Durchmesser, daß er bequem von der Hand umspannt werden kann; der Schaft selbst ist stärker, verjüngt sich aber nach dem Blatte zu. Wird nun der Stropp über den Griff und die Mitte des Schaftes hin gezogen und dann um die Dolle gelegt, so hindert die Verdickung des Schaftes nach dem Handgriffe zu, daß der Remen durch den Ring schießt. Bei dieser Einrichtung kann man ihn, wenn er nicht gebraucht wird, längsseit der Schiffswand hängen und im Wasser nachschleppen lassen, während wir ihn jedesmal herausnehmen müssen. Thucyd. 2, 93: ἐδόκει δὲ λαβόντα τῶν ναυτῶν ἕκαστον τὴν κώπην καὶ τὸν τροπωτῆρα πεζῇ ἰέναι ἐκ Κορίνθου ἐπὶ τὴν πρὸς Ἀθήνας θάλασσαν. Hom. Od. 4, 728:

ἠρτύναντο δ᾽ ἐρετμὰ τροποῖς ἐν δερματίνοισιν

Aesch. Pers. 376:

τροποῦντο κώπην σκαλμὸν ἀμφ᾽ εὐήρετμον

und zu allen diesen Stellen die Scholien. Die Ausdrucksweise Apoll. Rh. 1, 379:

πηχύϊον προὔχοντα περὶ σκαλμοῖσιν ἔδησαν

könnte übrigens darauf hindeuten, daß die Alten auch zwei Dollen wie wir gehabt und den außenbords hinausragenden Schaft mit den beiden Enden eines darum geschlungenen Riemens an Bord befestigt haben. Wo bei Aristophanes von dem Lärm im Hafen die Rede ist Acharn. 552, da werden auch τύλοι ψοφοῦντες genannt und diese von den Grammatikern als σκαλμοί oder Dollen erklärt. Ich möchte doch bei den übrigen Bedeutungen von τύλος glauben, daß hier keine eigentlichen Dollen, d. h. Pflöcke, sondern unsere Rojeklampen gemeint sind, auf den Schiffsbord genagelte Klötze, die mit einem Einschnitte versehen sind, in den die Remen gelegt werden und auf die das Beiwort knarrende ganz besonders passen würde.

Wo sich wie auf den Kriegsschiffen Ruderbänke unter Deck befanden, da mußten Öffnungen oder Rojepforten in der Schiffswand eingeschnitten sein, nach Aristoph. Pax 1243 τρυπήματα, nach den Grammatikern auch τρήματα, ὀπαί, ὀφθαλμοί genannt. Außenbords waren ἀσκώματα befestigt, die eine verschiedene Auslegung erfahren haben. Mit den Deutungen der Grammatiker ist, wie Böckh Urk. S. 107 auseinandergesetzt, nichts anzufangen. Ich halte sie für runde Kragen oder Liderungen, die verhinderten, daß in dem Falle, wo die See gegen die Seite schlug, das Wasser in die Pforten drang, und stimme hier dem Etym. magn. bei, welches erklärt: ἀσκώματα · τὰ ἐπιρραπτόμενα δέρματα ταῖς κώπαις ἐν ταῖς τρήρεσι, διὰ τὸ μὴ εἰσῤῥεῖν τὸ θαλάσσιον ὕδωρ.

In Bezug auf die Ruderbänke sagt Böckh Urk. S. 103: „Von den Ruderbänken, über welche vorzüglich man näheres zu erfahren wünschte, kommt wenig vor." Es bezieht sich diese Äußerung zwar nur auf die Ruderordnung in den Trieren, über die bis auf den heutigen Tag die größte Meinungsverschiedenheit herrscht, aber ich muß ein gleiches Bedauern in bezug auf die Ruderbänke überhaupt aussprechen. Man kann sich in bezug auf die ζυγά, ἐδώλια, κληῗδας wohl eine allgemeine Vorstellung machen, aber ein genau zutreffendes Bild derselben läßt sich nicht entwerfen. Im übrigen verstehe ich nicht, wie man neuerdings trotz der einstimmigen Auslegung der Glossographen, die hier sicher das Richtige getroffen haben, die κληῖδες nicht als Ruderbänke, sondern als Dollen erklärt wissen will. Das Scholion zu Od. 2, 419 erklärt κληῖσι durch ταῖς ναυτικαῖς καθέδραις und Hesychius hat κληῖδες · τῆς νεὼς τὰ ζυγά, ἐφ' ὧν οἱ ἐρέσσοντες κάθηνται. Was Grashof dagegen vorbringt, sind nichts als Scheingründe. Die κληίς ist ein Riegel, ein Querholz und die Ruderbänke sind ja recht eigentlich die Querbretter, die transtra, im Schiffe. Bei Apoll. Rh. 1, 358 werden doch nicht die Dollen, sondern die Ruderbänke, die Sitze verlost und das. 4, 1664 geht Medea doch nicht über die Dollen, sondern über die Ruderbänke hin auf das Verdeck. Die Dollen heißen bei Apoll. Rh. 1, 379 οἱ σκαλμοί.

Zur Lenkung des Schiffes dient das Steuerruder, τὸ πηδάλιον, bei Homer Od. 14, 350 τὸ ἐφόλκαιον vgl. oben S. 29; das Blatt hieß τὸ πηδόν. Die Alten kannten nicht unser festes Steuerruder, welches am Achtersteven mit Zapfen in Ringe eingehängt wird und erst im 13. Jahrhundert eingeführt ist. Im Altertume sowohl wie im Mittelalter wurden die Schiffe durch Remen gesteuert, die sich von denen, die man zum Rojen gebrauchte, im wesentlichen nur durch ihre größere Länge und durch die Breite des Blattes unterschieden. Gelegentlich mag hier erwähnt werden, daß unsere Ausdrücke Steuerbord und Backbord auf diese alte Einrichtung zurückzuführen sind. Der mit der rechten Hand das Steuer haltende Steuermann mußte zur linken desselben stehen, hatte also die rechte Seite des Schiffes auf der Seite des Steuers, die linke dagegen am Rücken (niederdeutsch Back). Daher die Namen Steuerbord für die rechte und Backbord für die linke Seite des Schiffes. Den dazwischen liegenden Bord des Hinterschiffes nennen wir den Heckbord oder das Heck. Bei Booten oder solchen kleinen Schiffen, wie es die homerischen waren, genügte ein einziger Steuerremen, welcher dann auf der Mitte des Hecks entweder zwischen zwei Dollen oder in einen ausgerundeten Einschnitt, ein Rundsel, wie wir es wohl nennen, gelegt wurde. Bei Homer findet sich querschiffs vor dem Hinterdeck eine etwas über dem Schiffsboden erhöhte Fußbank, ein θρῆνυς, eine Wanderung wie wir sagen, auf der der Steuermann beim Steuern nach rechts und links hin gehen konnte. Il. 15, 728:

ἀλλ' ἀνεχάζετο τυτθὸν ὀϊόμενος θανέεσθαι
θρῆνυν ἐφ' ἑπταπόδην · λίπε δ' ἴκρια νηὸς ἐΐσης

wo der Scholiast θρῆνυν als ὑποπόδιον erklärt.

Auf größeren Schiffen aber, den eigentlichen Seeschiffen, so wie auf den Trieren waren stets zwei Steuerremen, vgl. Heliod. Aeth. 5, 17: τῶν πηδαλίων θάτερον ἀποβάλλοντες, von denen das eine an der Steuerbordseite, das andere an der Backbordseite des Hinterschiffes entweder auf einem Einschnitte in der Riegelung ruhte oder durch eine Klüse in der Verschanzung fuhr. Dadurch würde nun aber die

Wirkung eines jeden einzelnen der beiden Steuerremen beschränkt. Wo nur ein einziger auf der Mitte des Heckbords lag, da stand nichts im Wege, den Griff und damit das Ruderblatt beliebig weit nach rechts und links zu wenden. Anders aber lag die Sache, wo zwei Remen gebraucht wurden, die an der Seite durch eine Klüse fuhren. Zwar hatte auch hier jeder von ihnen einen gewissen Spiel= raum nach rechts und links, und unter gewöhnlichen Umständen, wo man nur wenig Ruder zu geben brauchte, um das Schiff auf seinem Kurse zu halten, da genügte es, nur einen der beiden Remen zu handhaben. Und das war gerade bei lebhaftem Winde der Fall, denn die Wirkung des Ruders ist eine um so stärkere, je größer die Geschwindigkeit ist, mit der das Schiff durch das Wasser läuft. Darum heißt es mit vollem Rechte Ep. Jac. 3, 4: ἰδού, καὶ τὰ πλοῖα, τηλικαῦτα ὄντα καὶ ὑπὸ σκληρῶν ἀνέμων ἐλαυνόμενα, μετάγεται ὑπὸ ἐλαχίστου πηδαλίου, ὅπου ἂν ἡ ὁρμὴ τοῦ εὐθύνοντος βούληται. Welcher von den beiden Remen benutzt wurde, hing von den Umständen ab. Wenn z. B. das Schiff luvgierig war, d. h. geneigt, sich mit dem

Vorderteile dem Winde zuzuwenden, so mußte stets das Ruder an der Lehseite gebraucht werden. Es sei mir gestattet hier mit wenigen Worten auf die Wirkung des Steuers einzugehen. So lange das Ruderblatt in der Längsrichtung des Kieles liegt, hat es auf die Drehung des Schiffes keinen Einfluß, weil das Wasser ohne Widerstand zu finden an seinen Seiten vorbeiläuft. Wird aber das Blatt seitwärts gewendet, so wird durch den Druck, den das Wasser auf das schräg liegende Ruderblatt ausübt, das Hinterschiff zur Seite geschoben, so daß das Vorschiff sich nach der Seite wendet, auf der das Blatt liegt. Nun kann bei seitlich angebrachten Rudern das Blatt des rechts hängenden Remens nur wenig nach links, und das des links hängenden nur wenig nach rechts gedreht werden. Will man also die größtmögliche Wirkung ausüben, so muß man für eine Wendung nach rechts das Steuer zur rechten und für eine solche nach links das Steuer zur linken gebrauchen. So geschah es von Kalliades, als er von einem feindlichen Schiffe verfolgt wurde und sich diesem nicht durch die Flucht entziehen konnte, weil es eine größere Geschwindigkeit hatte als sein eigenes. Er mußte nun alles aufbieten, daß das feindliche Fahrzeug ihn nicht an der Seite oder am Hinterteile traf, wo der Stoß seine verderblichste Wirkung geäußert haben würde; er mußte ihm jedesmal das Vorderteil zuwenden, welches gegen den Stoß am besten gerüstet war. Sobald also der Feind von der rechten Seite auf ihn einlief, benutzte Kalliades das Ruder auf der rechten Seite, und kam ihm der Feind von links, so benutzte er das Ruder an der linken Seite, um auf diese Weise sein Schiff in raschester und wirksamster Weise gegen den Feind zu wenden. Polyaen. Strat. 5, 43: Καλλιάδης κυβερνήτης καταλαμβανόμενος ὑπὸ νεὼς ταχυτέρας τὸ πηδάλιον ἔσχαζε συχνῶς, καθ᾽ ὁπότερον ἂν ἐμβάλλειν μέλλοι, ἵνα ὁ διώκων προσκρούων ταῖς ἐπωτίσι πρὸς τὸ πηδάλιον ἐμβαλεῖν μὴ δύνηται. Nimmt man hinzu noch die Stelle Theodoret. de provid. oratio II: ὥσπερ ἄν τις ἐν νηὶ καθήμενος καὶ τὸ πέλαγος διαπεραιούμενος καὶ τὸν κυβερνήτην ὁρῶν τῶν οἰάκων ἐπειλημμένον καὶ τὰ πηδάλια πρὸς τὴν χρείαν κινοῦντα, καὶ νῦν μὲν τὸ δεξιὸν φέροντα, νῦν δὲ τὸ εὐώνυμον μεταφέροντα καὶ τὸ σκάφος πρὸς οὓς ἂν ἐθέλῃ λιμένας ἰθύνοντα, so wird auch dem Nichtseemanne einleuchten, was dem Seemanne von Haus aus klar ist, daß nämlich die beiden Steuerremen unabhängig von einander gehandhabt wurden. Wären sie durch eine Stange oder sonstwie mit einander verbunden gewesen, so würde ja der enge Spielraum, den jeder von ihnen nach der einen Seite hin hatte, auch auf den anderen übertragen sein, und sie hätten sich gegenseitig in ihrer Wirksamkeit gehemmt. Nur ein *ἀθαλάττωτος* kann sich ein solches nautisches Unding zusammendenken, wie es das Rudergeschirr Grasers ist. Auch dagegen muß ich mich auf das entschiedenste aussprechen, daß ein Steuermann mit ausgestreckten Armen beide Remen eigenhändig gleichzeitig geführt haben sollte. Selbst die homerischen Schiffe, die doch nur eines einzigen Steuer= remens bedurften, waren, wie wir dies am *θρῆνυς* sehen, am Hinter= deck noch sieben Fuß breit. Wie hätten doch wohl auf den größeren Schiffen, die zwei Ruder hatten, diese mit den ausgebreiteten Armen erreicht werden können? Wenn einzelne Abbildungen dem wider= sprechen, so ist darauf kein Gewicht zu legen, da die thatsächliche Unmöglichkeit vorliegt. Der darstellende Künstler wird das Schiff wohl nur im Hafen und nicht auf See gesehen und sich so eine falsche Vorstellung vom Gebrauche der Steuerremen gebildet haben. Wurde der Wind so heftig und die See so rauh, daß man beide Steuerruder bedienen und bemannen mußte, so hatte jeder Steuer= mann zur Handhabung des einzelnen Remens beide Hände nötig. Und man darf überzeugt sein, daß die beiden Steuerer in genauer Übereinstimmung handelten. Wurde auch das Amt des Steuermanns als eines Befehlshabers nur von einem einzigen bekleidet, so konnte dieser doch nicht unausgesetzt bei Tage und bei Nacht am Ruder stehen, es mußten immer mehrere des Steuerns kundige Leute an Bord sein. Der *πηδαλιοῦχος* oder *οἰακοστρόφος* war nicht immer der *κυβερνήτης*. Die Sache versteht sich so von selbst, daß es unnötig ist, dafür einen Beleg wie Apoll. Rh. 2, 882 beizubringen. Aber ich kann es mir nicht versagen, die folgende Stelle herzusetzen, weil sie uns zugleich über die ganze amtliche Wirksamkeit des Steuermanns Aufschluß giebt. Plut. reip. ger. praec. pag. 812: *οἱ κυβερνῆται τὰ μὲν ταῖς χερσὶ δι' αὑτῶν πράττουσι, τὰ δ' ὀργάνοις ἑτέροις δι' ἑτέρων ἄπωθεν καθήμενοι, περιάγουσι καὶ στρέφουσι, χρῶνται δὲ καὶ ναύταις καὶ πρωρεῦσι καὶ κελευσταῖς, καὶ τούτων ἐνίους ἀνακαλούμενοι πολλάκις εἰς πρύμναν ἐγχειρίζουσι τὸ πηδάλιον.* Daß Ausdrücke wie *πηδαλίοις ἐπιχειρεῖν* dem vorhin gesagten nicht widersprechen, braucht nicht auseinandergesetzt zu werden. Auch wir würden in dem Falle, daß wir zwei Ruder hätten und doch immer nur eines zur Zeit bedienten, den Steuermann als denjenigen bezeichnen, der die Ruder handhabt.

Wie beim gewöhnlichen Remen hieß auch beim *πηδάλιον* das Blatt *τὸ πηδόν*, welches dann wieder synekdochisch für *πηδάλιον* ge= braucht wurde. Wenn die Abbildungen treu sind, so wurde dem Blatte des Steuerruders ein zierlicheres Aussehen gegeben als dem gewöhn=

lichen, indem man seine Ränder ausschweifte, aber ein nautischer Zweck konnte damit nicht verbunden sein. Der Teil des Schaftes, der binnenbords lag, hieß ὁ αὐχήν. Während nun aber bei dem zum Rojen gebrauchten Remen das runde schlichte Ende selbst den Griff bildete, war bei dem Steuerremen kurz vor dem Ende ein Quernagel als Handgriff durch den Schaft getrieben, der mit dem Blatte in derselben Ebene lag, also beim Steuern aufrecht stand. Beim Hin= und Herwenden des Remens mußte vor allem vermieden werden, daß das Blatt flach zu liegen kam, weil es ja mit der Schärfe keinen Druck nach der Seite hätte üben können und auch durch die Fahrt des Schiffes sofort aufwärts getrieben wäre. Unter gewöhnlichen Umständen genügte es, daß der Steuermann mit der Hand am oberen Ende des Griffes das Ruder führte; hatte er für rasche kräftige Wendungen beide Hände nötig, so faßte er mit der einen das obere und mit der anderen das untere Ende. Ein solcher Querstab hieß ὁ οἴαξ, bei Homer τὸ οἰήϊον, lat. clavus, und bezeichnete auch wieder als Teil das Ganze. Vitruv. 10, 3, 5: Etiam navis onerariae maximae gubernator ansam gubernaculi tenens, qui οἴαξ a Graecis appellatur, una manu versat eam. Eurip. Hel. 1607: σὺ δὲ στρέφ' οἴακα. Da er zugleich das Ruder dagegen schützte, daß es durch die Klüse schoß, wenn es einmal dem Steuermanne aus der Hand schlug, so möchte ich ihn mit Lünse d. h. Vorstecknagel, Steuernagel übersetzen, da es uns an einem bezeichnenden Ausdrucke im Deutschen fehlt, falls wir nicht etwa Helmstock benutzen wollen, denn Helm bedeutet bei uns den Stab, der das Ruder dreht. Wir finden auf den Bildern wohl, daß dieser Helmstock an dem einen Ende einen Ring hat und auch die Grammatiker erwähnen eines solchen, so Hesychius δακτύλιος· καὶ τοῦ πηδαλίου τὸ ἄκρον. Ich wüßte nicht, welchem anderen Zwecke dieser Ring hätte dienen können, als um mit ihm das Ruder aufzuhängen, wenn der Steuermann, wie wir das vorhin bei Kalliades gesehen haben, von dem einen Remen rasch zu dem anderen übergehen mußte. Notwendig aber war derselbe nicht, da man den Griff ja auch mit dem oberen Winkel unter den an der Binnenseite der Verschanzung angebrachten Nagel anhaken konnte. Wenn ich hier den oberen Winkel nenne, so hat dies darin seinen Grund, daß der Steuerremen in besonderer Weise wie ein Wagebalken ins Gleichgewicht gebracht werden mußte. Wäre der Steuermann genötigt gewesen, das Ruder fortwährend entweder niederzudrücken oder zu heben, so würde das seine Arbeit unerträglich erschwert haben. Worauf es ankam, war das, daß das Blatt fort=

während im Wasser blieb, und deshalb mußte das Gleichgewicht mit Rücksicht darauf hergestellt werden, daß das in das Wasser eintauchende Blatt stets um das Gewicht des verdrängten Wassers leichter wird. Wurde es herausgehoben, so war der Teil außenbords schwerer als der binnenbords, und so konnte das Ruder nötigenfalls mit dem vorderen oberen Winkel am Handgriff unter einen Nagel gehakt werden, ohne wegzugleiten. Es hatte diese Abgleichung des Hebelgewichtes außerdem zur Folge, daß das Blatt beim Steuern immer von selbst im Wasser blieb, auch wenn das Hinterteil des Schiffes sich im Wogengange in die Höhe hob. Nur dann wenn der Wind zu heftig wurde und die See zu hohl ging, konnte der Remen der unregelmäßigen Bewegung nicht immer gleich folgen, und dann wurde das Steuern so beschwerlich, daß man sich wohl genötigt sah, die Steuerremen ganz hereinzuholen und das Schiff treiben zu lassen, wie wir dies weiter unten bei der Seefahrt des Paulus kennen lernen werden. Chabrias versuchte einmal, sich dadurch zu helfen, daß er ein Paar Ruder tiefer anbrachte als gewöhnlich. Während sie sonst über dem erhöhten Hinterdeck sich bewegten, ließ er das zweite Paar unter dem Hinterdecke über dem eigentlichen Verdecke anbringen, die dann unmittelbar über dem Wasser lagen, so daß das Blatt nicht so leicht daraus hervortauchen konnte. Bei gutem Wetter und schlichtem Wasser ließ er mit den gewöhnlichen steuern, wurde aber die See hohl, so legte er das untere Paar ein. Polyaen. Strat. 3, 11, 14: Χαβρίας πρὸς τοὺς πελαγίοις πλοῦς καὶ τοὺς ἐν τῇ θαλάττῃ χειμῶνας κατεσκεύαζεν ἑκάστῃ τῶν νηῶν δισσὰ πηδάλια καὶ τοῖς μὲν ὑπάρχουσιν ἐν ταῖς εὐδίαις ἐχρῆτο· εἰ δὲ ἡ θάλασσα κοίλη γένοιτο, θάτερα διὰ τῆς παρεξειρεσίας παρετίθη, τοὺς αὐχένας ἔχοντα καὶ τοὺς οἴακας ὑπὲρ τοῦ καταστρώματος, ὥστε, ἐξαιρουμένης τῆς πρύμνης, τούτοις τὴν ναῦν κατευθύνεσθαι. Am Schiffe des Philopator Athen. 5, 37, welches vier Steuerruder hatte, werden diese wohl ebenso und aus demselben Grunde wie am Schiffe des Chabrias angebracht sein. Um die Mitte des Schaftes, wo das Ruder auflag, bei der unausgesetzten Bewegung und Reibung gegen das Verschleißen zu schützen, war sie umwickelt, und darum hieß dieser Teil nach Pollux 1, 89 τὸ ὑπόζωμα.

Im Hafen, oder wenn man bei schwerem Sturme nicht steuern konnte, sondern treiben mußte, wurden die Steuerruder nicht wie die anderen Remen ausgehoben und in das Schiff gelegt, sondern eingezogen und mit Riemen oder Tauen sowohl außenbords aufgefangen, als auch binnenbords festgebunden. Eur. Hel. 1552: πηδάλια ζεύγλαισι παρακαθίετο. Acta Ap. 27, 40: ἀνέντες τὰς ζευκτηρίας τῶν πηδαλίων.

Die Steuereinrichtung, wie sie im Vorhergehenden geschildert ist, ergiebt sich aus der Natur der Sache, aus allen mir bekannten Schriftstellen und aus der weitaus größten Zahl der Abbildungen. Nach einigen der letzteren könnte man aber auch auf eine andere schließen, die wir noch jetzt bei Völkern Ostasiens finden. Hier wird der Steuerremen nicht auf den Schiffsbord gelegt, so daß er sich um eine gegen seine Längsachse beinahe rechtwinklig gerichtete Querachse dreht, sondern er steht aufrecht an der Seite der Schiffswand und dreht sich in einer Hülse um seine eigene vertikale Längsachse. Das Ruder ist in diesem Falle ohne Wirkung, wenn das Blatt mit seiner Schärfe durch das Wasser schneidet, seine Ebene also mit der Kielrichtung parallel ist, wirkt aber um so mehr auf die Wendung des Schiffes, je mehr die Fläche des Blattes gegen die an der Schiffsseite entlang laufende Wasserströmung gedreht wird. Es wäre nicht unmöglich, daß einige Schiffe im Altertume eine solche Steuereinrichtung gehabt hätten, aber in technischen Fragen kann man sich auf die Abbildungen leider nur wenig verlassen.

Selbstverständlich befanden sich die Steuerruder stets am Hinterteile des Schiffes. Es ist ein Mißverständnis oder vielmehr eine nicht zutreffende Ausdrucksweise, wenn man sagt, daß sie unter Umständen auch am Vorderteile angebracht gewesen seien; da, wo im Schiffe das Steuer ist, da ist auch das Hinterteil. Nun hatte man aber Ruderschiffe, und nur diese eigneten sich dazu, mit denen man nach der entgegengesetzten Richtung fahren konnte, ohne daß man deshalb das Schiff zu wenden brauchte. Bei diesen waren nämlich beide Enden so eingerichtet, daß man die Steuerremen darauf legen, d. h. daß man jedes Ende als Hinterteil benutzen konnte, und deshalb hießen diese Fahrzeuge ἀμφίπρυμνοι. Wurde aber das eine Ende zum Hinterteil, so wurde das andere zum Vorderteil, und als δίπρυμνος war ein solches Schiff immer auch δίπρωρος, das eine bedingte das andere. In sehr engen Fahrwassern wie z. B. in Flußbetten, die so schmal waren, daß eine Wendung des Schiffes unmöglich war, da verstand sich eine solche Einrichtung von selbst, aber wir finden sie auch bei Kriegsschiffen auf See benutzt. Cass. Dio 74, 11: καί τινα αὐτῶν (τῶν πλοίων) ἑκατέρωθεν καὶ ἐκ τῆς πρύμνης καὶ ἐκ τῆς πρώρας πηδαλίοις ἤσκητο · καὶ κυβερνήτας ναύτας τε διπλοῦς εἶχεν, ὅπως αὐτοὶ μὴ ἀναστρεφόμενοι καὶ ἐπιπλέωσι καὶ ἀναχωρῶσι καὶ τοὺς ἐναντίους καὶ ἐν τῷ πρόσπλῳ καὶ ἐν τῷ ἀπόπλῳ σφῶν σφάλλωσι. Suidas unter δίκροτα führt auch diese Stelle an, hat aber statt ἀναστρεφό-μενοι das bessere μεταστρεφόμενοι. Was Tacitus Ann. 2, 6; Hist. 3, 47 und Germ. 44 über solche, wenn der Ausdruck gestattet ist, zweisteurige Fahrzeuge berichtet, ist allgemein bekannt. Von ganz besonderem Interesse für uns ist die von Hesychius unter ἀμφίπρυ-μνον gegebene Notiz: καὶ τὰ ἐπὶ σωτηρίᾳ πεμπόμενα πλοῖα, nicht etwa bloß deshalb, weil wir daraus erfahren, daß man schon im Altertume eigene Boote zur Rettung Schiffbrüchiger hatte, sondern auch deshalb, weil wir daraus sehen, daß diese in bezug auf die Steuerung gerade so eingerichtet waren, wie die unsrigen. Da sie fast nur bei bösem Wetter und hohem Seegange in Thätigkeit kommen, so müssen sie vor allem verhüten, daß der Wellenschlag quer gegen die Längsseite erfolgt, weil dies unvermeidlich ein Umschlagen oder Kentern zur Folge haben würde; sie dürfen also nicht wenden, um zurückzufahren, und werden deshalb mit Remen bald an dem einen, bald an dem anderen Ende gesteuert.

Es mag hier noch erwähnt werden, daß wir durch unser festes Steuerruder gezwungen sind, zum Hintersteven einen geraden Balken zu nehmen. Im Altertume war das nicht der Fall, und der äußere Bau des Hinterschiffes wird sich von dem des Vorschiffes wenig oder gar nicht unterschieden haben.

Das Wort πηδάλιον hat nicht bloß die Bedeutung Steuerruder. Bei Aesch. Sept. 206 steht ἱππικὰ πηδάλια für Zaum und Jl. 24, 269 wird οἰήκεσσι für die an diesem Pferdegeschirre befindlichen Ringe gebraucht. Hesych. hat οἰήια · πηδάλια, ἡνίαι, οἴακες. Wie es scheint haben die Grammatiker die technischen Ausdrücke bei Ruder und Zaum nicht immer klar auseinander gehalten, denn in der Glosse des Hesychius οἴακες · πηδάλια ἤτοι αὐχένια, καὶ οἱ ταῦτα ἐπιστρέφοντες κανόνες. καὶ κρίκοι, δι' ὧν οἱ ἱμάντες διείρονται scheint sich die letztere Erklärung doch nach Jl. 24, 269 nur auf den Zaum beziehen zu können. Dagegen ist αὐχένιον oder αὐχήν der technische Ausdruck für den inneren oder oberen Teil des Ruderschaftes sicher vom Zaum auf das Ruder übertragen. Bei Hesiod. opp. 45 kann πηδάλιον doch wohl trotz ib. 629 nur den Pflugsterz bedeuten. Es würde diesen drei Bedeutungen Ruder, Zaum und Pflugsterz der gemeinschaftliche Begriff des ὁδηγεῖν zu Grunde liegen. Aber nach Aristot. h. a. 4, 7, 9 und nach Hesychius πηδάλια · τῶν ἀκρίδων οἱ ὀπίσθιοι πόδες hießen auch die Springbeine der Heuschrecken πηδάλια, und diese Bedeutung muß offenbar auf πηδάω zurückgeführt werden. Wenn ich nicht irre, hat Döderlein die Ansicht vertreten, der ich beipflichten möchte, daß diese Bedeutung die ursprüngliche sei, und die Ähnlichkeit der Gestalt Veranlassung zur Übertragung auf Ruder, Zaum und Pflugsterz gegeben hat. Dagegen widerspricht das Zügel schießen lassen des Virgilischen classique immittit habenas, Aen. 6, 1, welches von Oppian, dem man ja sein λατινίζειν zum Vorwurfe gemacht hat, Hal. 1, 229:

πρύμνῃ δ' ἐπὶ πάντα χαλινὰ
ἰθυντῆρ ἀνίησιν, ἐπισπέρχων ὁδὸν ἅλμης
ἡ δ' οὔτ' οἰήκων ἐμπάζεται.

nachgeahmt ist, ganz und gar der seemännischen Anschauung. Will man die Fahrt des Schiffes beschleunigen, so muß man alle Taue so straff wie möglich anholen. Die Versuche Grasers und Cartaults hieraus eine Erklärung für den χαλινός bei den Trieren abzuleiten, sind als gänzlich verfehlt zu betrachten.

Zu dem Rudergeschirre im weiteren Sinne sind auch die κοντοί zu rechnen, lange und starke Stangen, die bald benutzt wurden, um das Schiff in Bewegung zu setzen, bald wieder um es festzuhalten, bald auch um zwei Schiffe von einander abzudrängen oder abzusetzen. Als der Kyklop einen Felsblock gegen das Schiff des Odysseus geschleudert hat, fällt dieser vor dem Schiffe nieder, welches mit seinem Hinterteile nach dem Lande und mit seinem Vorderteile nach der See zu gerichtet war. Die erregte Woge treibt nun das Schiff an das Land. Da ergreift Odysseus eine Stange und schiebt es vom Strande ab. Od. 9, 485:

τὴν δ' ἄψ ἤπειρόνδε παλιρρόθιον φέρε κῦμα
πλημυρὶς ἐκ πόντοιο, θέμωσε δὲ χέρσον ἱκέσθαι.
αὐτὰρ ἐγὼ χείρεσσι λαβὼν περιμήκεα κοντόν
ὦσα παρέξ.

Hier ist das παρέξ von den Erklärern, soweit ich Kunde davon habe, wohl nicht richtig verstanden. Wenn man ein Schiff durch Schieben mit einer Stange oder, wie wir sagen, mit einem Staken bewegen will, so setzt man diesen zur Seite am Vorderteil schräg nach hinten auf den Grund, stemmt sich mit der Schulter dagegen und geht nun, wie das Schiff dem Drucke folgt, unter fortwährendem Nachdrängen von vorn nach hinten, ohne den Staken, eher aufzunehmen als bis man ganz am Ende angekommen ist. Dann setzt man ihn von neuem am Vorderteil in den Grund und wiederholt das Schieben wie eben geschildert. Man bewegt sich also an der Seite des Schiffes von vorn nach hinten, und dieses die Seite entlang schieben soll παρέξ bedeuten. Die Richtung des Schiffes wird dabei nicht geändert.

Odysseus aber wählte dieses Mittel, weil man durch ein solches Schieben eine weit größere Kraft entwickeln kann, als durch Rudern. Aus demselben Grunde braucht man die Staken wohl beim Übersetzen über einen Fluß, der eine starke Strömung hat. Diod. 19, 18: καταλαβὼν δ' ὀλίγα πλοῖα κοντωτὰ διεβίβασεν ἐν τούτοις τινὰς τῶν πεζῶν. — Wie die κοντοί beim Ankerlichten zum Festhalten des Schiffes benutzt wurden, werden wir weiter unten sehen. — War das Fahrwasser so eng, wie in einem Kanal, wo man sich nicht der Remen, geschweige denn der Segel bedienen konnte, so blieb nichts übrig, als die Stange zu gebrauchen. Daher hatte man das Sprichwort κοντῷ πλεῖν, d. h. sich den Verhältnissen fügen, sich nach der Decke strecken.

6. Das Ankergeschirr.

Wenn man ein Schiff auf flottem Wasser festlegen will, so kann dies nur mit Hülfe eines Ankers geschehen. In den ältesten Zeiten gebrauchte man dazu schwere Steine, die bei den Griechen $εὐναί$, bei den Deutschen Senchilsteine d. h. Senksteine hießen, vgl. Graffs ahd. Sprachschatz 6, 689. Auch jetzt noch benutzen wir schwere Quadersteine allgemein, um daran die Tonnen oder sonstigen Seezeichen zu verankern, welche vor einem Hafeneingange oder in einer Flußmündung auf beiden Seiten des Fahrwassers in fortlaufender Reihe und angemessenen Entfernungen niedergelegt werden, um den ein- und auslaufenden Schiffen den richtigen Weg zu weisen. Ehe der Stein über Bord geworfen wird, muß das Halttau, wofür wir jetzt eine eiserne Kette gebrauchen, daran befestigt werden, und damit sich dies nicht auf dem Grunde abscheuert oder verschiebt, wird der Stein durchbohrt. Das Loch innerhalb desselben ist so eng, daß eben nur das Tau durchgesteckt werden kann, hat aber nach außen trompetenförmig erweiterte Öffnungen, damit auf der oberen Seite das Tau nicht durch den scharfen Rand eingeschnitten wird und auf der unteren Seite der Knoten oder Knebel, der das Tau am Durchschlipfen hindert, innerhalb des Steines bleibt.

Die Römer gebrauchten statt der $εὐναί$ unter Umständen pyramidenförmig gestaltete, mit Feldsteinen angefüllte Korbgeflechte. Arrian Exped. Al. 5, 7 beschreibt ihre Art und Weise, Schiffbrücken zu bauen. Sie ließen die dazu bestimmten Fahrzeuge den Strom abwärts bis an die Stelle treiben, wo die Brücke gelegt werden sollte. Dabei aber lagen die Schiffe nicht mit dem Kopfe abwärts, als ob sie mit dem Strome $ἐπ'\ εὐθύ$ hinunterfahren sollten, sondern über Steuer treibend, $πρύμναν\ κρουόμεναι$, also mit dem Kopfe dem Strome entgegen, und man verhinderte durch Rudern, daß das Schiff zu rasch zu Thal trieb, denn sonst würde es durch die Wucht der eigenen Bewegung die Senksteine noch eine Strecke Weges mit hinab gerissen haben, ehe es zum Stehen kam. War man an der Stelle angelangt, wo die Brücke liegen sollte, ἐνταῦθα ἤδη καθίετο πλέγματα ἐκ λύγου πυραμοειδῆ, πλήρη λίθων λογάδων, ἀπὸ πρώρας ἑκάστης νεώς, τοῦ ἀνέχειν τὴν ναῦν πρὸς τὸν ῥοῦν.

Das Wort ἄγκυρα, welches in alle Sprachen übergegangen ist, bedeutete ursprünglich wohl nur einen ellenbogenartig gekrümmten Haken, der in eine Felsspalte oder in den Sandboden gesteckt wurde, um daran ein Tau zu befestigen. Wir gebrauchen zu demselben Zwecke auch jetzt noch einen einarmigen Haken, der aber selbstverständlich nicht im Wasser benutzt werden kann, da er nicht von selbst eingreift. Der erste wirkliche Anker in unserem Sinne war wohl der, den wir noch jetzt bei kleinen Schiffen gebrauchen und Dreg nennen, wo vier Haken oder Klauen wirtelförmig den Schaft umgeben. Es könnte dies die χραῦσις sein, die bei Hesychius als ἄγκυρα μονόβολος vorkommt, wenn man das letztere Wort so auffassen darf, daß der Anker immer nur auf eine Seite, gleichviel welche, und nicht nach der einen oder anderen Seite zu fallen braucht, um fassen zu können. Er muß, wie er auch beim ersten Wurfe, μόνῃ βολῇ, zu liegen kommt, immer mit zwei Klauen eingreifen. Auch die Ableitung des Wortes von χραύω

weist auf diese Erklärung hin, weil ein Dreg immer nur oberflächlich und nie tief eindringt, also auch nur kleinen Schiffen dienen kann. An einen einfachen Haken darf man dabei nicht denken, da dieser, wie er auch geworfen werden mag, sich doch nicht von selbst aufrichtet, also auch nicht eingreifen kann, sondern immer flach nachschleppen wird. Deutlich erwähnt findet sich dieser mehrarmige Anker nicht, wenn man nicht ἀγκύριον, welches mehrfach als Bootsanker genannt wird, für einen solchen halten will; ist doch auch unser Bootsanker jedesmal ein Dreg. Immerhin möchte man auf diesen Anker ohne

Stock früher verfallen sein, als auf den eigentlichen Schiffsanker mit zwei Armen, ἄγκυρα δίστομος oder ἀμφίβολος, dessen Herstellung schon mehr mechanischen Scharfsinn erfordert, so daß denn auch der Erfinder Anacharsis die Ehre gehabt hat, seinen Namen der Nachwelt überliefert zu sehen, vgl. Strabo 7, 3, 9 und Apoll. Rh. 1, 1277 Schol.

Der eigentliche Anker besteht aus einem starken, schmiedeeisernen Schafte, an dessen einem Ende unter einem Winkel von etwa 60⁰ zwei eiserne Arme angeschweißt sind, von denen jeder in eine platte dreieckige Hand ausläuft, deren äußerstes Ende, die Klaue, zugespitzt ist, damit sie sich leicht in den Grund eingräbt. Die beiden Hände werden auch Schaufeln oder Flügel oder Flünke genannt. Die verdickte Verbindungsstelle der Arme mit dem Schafte heißt das Kreuz oder der Hals des Ankers. Das andere Ende des Schaftes ist vierkantig und hat oben ein Auge oder Öhr, welches den Ring hält, durch den das Ankertau, das Kabel, gesteckt wird. Würde man diesen Anker so ohne weiteres in das Wasser werfen, so würden sich die Arme flach auf den Grund legen und über denselben hinschleifen, ohne daß sich die Hände einbohrten und der Anker zum Halten käme. Um dies zu erzwingen, wird unter dem Ankerauge rechtwinklig gegen die Richtung der Arme der Ankerstock angebracht, früher allgemein von Holz, jetzt meist von Eisen. Läßt man nun den Anker fallen, so wird er sich allerdings wohl in den meisten Fällen eben so legen, als wenn kein Ankerstock vorhanden wäre; die beiden Arme werden wegen ihres größeren Gewichtes flach auf den Grund zu liegen, der Stock aber aufrecht zu stehen kommen. Bei dem ersten Anziehen aber wird er aus dieser wackeligen Lage so umkippen, daß der Stock sich seiner Länge nach auf den Grund legt und den Anker in dieser Lage erhält, so daß der auf der Klaue stehende Arm sich beim Anziehen des Kabels in den Grund bohrt. Es wird aus dieser Darstellung klar werden, wie unzulässig die Annahme war, daß die

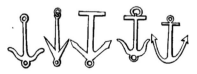

alten Anker ohne Stock gewesen seien. Verführt wurde man dazu durch die Abbildungen, in denen der Anker perspektivisch auf die Ebene der Arme projiziert ist, so daß der rechtwinklig dagegen stehende Stock dem Auge nicht sichtbar wird. Ihnen stehen aber in großer Zahl solche gegenüber, auf denen der Ankerstock vorhanden ist. Von der Benennung der einzelnen Teile des Ankers im Altertume kennen wir nur die der Ankerhand, τὸ ἄγκιστρον Plut. mor. pag. 446 und 782, oder ὁ ὄνυξ ib. pag. 247. Die Ankertaue hießen σχοινία ἀγκύρια. Wahrscheinlich waren die ältesten wirklichen Anker ganz von Holz, und wie solche jetzt noch vielfach im Mittelmeere vorkommen, so werden sie sich auch im ganzen Altertume neben den eisernen in Gebrauch erhalten haben. Die große Eikosere des Hieron hatte 4 hölzerne und 8 eiserne Anker. Athen. 5, 43. Die hölzernen aber, selbst wenn sie von schwerem Holze gemacht sind, verlieren im Wasser soviel an Gewicht, daß sie mit Blei beschwert werden. Diodor erzählt 5, 35, daß die phönizischen Kaufleute sich in Spanien solche Schätze gesammelt hätten, ὥστε ἐπειδάν, καταγόμων ὄντων τῶν πλοίων, περιττεύῃ πολὺς ἄργυρος, ἐκκόπτειν τὸν ἐν ταῖς ἀγκύραις μόλιβδον καὶ ἐκ τοῦ ἀργύρου τὴν ἐκ τοῦ μολίβδου χρείαν ἀλλάττεσθαι.

Um den Ort zu bezeichnen, wo der Anker auf dem Grunde liegt, sowie auch um ihn daran nötigenfalls, z. B. wenn das Kabel bricht, aus der Tiefe zu holen, wird am Kreuze mit einem Bojereep, einem Taue, welches etwas länger sein muß, als die Tiefe beträgt, die Ankerboje befestigt. Bei uns ist dieselbe gewöhnlich eine kleine Tonne von spindelförmiger Gestalt; bei den Alten war es ein mit

Korkstücken gefülltes korbartiges Geflecht von Tauwerk und hieß σαργάνη. Hesych. σαργάναι · δεσμοί, καὶ πλέγματα γυργαθώδη σχοινίων ἀγκυράγωγα. Plin. h. n. 16, 8: Usus eius (suberis) ancoralibus maxime navium. Paus. 8, 12: ἀπ᾿ αὐτοῦ (τοῦ φλοιοῦ) καὶ ἐν θαλάσσῃ ποιοῦνται σημεῖα ἀγκύραις καὶ δικτύοις.

Der Anker lag vorn auf dem Bug, und die Ankertaue fuhren wie bereits oben bemerkt, durch Öffnungen im Bug, die bei uns die

Klüfen, bei den Griechen οἱ ὀφθαλμοί genannt werden. Pind. Pyth. 10, 80:

ταχὺ δ' ἄγκυραν ἔρεισον
χθονὶ πρώραθε, χοιράδος ἄλκαρ πέτρας.

Verg. Aen. 3, 277: Ancora de prora iacitur. Liv. 36, 30. Rhodia una (navis) capta memorabili casu. Nam cum rostro percussisset Sidoniam navem, ancora ictu ipso excussa e nave sua, unco dente velut manu ferrea iniecta alligavit alterius proram.

Es versteht sich von selbst, daß das Vorderteil eines vor Anker liegenden Schiffes stets dem Anker zugewendet sein muß. Man läßt diesen deshalb auch nicht eher fallen, als bis das Schiff seine Bewegung nach vorn verloren hat und rückwärts oder über Steuer geht.

Damit der Anker sowohl beim Fallenlassen als beim Aufwinden die Planken der Schiffswand nicht verletzt, muß er frei davon gehalten werden. Deshalb ist vorn zu beiden Seiten des Vorstevens oder an jedem Buge ein wagerechter, über Bord hinausragender Balken angebracht, bei uns Krahnbalken, bei den Griechen ἐπωτίς genannt. Thuc. 7, 36: καὶ τὰς ἐπωτίδας ἐπέθεσαν ταῖς πρώραις παχείας. In der Stelle Eur. Iph. T. 1350:

οἱ δ' ἐπωτίδων
ἀγκύρας ἐξανῆπτον

möchte ich die Lesart der Handschriften ἀγκύρας beibehalten, weil man doch ebensowenig einen Anker an die Krahnbalken hängen als einen Stiefel an die Füße ziehen kann. Will man des Metrums wegen ἀγκύρας, obgleich die letzte Silbe nach dorischer Weise verkürzt sein könnte, in ἄγκυραν ändern, so muß man auch ἐπωτίδων mit dem freilich sonst nicht vorkommenden Singular ἐπωτίδος vertauschen. Weil diese ἐπωτίδες im Kampfe als Stoßbalken gegen das feindliche Schiff wirkten, so werden sie dichterisch auch ἔμβολα genannt. Pind. Pyth. 4, 342:

ἐπεὶ δ' ἐμβόλου
κρέμασαν ἀγκύρας ὕπερθεν.

Ist es nun auch das gewöhnliche Verfahren, daß man die Anker vom Vorschiffe fallen läßt, so steht doch, falls die Umstände das fordern sollten, nichts im Wege, das Schiff von hinten zu verankern. Wir haben auch dafür Beispiele aus dem Altertume. Wie Polyän Strat. 3, 9, 63 erzählt, sah Iphikrates auf seiner Fahrt nach Phönizien, daß sich die Feinde schon in großer Zahl am Meeresufer versammelt hatten. Es war also große Vorsicht beim Angriff nötig; es mußte namentlich verhütet werden, daß die Schiffe in Unordnung, die einen früher die anderen später landeten, weil die ersten dann vom Feinde mit großer Übermacht leicht hätten überwältigt werden können. Um also gleich in Schlachtordnung, ἐν τάξει, an das Ufer zu gelangen, ließ er die sämtlichen Schiffe von hinten ankern und sich dann durch Aussteckung des Ankertaus dem Strande so weit nähern, daß das Wasser flach genug war, um durchwaten zu können. Nachdem dies geschehen, ließen sich auf ein gegebenes Signal die Bewaffneten an den Remen in das Wasser hinab, kamen in Schlachtordnung an Land und besiegten die Feinde. Ἰφικράτης περὶ Φοινίκην καταπλέων, ἰδὼν τοὺς Φοίνικας παρὰ τὴν ἠιόνα συνθέοντας παρήγγειλεν, ὅταν τὸ σημεῖον ἀναδειχθῇ, τοῖς μὲν κυβερνήταις ἄγκυραν ἀφεῖναι κατὰ πρύμναν καὶ τὴν κατιγωγὴν ἐν τάξει ποιεῖσθαι · τοῖς δὲ στρατιώταις ὁπλισαμένοις ἕκαστον κατὰ τὴν αὑτοῦ κώπην εἰς τὴν θάλασσαν αὐτὸν καθιέναι, καὶ τὴν αὑτοῦ τάξιν διαφυλάττειν · ὡς δὲ ἤδη σύμμετρον ὑπέλαβεν εἶναι τὸ τῆς θαλάσσης βάθος, ἀνέτεινε τὸ σημεῖον τῆς ἐκβάσεως. αἱ τριακόντοροι μὲν ἐν τάξει κατήγοντο διὰ τῶν ἀγκυρῶν · οἱ δὲ ἄνδρες ἐν τάξει προβαλλόμενοι προῆγον. Einen anderen Fall berichtet Appian B. Pun. pag. 76 aus der Seeschlacht bei Karthago. Die Karthager, die am Ufer den Hafendamm entlang lagen, um nicht von der Vaterstadt abgeschnitten zu werden, hatten kleine, bewegliche Fahrzeuge; die von der See aus angreifenden Römer große, schwerfällige. Vollführten nun die römischen Schiffe einen Rammstoß gegen die karthagischen, so gereichte ihnen die Größe ihrer Schiffe zum Vorteil; sobald sie sich aber zur Wiederholung des Stoßes zurückzogen, so gerieten sie in Nachteil, weil die verfolgenden karthagischen Schiffe rascher rudern und leichter wenden und so den schwerfälligen römischen in die Seite fallen konnten. Da warfen die Römer in gehöriger Entfernung vom Ufer ihre Anker vom Hinterteile aus, ruderten, indem sie die Kabel aussteckten, auf die karthagischen Schiffe ein und holten sich dann, sobald der Rammstoß ausgeführt war, an den Kabeln wieder zurück. Da sie dabei das πρύμναν κρούεσθαι, das Streichen über Steuer nicht unterlassen haben werden, so konnten sie sich rascher zurückziehen, als ihnen die karthagischen Schiffe zu folgen vermochten. τὰς μὲν ἀγκύρας αἱ Ῥωμαϊκαὶ νῆες καθῆκαν ἐκ πολλοῦ διαστήματος ἐς τὸ πέλαγος · ἐψάμεναι δ᾽ ἀπ᾽ αὐτῶν κάλους μακροὺς, εἰρεσίαν τοῖς Καρχηδονίοις ἐπέπλεον, καὶ ὅτε ἐγχρίμψειαν ὑπεχώρουν τοὺς κάλους ἐπισπώμενοι κατὰ πρύμναν· αὖθις τε ῥοθίῳ καταπλέουσαι πάλιν ἀνήγοντο κατὰ πρύμναν. Ich werde bei dem Schiffbruch des Paulus auf das Ankern von hinten zurückkommen.

Unter gewöhnlichen Umständen genügte es, nur einen Anker fallen zu lassen. Wurde es nötig, mehrere zu werfen, so konnte dies aus verschiedenen Gründen und zu verschiedenen Zwecken geschehen. Liegt das Schiff vor einem einzigen Anker, so wird es bei jeder Änderung des Windes oder der Strömung bald nach der einen, bald nach der andern Seite getrieben. An einem Orte, wo Ebbe= und Flut= strom läuft, wird das Schiff während sechs Stunden nach der einen und während sechs Stunden nach der gerade entgegengesetzten Richtung liegen. Bei einem allmählich die ganze Strichrose durchlaufenden Winde würde es einen vollständigen Kreis beschreiben, dessen Mittel= punkt die Stelle bildete, wo der Anker auf dem Grunde liegt, und dessen Halbmesser die Länge des außenbords befindlichen Kabeltaus wäre. Plut. Sympos. lib. 8 pag. 731: πλοῖον ἐν περιδρόμῳ σαλεῦον. Läge man auf einem Flusse, so würde schon wegen der Nähe der Ufer kein Platz für ein solches Rundschwingen sein; und lägen mehrere Schiffe bei einander, so würden sie ἐν περιδρόμῳ, beim Schwaien, wie der Seemann das Umschwenken des Schiffes nennt, unter einander geraten, sich gegenseitig anrennen und verletzen. Um dies zu verhüten und das Schiff womöglich auf derselben Stelle festzuhalten, vertäut man dasselbe, d. h. legt es vor zwei Anker, deren Kabel in entgegengesetzter Richtung stehen oder einen gestreckten Winkel mit einander bilden. Von einem solchen Vertäuen berichtet Appian bell.

civ. 5, pag. 723. Als die Flotte Cäsars in der Meerenge von Messina von einem Südsturme heimgesucht wurde, suchte ein Teil der Schiffe die Seehöhe und schützte sich bei dem Liegen vor einem

8

Anker durch Rudern vor dem Zusammenstoßen, der andere aber vertäute in der Nähe der Küste: τὸ δὲ λοιπὸν πλῆθος, οἰόμενοι ταχέως τὸ πνεῦμα ἐνδώσειν ὡς ἐν ἔαρι, τὰς ναῦς ἑκατέρωθεν ἀγκύραις ἔκ τε τοῦ πελάγους καὶ ἀπὸ τῆς γῆς διεκράτουν καὶ κοντοῖς ἐξεώθουν ἀπ' ἀλλήλων. Das Schiff liegt dann zeitweilig immer nur vor einem der beiden Anker und auf diese Art des Liegens vor zwei Ankern bezieht sich die Stelle Dem. c. Dionysod. 1296: μηδ' ἐπὶ δυοῖν ἀγκύραιν ὁρμεῖν αὐτοὺς ἐᾶτε, d. h. überlaßt es ihnen nicht, entweder das eine oder das andere zu wählen.

Das Legen des Schiffes vor zwei Anker kann aber auch einen anderen Zweck haben als den vorhergehenden und geschieht dann auch in anderer Weise. Wenn man besorgt, daß ein einziger Anker nicht genügt, das Schiff in derselben Richtung festzuhalten, so ist man genötigt, einen zweiten zu Hülfe zu nehmen. Das kann nun so geschehen, daß man von jedem der beiden Buge, vom Backbordsbuge und vom Steuerbordsbuge, einen Anker fallen läßt, so daß jeder sein

eigenes Kabel hat. Man kann aber auch so verfahren, daß man an einem und demselben Kabel zwei Anker befestigt oder, wie wir sagen,

den Anker verkattet. Man bindet dann an das Kreuz des einen Ankers vermittelst eines kurzen Taues einen zweiten, so daß beide auf dem Grunde vor und hintereinander liegen .und der zweite den ersten am Triftigwerden, d. h. am Durchschleppen durch den Grund hindert. Ich habe mich vergebens bemüht aus den Schriftstellen, wo vom Werfen zweier Anker die Rede ist, Aufschluß darüber zu erhalten, welche von diesen beiden Arten der Verankerung in jedem einzelnen Falle wohl gemeint sein könnte; aber ich möchte glauben, daß das zweite Verfahren wenigstens eben so oft angewendet ist als das erste. Im Altertume zur Trierenzeit hatte ein Anker nach Böckh Urk. S. 166 nur ein Gewicht von etwa 20 Kilogramm, und ein solcher kann begreiflicherweise nicht vielen. Widerstand leisten. Aber man verstand noch nicht, größere zu schmieden. Später mögen sie schwerer geworden sein, aber erst in diesem Jahrhundert haben wir mit Hülfe des Dampfhammers so schwere Anker zu schmieden vermocht, daß das Verkatten, welches noch im vorigen Jahrhundert vielfach vorkommt, jetzt nur noch in besonderen Fällen angewendet wird. Mich bestärkt in meiner Meinung die Thatsache, daß die Abbildungen der alten Anker fast ohne Ausnahme einen Ring am Kreuz zeigen. Es kann dieser ja dazu gedient haben, den Bojereep für die Ankerboje daran zu befestigen, aber seine Größe deutet doch mehr auf das Durchstecken eines dicken Kabels als das eines dünnen Taues hin. Gebrauchen wir doch auch keinen Ring zur Befestigung des Bojereeps. Vor allem halte ich mich berechtigt, beim Schiffbruche des Paulus ein Verkatten der Anker voraussetzen zu dürfen und werde darauf weiter unten zurückkommen. Auch die von Plutarch Sol. 19 berichtete Äußerung Solons, daß ein Staat mit zwei Senaten ebenso wie ein Schiff, welches vor zwei Ankern liege, weniger leicht ins Treiben geraten werde, deutet auf ein Verkatten insofern hin, als gerade hier der eine Anker den andern am Durchgehen hindert: οἰόμενος ἐπὶ δυοῖ βουλαῖς ὥσπερ ἀγκύραις ὁρμοῦσαν ἧττον ἐν σάλῳ τὴν πόλιν ἔσεσθαι.

Es geht aus dem Vorstehenden klar hervor, daß ein vollständig ausgerüstetes Schiff stets mit mehreren Ankern versehen sein mußte. Bei Eurip. fr. Phaet. 4 und bei Synes. ep. 4 ist von drei Ankern die Rede; den Trieren wurden in älterer Zeit vier mitgegeben, vgl. Böckh Urk. S. 166. Der schwerste von allen an Bord befindlichen Ankern, der aber nur zur Zeit der höchsten Not gebraucht wurde, hieß ἡ ἱερὰ ἄγκυρα, Lucian. Jup. trag. 51 oder τὸ σκεῦος ἱερόν, Plut. reip. gerend. praec. pag. 812.

Es darf nicht unerwähnt bleiben, daß die Veneter statt der Kabeltaue bereits eiserne Ankerketten gebrauchten. Caes. B. G. 3, 13: ancorae pro funibus ferreis catenis revinctae.

7. Das Ablaufen, Auslaufen, Einlaufen und Aufholen des Schiffes.

Sollte das Schiff, welches auf dem Lande ὑψοῦ ἐπὶ ψαμάθοις stand, zu Wasser gebracht werden, so reinigte man zunächst die Furche für den Kiel, falls sie verschlammt oder versandet war, und nahm dann die Stützen weg. Jl. 2, 151:

τοὶ δ' ἀλλήλοισι κέλευον
ἅπτεσθαι νηῶν ἠδ' ἑλκέμεν εἰς ἅλα δῖαν
οὐρούς τ' ἐξεκάθαιρον · αὐτὴ δ' οὐρανὸν ἷκεν
οἴκαδε ἱεμένων · ὑπὸ δ' ᾕρεον ἕρματα νηῶν.

Weiter beschreibt Homer das Verfahren wohl deshalb nicht, weil es in diesem Falle doch nicht zur Ausführung kam. Bei kleinen Schiffen — und als solche haben wir uns auch die homerischen zu denken, da Hektor auf dem Erdboden stehend die Krülle des Hinterteils mit der Hand festhalten kann. Jl. 15, 716:

Ἕκτωρ δὲ πρύμνηθεν ἐπεὶ λάβεν, οὐχὶ μεθίει
ἄφλαστον μετὰ χερσὶν ἔχων. —

wird nun wohl schon ein Schieben mit den Händen genügt haben, um das Schiff zunächst mit dem Vorderteil ins Wasser zu bringen. War dies geschehen, so wurde der Mundvorrat und das Schiffsgerät, Mast, Rahe, Segel u. a. hineingeschafft. Od. 2, 389:

καὶ τότε νῆα θοὴν ἅλαδ' εἴρυσε, πάντα δ' ἐν αὐτῇ
ὅπλ' ἐτίθει, τά τε νῆες ἐΰσσελμοι φορέουσιν.

Erst wenn alles eingeladen und geordnet war, wurde das Schiff vollständig ins Wasser geschoben nnd „flott gestellt." Od. 4, 780:

νῆα μὲν οὖν πάμπρωτον ἁλὸς βένθοσδε ἔρυσσαν,
ἐν δ' ἱστόν τ' ἐτίθεντο καὶ ἱστία νηὶ μελαίνῃ,
ἠρτύναντο δ' ἐρετμὰ τροποῖς ἐν δερματίνοισιν,
τεύχεα δέ σφ' ἤνεικαν ὑπέρθυμοι θεράποντες.
ὑψοῦ δ' ἐν νοτίῳ τήν γ' ὥρμισαν, ἐκ δ' ἔβαν αὐτοί.

Der technische Begriff des ὑψοῦ ἐν νοτίῳ ist nämlich nicht „auf hoher

See", wie es irrigerweise aufgefaßt wird. Man kann auf hoher See weder εὐνὰς βάλλειν noch πρυμνήσια ἀνάπτειν, das kann nur in der Nähe des Landes geschehen. Man hätte sich wohl durch die Stelle Apoll. Rh. 2, 1283:

ὑψόθι νῆ᾽ ἐκέλευσεν ἐπ᾽ εὐναίησιν ἐρύσσαι,
δάσκιον εἰσελάσαντας ἕλος.

wo die Argonauten in einem schattigen Wiek vor Anker gehen, darauf hinweisen lassen können, daß das ὑψοῦ ὁρμίζειν nicht ein εἰς τὸ πέλαγος μετεωρίζειν bedeuten kann. Gerade im Gebrauche solcher Ausdrücke wie προπάροιθε und μετόπισθε und παρέξ Od. 9, 482 und 539 und 487, die von dem Laien in ihrer Bedeutung nicht sofort erkannt werden, zeigt Homer seine vollständige Vertrautheit mit den seemännischen Ausdrücken und Anschauungen. Wenn ein Schiff vom Helgen oder ein Boot vom Ufer abläuft, so hat es zunächst eine geneigte Lage, richtet sich aber mehr und mehr auf, je weiter es ins Wasser kommt. Richtet es sich darin nicht ganz auf, so muß es irgendwo, sei es vorn oder hinten, sei es rechts oder links, auf dem Grunde sitzen. Daran, daß es sich ganz aufrichtet oder, wie wir sagen, hoch kommt, sieht man, daß es flott ist. Den Vorgang, den Homer durch das eine Wort ὑψοῦ schildert, sehen wir noch täglich beim Ablaufen eines Schiffes sich wiederholen.

Wie man bei dem zu Wasser bringen eines größeren Schiffes verfuhr, beschreibt uns Apoll. Rh. 1, 367:

νῆα δ᾽ ἐπικρατέως Ἄργου ὑποθημοσύνῃσιν,
ἔζωσαν πάμπρωτον ἐϋστρεφεῖ ἔνδοθεν ὅπλῳ
τεινάμενοι ἑκάτερθεν, ἵν᾽ εὖ ἀραροίατο γόμφοις
δούρατα, καὶ ῥοθίοιο βίην ἔχοι ἀντιόωσαν.
σκάπτον δ᾽ αἶψα κατ᾽ εὖρος, ὅσον περιβάλλετο χῶρον,
ἠδὲ κατὰ πρώραν εἴσω ἁλός, ὁσσάτιόν περ
ἑλκομένη χείρεσσιν ἐπιδραμέεσθαι ἔμελλεν.
αἰεὶ δὲ προτέρω χθαμαλώτερον ἐξελάχαινον
στείρης, ἐν δ᾽ ὁλκῷ ξεστὰς στορέσαντο φάλαγγας ·
τὴν δὲ κατάντη κλῖναν ἐπὶ πρώτῃσι φάλαγξιν,
ὥς κεν ὀλισθαίνουσα δι᾽ αὐτάων φορέοιτο.
ὕψι δ᾽ ἄρ᾽ ἔνθα καὶ ἔνθα μεταστρέψαντες ἐρετμά,
πηχυίον προὔχοντα περὶ σκαλμοῖσιν ἔδησαν,
τῶν δ᾽ ἐναμοιβαδὶς αὐτοὶ ἐνέσταθεν ἀμφοτέρωθε,
στέρνα θ᾽ ὁμοῦ καὶ χεῖρας ἐπήλασαν. ἐν δ᾽ ἄρα Τῖφυς
βῆσαθ᾽, ἵν᾽ ὀτρύνειε νέους κατὰ καιρὸν ἐρύσσαι ·
κεκλόμενος δ᾽ ἤϋσε μάλα μέγα · τοὶ δὲ παρᾶσσον

ᾧ κματεῖ βρίσαντες ἰῇ συνέλιξαν ἐρωῇ
νειόθεν ἐξ ἕδρης, ἐπὶ δ' ἐρρώσαντο πόδεσσι
προπροβιαζόμενοι · ἡ δ' ἕσπετο Πηλιὰς Ἀργὼ
ῥίμφα μάλ' · οἱ δ' ἑκάτερθεν ἐπίαχον ἀΐσσοντες.
αἱ δ' ἄρ' ὑπὸ τρόπιδι στιβαρῇ στενάχοντο φάλαγγες
τριβόμεναι · περὶ δέ σφιν ἀϊδνὴ ἐκήκιε λιγνὺς
βριθοσύνῃ, κατόλισθε δ' ἔσω ἁλός · οἱ δέ μιν αὖθι
ἂψ ἀνασειράζοντες ἔχον προτέρωσε κιοῦσαν.
σκαλμοῖς δ' ἀμφὶς ἐρετμὰ κατήρτυον · ἐν δέ οἱ ἱστὸν
λαίφεά τ' εὐποίητα καὶ ἁρμαλίην ἐβάλοντο.

Was hier in den ersten Worten vom Umgürten, ζῶσαι, des Schiffes gesagt wird, will ich übergehen, da ich an anderer Stelle, wo bei der Seereise des Paulus vom ὑπόζωμα die Rede ist, darauf zurückkommen muß. Das erste was geschah, war, daß man vom Wasser bis zum Vorsteven einen Graben von der Breite des Schiffes aushob und mitten in diesem eine tiefere Furche für den Kiel grub. In die letztere legte man dann Walzen, band die schon eingelegten Remen schräg aufwärts, damit sie nicht auf dem Boden nachschleppten, und stemmte sich nun mit aller Gewalt die einen mit der Schulter, die andern mit den Händen gegen das Fahrzeug, um es zunächst nur auf die unmittelbar vor dem Vorsteven liegende Walze zu schieben. Auf den Ruf des Steuermanns, der sich mit einiger Mannschaft bereits an Bord des ablaufenden Schiffes befindet, erfolgt Schub und Stoß von allen jedesmal gleichzeitig, so daß keine Kraftzersplitterung stattfindet. Als es gelungen ist, das Schiff auf die erste Walze zu bringen, wird die Arbeit leichter; mehr und mehr kommt der mächtige Rumpf ins Gleiten; die Walzen knirschen und erhitzen sich unter der gewaltigen Last so, daß der Rauch aufsteigt. Nun gleitet es ins Wasser und würde erst weit vom Ufer zum Stillstand kommen, wenn man nicht das Fortschießen durch vorher am Schiffe befestigte Taue vom Lande aus hemmte. Bei der Wucht des dahin eilenden Schiffes hätten diese Taue aber auch brechen können, und für diesen Fall eben hatte man aus Vorsicht schon vor dem Ablaufen einige Remen fertig zum Gebrauche eingelegt, um mit ihnen das Schiff wieder in die Nähe des Ufers zu bringen. Bei der Argo wurde es nicht nötig, man konnte sie an den Tauen wieder heranholen. Nachdem es geschehen, wurde alles zur Abreise fertiggestellt.

Wollte man nun unter Segel gehen, so mußten bei einem vor Anker und Landfesten liegenden Schiffe die Befehlsworte etwa in der Reihe erfolgen, wie sie von Lucian Dial. mort. 10, 10 in ganz sachgemäßer Weise angeführt werden: λύε τὰ ἀπόγεια · τὴν ἀποβά-θραν ἀνελώμεθα · τὸ ἀγκύριον ἀνεσπάσθω · πέτασον τὸ ἱστίον · εὔθυνε, ὦ πορθμεῦ, τὸ πηδάλιον · d. h. Los die Landfesten! Holt den Steg ein! Lichtet den Anker! Segel gesetzt! Steure Kurs, Fährmann! Ähnlich bei Polyän Strateg. 4, 6, 8: ἄλλοι μὲν ἀνέσπων τὰ πρυμνήσια, ἄλλοι δὲ ἀνεῖλκον τὰς ἀποβάθρας, ἄλλοι δὲ ἀγκύρας ἀνιμῶντο.

Die ἀποβάθρα, ein Steg, wie unsere Seeleute sagen, war eine starke Bohle, über die man trockenen Fußes von Bord an Land gehen konnte, und die auf der Riegelung befestigt war, damit sie sich nicht bei den Bewegungen des Schiffes verschieben und wegfallen konnte. Thuc. 4, 12, Schol. ἀποβάθρα καλεῖται γέφυρα, δι' ἧς ἐκ τῆς γῆς εἰς τὰς ναῦς εἰσερχόμεθα καὶ ἀναβαίνομεν καὶ ἐκ τῶν νεῶν ἐπὶ τὴν γῆν ἐξερχόμεθα καὶ ἀποβαίνομεν. Es bedarf keines Wortes, um nach-zuweisen, daß zu solchem Zwecke Leitern mit Sprossen unbrauchbar sind, und man hätte das Wort κλῖμαξ, wo es für ἀποβάθρα gebraucht wird, nie mit Leiter übersetzen dürfen. Wo Arrian Exp. Al. 5, 7 den Bau der römischen Schiffbrücken beschreibt, sagt er, daß man an beiden Enden, um den Pferden und Zugtieren einen festen, nicht wackeligen Zugang zu schaffen und zugleich als Halt für die Brücke κλίμακας auf dem Boden befestigt habe: ἑκατέρωθεν δὲ τοῦ ζεύγματος κλίμακες προσβάλλονται καταπηγνύμεναι, τοῦ ἀσφαλεστέραν τοῖς τε ἵπποις καὶ τοῖς ζεύγεσι τὴν ἔφοδον γίγνεσθαι καὶ ἅμα ὡς σύνδεσμος εἶναι τοῦ ζεύγματος. Wer könnte hier an Sprossenleitern denken? Was Jakob Gronov zu dieser Stelle bemerkt, ist das leere Gerede eines Stubennautikers. Ich wüßte auch nicht, wie offene Leitern auf dem Schiffe anders verwendet werden könnten, als um vom Verdeck in den Raum zu gelangen; aber nach Athenäus 5, 41 wurden beim Schiffe des Hiero auch hierzu Treppen gebraucht, κλίμακες πυκναί, also dichte,

wie sie im Gegensatze zu den durchsichtigen, offenen Leitern mit Sprossen genannt werden. Auch Treppen können nicht als Stege dienen, aber auf den Bohlen, die als solche benutzt werden, nagelt man wohl Querleisten als Stufen, damit der Fuß nicht ausgleitet. Dies sind die κλιμακτῆρες Eurip. Hel. 1585:

τέλος δ', ἐπειδὴ ναῦς τὰ πάντ' ἐδέξατο,
πλήσασα κλιμακτῆρας εὐσφύρου ποδὸς
Ἑλένη, καθέζετ' ἐν μέσοις ἐδωλίοις.

Auch unter den beiden κλιμακίδες, die den Trieren mitgegeben wurden, kann ich nichts anderes als Stege verstehen. Sie dienten hier nicht bloß, um von Land an Bord, sondern auch beim Entern, um von Schiff zu Schiff zu gelangen. Der Stege kann kein Schiff entbehren, wohl aber der Leitern.

Sobald also einige Schiffsleute die πρυμνήσια an Land losgeworfen hatten und rasch über den Steg an Bord zurückgekommen waren, wurde dieser eingeholt und dann der Anker gelichtet. Da indes das Schiff nach dem Lösen der Landfesten sich sofort vom Ufer entfernt haben würde, so hätten die Schiffsleute den Steg nicht benutzen können, wenn nicht das Vorschiff so lange durch Stangen oder Staken festgehalten wäre. Eur. Iph. T. 1348:

πρύμνη δ' ἐν ἑστῶτες νεὼς
σπεύδοντες ἦγον διὰ χερῶν πρυμνήσια,
κοντοῖς δὲ πρῶραν εἶχον.

wo ich πρύμνη δ' ἐν statt πρύμνηθεν lese und die einleuchtende Umstellung der Verse von Köchly entlehne. Der Zeitpunkt also, wo das Schiff nur noch durch Staken, die vorn am Schiffe gegen den Grund gestemmt werden, am Ufer zurückgehalten wird, ist der letzte, wo man noch an Bord gelangen kann, und treibt den, der noch mitfahren soll, zur höchsten Eile an. Euripides benutzt das zu einem lebhaften Bilde Alc. 253:

ὁρῶ δίκωπον, ὁρῶ σκάφος.
νεκύων δὲ πορθμεύς, ἔχων χεῖρ' ἐπὶ κοντῷ,
Χάρων μ' ἤδη καλεῖ· τί μέλλεις;
ἐπείγου. σὺ κατείργεις, τάδ' ἕτοιμα.
σπερχόμενος ταχύνει.

Hier ist κοντός keineswegs die Ruderstange.

War zum Loswerfen der Landfesten keine Zeit oder Gefahr damit verbunden, so wurden sie an Bord gekappt, wie von Odysseus, als ihn die Lästrygonen verfolgten. Od. 10, 126:

τόφρα δ' ἐγὼ ξίφος ὀξὺ ἐρυσσάμενος παρὰ μηροῦ
τῷ ἀπὸ πείσματ' ἔκοψα νεὸς κυανοπρώροιο·

Wenn ich die Stelle Apoll. Rh. 1, 1277:

εὐναίας ἐρύσαντες ἀνεκρούσαντο κάλωας

recht verstehe, so wurden die Senksteine oder Anker in der ersten Zeit, wo es noch keine Ankerwinden gab, dadurch gehoben, daß man das Ankertau längs dem Verdeck von vorn nach hinten zog. So wurde mit Menschenkraft das Schiff nach der Stelle geholt, wo der Anker im Grunde lag, und erst wenn es senkrecht darüber stand, brach der Ankerarm aus dem Grunde, in dem er steckte. Wehte aber der Wind vom Lande, so konnte man schon vor dem Ankerlichten das Segel setzen und auf den Anker zusegeln. Man mußte natürlich auch in diesem Falle das Ankertau einholen, aber es wurde doch die Arbeit erleichtert und der Anker vom Schiffe selbst, sobald es an die Stelle kam, wo er lag, aus dem Boden gebrochen. Ach. Tat. 2, 32:
ὡς δὲ ἔδοξεν οὔριον εἶναι πρὸς ἀναγωγὴν τὸ πνεῦμα, θόρυβος ἦν πολὺς κατὰ τὸ σκάφος, τῶν ναυτῶν διαθεόντων τοῦ κυβερνήτου κελεύοντος. ἑλκομένων τῶν κάλων ἡ κεραία περιήγετο, τὸ ἱστίον καθίετο, ἡ ναῦς ἀποσαλεύετο, τὰς ἀγκύρας ἀνέσπων, ὁ λιμὴν κατελείπετο, γῆν γὰρ ἑωρῶμεν ἀπὸ τῆς νηὸς κατὰ μικρὸν ἀναχωροῦσαν, ὡς αὐτὴν πλέουσαν.

Es waren stets nur besonders günstige Umstände, wenn man beim Abfahren sofort das Segel setzen konnte. Lag man in einem geschlossenen Hafen oder in einer engen Bucht, so war für die freie Bewegung des Schiffes unter Segeln kein Raum. Und wenn auch der Wind in See günstig war, so konnte doch derselbe Wind für das Aussegeln aus der Bucht ungünstig sein. War z. B. der Kurs über See Süd, so war ein Nordwestwind diesem sehr günstig. Erstreckte sich nun aber die Bucht von Ost nach West, so war ein Aussegeln daraus nach West gegen den Nordwestwind unmöglich. Und lag man dicht unter einer steilen Küste, wo die Winde aus den Schluchten unstät oder die Fallwinde über die Berge gefährlich waren, so empfahl es sich auch in diesem Falle das Schiff erst unter Remen auf die hohe See zu bringen. Man darf als allgemeine Regel das Verfahren des Odysseus Od. 11, 636 ansehen:
αὐτίκ' ἔπειτ' ἐπὶ νῆα κιὼν ἐκέλευον ἑταίρους
αὐτούς τ' ἀμβαίνειν ἀνά τε πρυμνήσια λῦσαι.
οἱ δ' αἶψ' εἴσβαινον καὶ ἐπὶ κληῖσι καθῖζον.
τὴν δὲ κατ' Ὠκεανὸν ποταμὸν φέρε κῦμα ῥόοιο,
πρῶτα μὲν εἰρεσίῃ, μετέπειτα δὲ κάλλιμος οὖρος.

Apollonius der Rhodier schildert die Abfahrt der Argonauten 1, 528 ff:
οἱ δ' ἀνὰ σέλματα βάντες ἐπισχερὼ ἀλλήλοισιν,
ὡς ἐδάσαντο πάροιθεν ἐρεσσέμεν ᾧ ἐνὶ χώρῳ
εὐκόσμως σφετέροισι παρ' ἔντεσιν ἑδριόωντο.
οἱ δ' ὥστ' ἠΐθεοι Φοίβῳ χορὸν ἢ ἐνὶ Πυθοῖ,

ἤ που ἐν Ὀρτυγίῃ, ἢ ἐφ᾽ ὕδασιν Ἰσμηνοῖο
στησάμενοι, φόρμιγγος ὑπαὶ περὶ βωμὸν ὁμαρτῇ
ἐμμελέως κραιπνοῖσι πέδον ῥήσσωσι πόδεσσιν·
ὣς οἱ ὑπ᾽ Ὀρφῆος κιθάρῃ πέπληγον ἐρετμοῖς
πόντου λάβρον ὕδωρ, ἐπὶ δὲ ῥόθια κλύζοντο. —
οἱ δ᾽ ὅτε δὴ λιμένος περιηγέα κάλλιπον ἀκτὴν
φραδμοσύνῃ μήτι τε δαΐφρονος Ἀγνιάδαο
Τίφυος, ὅς ῥ᾽ ἐνὶ χερσὶν ἐΰξοα τεχνηέντως
πηδάλι᾽ ἀμφιέπεσκ᾽, ὄφρ᾽ ἔμπεδον ἐξιθύνοι,
δὴ ῥα τότε μέγαν ἱστὸν ἐνεστήσαντο μεσόδμῃ
δῆσάν τε προτόνοισι, τανυσσάμενοι ἑκάτερθε
καδδ᾽ αὐτοῦ λίνα χεῦαν, ἐπ᾽ ἠλακάτην ἐρύσαντες,
ἐν δὲ λιγὺς πέσεν οὖρος· ἐπ᾽ ἰκριόφιν δὲ κάλωας
ξεστῇσι περόνῃσι διακριδὸν ἀμφιβαλόντες
Τισαίην εὔκηλοι ὑπὲρ δολιχὴν θέον ἄκρην.

Heliod. Aeth. 5, 1: καὶ παραχρῆμα λιμένων ἐκτὸς ὑπ᾽ εἰρεσίᾳ τὸ πρῶτον ἀνήγοντο· ὡς δὲ λεῖον πνεύματος ἐκ γῆς προσπνεομένου, κῦμα χθαμαλὸν ὑπέτρεχέ τε, καὶ οἷον προσεγέλα τῇ πρύμνῃ, τότε δὴ τὴν ναῦν τοῖς ἱστίοις ὑποφέρειν ἐπέτρεπον.

Ebenso Od. 12, 135 ff. wo man unbegreiflicherweise den Vers 147 athetiert hat. Das ὅπλα ἕκαστα πονέεσθαι ist dasselbe was sonst πάντα κάλων κινεῖν heißt. Sind die Segel gesetzt, dann folgt das κάλωας ξεστῇσι περόνῃσι ἀμφιβάλλειν der eben angeführten Stelle aus dem Apollonius. In der folgenden Stelle der Odyssee heißt jenes ὅπλων ἅπτεσθαι und dieses ὅπλα δέεσθαι.

Nur wenn der Wind so günstig war, daß man sofort den geraden Kurs liegen konnte, setzte man gleich beim Ankeraufgehen das Segel. Od. 2, 414:

οἱ δ᾽ ἄρα πάντα φέροντες ἐϋσσέλμῳ ἐπὶ νηὶ
κάτθεσαν, ὡς ἐκέλευσεν Ὀδυσσῆος φίλος υἱός·
ἂν δ᾽ ἄρα Τηλέμαχος νηὸς βαῖν᾽, ἦρχε δ᾽ Ἀθήνη,
νηὶ δ᾽ ἐνὶ πρυμνῇ κατ᾽ ἄρ᾽ ἕζετο· ἄγχι δ᾽ ἄρ᾽ αὐτῆς
ἕζετο Τηλέμαχος. τοὶ δὲ πρυμνήσι᾽ ἔλυσαν,
ἂν δὲ καὶ αὐτοὶ βάντες ἐπὶ κληῗσι καθῖζον,
τοῖσιν δ᾽ ἴκμενον οὖρον ἵει γλαυκῶπις Ἀθήνη,
ἀκραῆ Ζέφυρον, κελάδοντ᾽ ἐπὶ οἴνοπα πόντον.
Τηλέμαχος δ᾽ ἑτάροισιν ἐποτρύνας ἐκέλευσεν
ὅπλων ἅπτεσθαι· τοὶ δ᾽ ὀτρύνοντος ἄκουσαν.
ἱστὸν δ᾽ εἰλάτινον κοίλης ἔντοσθε μεσόδμης
στῆσαν ἀείραντες, κατὰ δὲ προτόνοισιν ἔδησαν,

ἕλκον δ' ἱστία λευκὰ ἐϋστρέπτοισι βοεῦσιν.
ἔπρησεν δ' ἄνεμος μέσον ἱστίον, ἀμφὶ δὲ κῦμα
στείρῃ πορφύρεον μεγάλ' ἴαχε νηὸς ἰούσης ·
δησάμενοι δ' ἄρα ὅπλα θοὴν ἀνὰ νῆα μέλαιναν
στήσαντο κτλ.

Seit den ältesten Zeiten bis heute befindet sich der Aufenthaltsort für die vornehmeren Reisenden auf dem Hinterdeck, nicht allein, weil man dort dem Wellenspritzen am wenigsten ausgesetzt ist, sondern auch, weil die wichtigsten Geräte, wie Anker und Kabeltaue vorn auf dem Schiffe liegen und dort den Raum beengen und weil sich auch die gemeinen Seeleute z. B. des Ausgucks wegen vorn aufhalten müssen. Nachdem also Athene und Telemachos auf dem Hinterdecke Platz genommen haben, werden die Landfesten gelöst. Senksteine waren wohl gar nicht ausgeworfen, wenn auch das Schiff nach Od. 2, 391 ἐπ' ἐσχατιῇ λιμένος stand. Man setzte sich schon an die Remen, um dasselbe in die See hinaus zu rudern, aber da springt ein günstiger Wind auf, und Telemachos befiehlt, sofort Segel zu setzen. Man richtet den Mast in seinem Mastgat auf und stellt ihn durch die Bugstage fest, heißt das Segel, und der Wind fällt voll hinein, denn das will der Ausdruck „mitten in das Segel" sagen im Gegensatz gegen den Seitenwind, der schräg in das Segel fällt. Und als nun das Schiff Fahrt bekommt, da rauscht vor dem Buge, zu beiden Seiten des Vorstevens, die weiß schäumende Welle, τὸ κῦμα πορφύρεον, auf. Vor dem Winde mit den Wogen läuft es seine Bahn. Nun bringen die Schiffsleute das auf dem Verdeck liegende Tauwerk in Ordnung, indem sie es „aufschießen und belegen" d. h. aufrollen und um die hölzernen Nägel hängen, δησάμενοι τὰ ὅπλα. Es vollzieht sich alles, wie es noch heute geschieht.

Wenn man in die Nähe eines Hafens oder einer Bucht gekommen war, wo man nicht zu befürchten brauchte, auf eine Sandbank oder eine blinde Klippe zu stoßen, weil für den Tiefgang des Schiffes Wasser genug vorhanden, also der λιμήν ein πολυβενθής war, so wurde die Rahe mit dem Segel gestrichen und an Deck oder in den Raum gelegt, der Mast aber mit Hülfe der Bugstage in das Mastgat niedergelassen. So übte der Wind keine Wirkung mehr und das Schiff verlor seine Fahrt. Dann nahm man die Remen zur Hand und ruderte dem Lande zu. Man war dadurch mehr Herr seiner Bewegungen und konnte die Geschwindigkeit nach Bedarf mäßigen. Wäre man mit vollen Segeln auf den Grund gerannt, so würde höchst wahrscheinlich der Mast über Bord gegangen sein. Donat. ad

Aen. 5, 281: Nullus nauta plenis velis venit ad terram, sed cum adhuc in alto est, deponit vela et navigium ad litus remigando perducit. Die Einfahrt der Argo in den Phasis beschreibt Apoll. Rh. 2, 1262:

αὐτίκα δ' ἱστία μὲν καὶ ἐπίκριον ἔνδοθι κοίλης
ἱστοδόκης στείλαντες ἐκόσμεον · ἐν δὲ καὶ αὐτὸν
ἱστὸν ἄφαρ χαλάσαντο παρακλιδόν · ὦκα δ' ἐρετμοῖς
εἰσέλασαν ποταμοῖο μέγαν ῥόον.

Einmal freilich geschah es dem Odysseus, daß er bei Nacht und Nebel unter Segel auf den Strand lief, aber wegen der Vortrefflichkeit des Hafens diesmal ohne Schaden zu nehmen. Od. 9, 136:

ἐν δὲ λιμὴν εὔορμος, ἵν' οὐ χρεὼ πείσματός ἐστιν,
οὔτ' εὐνὰς βαλέειν οὔτε πρυμνήσι' ἀνάψαι,
ἀλλ' ἐπικέλσαντας μεῖναι χρόνον, εἰς ὅ κε ναυτέων
θυμὸς ἐποτρύνῃ καὶ ἐπιπνεύσωσιν ἀῆται.
ἔνθα κατεπλέομεν, καί τις θεὸς ἡγεμόνευεν
νύκτα δι' ὀρφναίην οὐδὲ προυφαίνετ' ἰδέσθαι ·
ἀὴρ γὰρ παρὰ νηυσὶ βαθεῖ' ἦν, , οὐδὲ σελήνη
οὐρανόθεν προύφαινε, κατείχετο δὲ νεφέεσσιν.
ἔνθ' οὔ τις τὴν νῆσον ἐσέδρακεν ὀφθαλμοῖσιν,
οὔτ' οὖν κύματα μακρὰ κυλινδόμενα προτὶ χέρσον
εἰσίδομεν, πρὶν νῆας ἐυσσέλμους ἐπικέλσαι.
κελσάσῃσι δὲ νηυσὶ καθείλομεν ἱστία πάντα
ἐκ δὲ καὶ αὐτοὶ βῆμεν ἐπὶ ῥηγμῖνι θαλάσσης.

Denn wenn der Anlegeplatz vor dem Winde und dem Seeschwalle geschützt war und zugleich einen flachen, weichen Strand hatte, so konnte man das Schiff mit dem Vorderteile hoch auf den Sand laufen lassen. Od. 13, 96:

ἔστι λιμήν, δύο δὲ προβλῆτες ἐν αὐτῷ
ἀκταὶ ἀπορρῶγες, λιμένος ποτιπεπτηυῖαι,
αἵ τ' ἀνέμων σκεπόωσι δυσαήων μέγα κῦμα
ἔκτοθεν · ἔντοσθεν δέ τ' ἄνευ δεσμοῖο μένουσιν
νῆες ἐύσσελμοι, ὅτ' ἂν ὅρμου μέτρον ἵκωνται.
ἔνθ' οἵ γ' εἰσέλασαν πρὶν εἰδότες · ἡ μὲν ἔπειτα
ἠπείρῳ ἐπέκελσεν, ὅσον τ' ἐπὶ ἥμισυ πάσης.

Das πρὶν εἰδότες im vorletzten Verse wird von den Auslegern irrtümlich als „vorher kundige" übersetzt. Es bedeutet: „ehe sie sich dessen versahen."

Ich möchte glauben, daß neben dem homerischen νῆα κέλσαι oder ἐπικέλσαι das Wort χρίμψασθαι ein technischer Ausdruck für dieses Auflaufen auf den Sand gewesen ist. Hom. hymn. in Apoll. 439:

> ἡ δ' ἀμάθοισιν ἐχρίμψατο ποντόπορος νηῦς.

Das Schiff scharrte über den Sand hin. Daß χρίμψασθαι doch mehr ist, als sich nähern, wie man es wohl zu erklären pflegt, ergiebt sich klar aus Apoll. Rh. 2, 1082. Als die Argonauten sich der Insel Asteries nähern, wo die Vögel ihre Federn wie Pfeile schießen, giebt Amphidamas ihnen den Rat, daß sie ihr Schiff mit den Schilden decken und bei Annäherung an die Insel ein lautes Geschrei erheben, dann würden die Vögel entfliehen. Seien sie aber auf der Insel gelandet, dann sollen sie mit den Schilden gewaltigen Lärm machen, ib. 2, 1067:

> εἰ δέ κεν αὐτὴν νῆσον ἱκοίμεθα, δὴ τότ' ἔπειτα
> σὺν κελάδῳ σακέεσσι πελώριον ὄρσατε δοῦπον.

Und so geschieht es 2, 1080. Als sie sich der Insel nähern:

> τοίη ἄρ' ὑψόθι νηὸς ἐς ἠέρα κίδνατ' ἀϋτή,
> οὐδέ τιν' οἰωνῶν ἔτ' ἐσέδρακον, ἀλλ' ὅτε νήσῳ
> χρίμψαντες σακέεσσιν ἐπέκτυπον, αὐτίκ' ἄρ' οἵ γε
> μυρίοι ἔνθα καὶ ἔνθα πεφυζότες ἠερέθοντο.

Hier ist χρίμψασθαι offenbar anlanden in demselben Sinne wie oben im hymn. in Apoll. In derselben Bedeutung steht πόδα χρίμψασθαι Eur. Hel. 533:

> παντοδαπᾶς ἐπὶ γᾶς
> πόδα χριμπτόμενος ἐναλίῳ
> κώπᾳ.

Ein verstärktes χρίμψασθαι, also nicht bloß ein über den Grund hin laufen, sondern ein auf den Grund stoßen ist ἐγχρίμψασθαι Synes. ep. 4: ἐλάθομεν ἐγχρίμψαντες ἀκαρῆ πέτρᾳ προβεβλημένη τῆς γῆς ὅσον εἶναι βραχεῖαν χερρόνησον, also eine blinde Klippe. Ich führe dies alles nur an, weil es vielleicht zur Erklärung der Stelle Od. 10, 516 dient. Versteht man unter χριμφθεὶς πέλας: dort nahe bei der ἀκτή λάχεια, wo du nach meinem Befehle gelandet bist, so erhält man einen ungezwungenen Sinn. Die Auslegungen mit: sich ducken u. s. w. scheinen mir doch etwas sehr gesucht.

Konnte man das Schiff nicht auf den Strand laufen lassen, so mußte man vor Anker gehen. Da man nun aber den Anker nur dann von vorn fallen lassen kann, wenn das Schiff rückwärts geht, so mußte es, sobald Segel und Rahe gestrichen waren, erst mit Hülfe der Remen so gewendet werden, daß das Hinterteil dem Lande zu gerichtet war. Dann ruderte man durch πρύμναν κρούεσθαι über

Steuer. Aristoph. Vesp. 398, Schol. τὸ δὲ πρύμναν κρούσασθαί φασί τινες λέγεσθαι, ὅταν μετακαθίσαντες οἱ ἐρέται, ἐλαύνοιεν ὀπίσω ἐπὶ τὴν πρύμναν, ὅταν εἰς λιμένα εἰσέρχωνται, ἵνα τὴν πρύμναν εἰς γῆν ἔχωσι νεύουσαν καὶ τὴν πρῴραν ἔξω. Der Scholiast hätte sich das φασί τινες sparen können. Das Verfahren ist ein so unbedingt notwendiges, daß man es überall auch da, wo es nicht besonders erwähnt ist, hinzudenken muß. Mit Rücksicht darauf, daß der Anker nur dann hält, wenn das Ankertau nicht zu steil aufrecht steht, paßte man nun den Augenblick, wo man ihn fallen ließ, so ab, daß man sich dem Lande durch Ausstecken des Kabeltaues so weit nähern konnte, als es der Tiefgang des Schiffes zuließ. War man so weit gekommen, so legte man das Ankertau mit einigen Schlägen oder Windungen um den Ständer, λογγασίη, um es so fest zu halten. Dann sprangen einige Leute über Bord in das flache Wasser, um von hinten aus die πρυμνήσια, die Landfesten, mit Hülfe eines einfachen Hakens, der ursprünglichen Gestalt der ἄγκυρα, am Ufer zu befestigen, sicher nicht durch εὐναί, denn da hätte doch der erste beste starke Pflock bessere Dienste geleistet. War so das Schiff festgelegt, so gingen auch die übrigen an Land. Daß man sich dabei auch eines Steges, einer ἀποβάθρα bedienen konnte, versteht sich von selbst. Il. 1, 432:

οἱ δ' ὅτε δὴ λιμένος πολυβενθέος ἐγγὺς ἵκοντο,
ἱστία μὲν στείλαντο, θέσαν δ' ἐν νηὶ μελαίνῃ,
ἱστὸν δ' ἱστοδόκῃ πέλασαν προτόνοισιν ἀφέντες
καρπαλίμως, τὴν δ' εἰς ὅρμον προέρεσσαν ἐρετμοῖς.
ἐκ δ' εὐνὰς ἔβαλον, κατὰ δὲ πρυμνήσι' ἔδησαν,
ἐκ δὲ καὶ αὐτοὶ βαῖνον ἐπὶ ῥηγμῖνι θαλάσσης.

Daß in einem eigentlichen Hafen, wo eine die Schiffahrt als Gewerbe treibende, gebildete Bevölkerung wohnte, durch die Kunst bequeme Vorrichtungen zum Anlegen der Schiffe geschaffen waren, Bollwerke und Kajungen, wie wir sagen, unterliegt keinem Zweifel, und so schreibt denn Homer sie auch den Phäaken zu. Hier befanden sich τρητοὶ λίθοι wie in unseren Docks. Diese Steine können entweder nur das gewesen sein, was wir Steinbollern nennen, glatte, runde wie auf der Drehbank gedrechselte Steinpfosten, um die das Kabel gelegt wurde, oder es waren eingemauerte Quadern mit einem eingebohrten Loche, in das ein Ringbolzen eingelassen war, um ein Tau anbinden zu können. Poll. 10, 134: δακτύλιοι· οὕτω τοὺς τετρημένους λίθους ὠνόμαζον, ὧν τὰ πείσματα ἐξέδουν. Hesych. δακτύλιοι· οἱ τετρημένοι λίθοι, ἐξ ὧν τὰ ἀπόγεια σχοινία ἐξάπτεται. Id. unter τρητοῖο λίθοιο· εἰώθασιν ἐπὶ τῶν λιμένων τρυπᾶν λίθους, ἵνα ἐξ αὐτῶν τὰ ἀπόγεια σχοινία ἐξάπτωσιν. Das letzte kann sich ebenfalls nur auf Quadern mit Ringbolzen beziehen. Denn wenn auch die εὐναί ihrem Zwecke entsprechend durchbohrt sein mußten, wem sollte es wohl einfallen, in die am Hafendamme stehenden Steine ein Loch zu meißeln, um ein Tau durchzustecken? Da hat man es doch bequemer, wenn man das Tau einfach um den Stein herumlegt. Im Altertume legte man, wie wir dies auch thun, die Landfesten, τὰ πρυμνήσια, mit einer am Ende des Taues befindlichen Schleife oder Schlinge um einen Stein oder Pfahl am Ufer. Wir nennen eine solche Schlinge einen Pfahlstich, bei den Griechen hieß sie βρόχος. Plut. mor. pag. 446:

ναῦς ὅστις ἐκ μὲν γῆς ἀνήρηται βρόχοις,
πνεῖ δ' οὖρος, ἡμῖν δ' εὖ κρατεῖ τὰ πείσματα.

Nimmt man τρητοὶ λίθοι aber als gedrehte Steine, als Steinholler, so werden auch die τρητοὶ λέχεες bei Homer Bettstellen sein, die nicht die gewöhnlichen vierkantigen, sondern rundgedrehte, zierliche Bettpfosten hatten.

War ein langer Aufenthalt am Lande beabsichtigt, so begnügte man sich nicht damit, das Schiff nur mit dem Vorderteile auf den Strand laufen zu lassen, sondern zog es ganz auf das Land. Man nannte dies Aufholen, wie bereits oben erwähnt, νεωλκεῖν. Den größten Widerstand leistete dabei der Kiel, weil er sich durch den Grund hätte schneiden müssen, und deshalb grub man für ihn eine Furche, einen Graben, οὐρός, Il. 2, 153. Dann legte man Taue um das Schiff, σπείρας Od. 6, 269, τοὺς μεγάλους κάλως, δι' ὧν ἕλκονται αἱ νῆες, wie der Scholiast erklärt, die κλωστοῦ ναὸς λίνα ἀμφίβολα bei Eur. Troad. 538, und zog mit diesen und schob mit angestemmten und stützenden Händen das Schiff über den schräg aufsteigenden Strand auf das Land hinauf. Da es aber in einer geneigten Lage eine unsichere Stellung behalten hätte, so zog man es so hoch hinauf, daß es ebenen Boden unter sich hatte. Dann stand es vollständig aufrecht, und dies ist der Sinn, der technische Begriff des ὑψοῦ ἐπὶ ψαμάθοις. Il. 1, 485:

νῆα μὲν οἵ γε μέλαιναν ἐπ' ἠπείροιο ἔρυσσαν
ὑψοῦ ἐπὶ ψαμάθοις, ὑπὸ δ' ἕρματα μακρὰ τάνυσσαν.

In bezug auf die ἕρματα, durch die man das Schiff stützte, sind verschiedene Meinungen geäußert. Vom technischen Standpunkte aus müßte man sich wohl dafür entscheiden, daß es schräg aufrecht gegen das Schiff gelehnte Streben gewesen sind, wie wir sie unter dem Namen Schoren auch auf unseren Werften benutzen. Nur solche und nicht untergelegte Steine, für die weder das Wort τανύειν noch das Wort μακρά passen würde, können dem Schiffe gegen einen starken Seitenwind einen festen Halt geben. Auch die Stelle im hymn. in Apoll. 507, wo παρά und nicht ὑπό gebraucht ist, scheint dafür zu sprechen. Immerhin könnte beides gemeint sein; denn daß thatsächlich Steine als Stützen, wenn auch nicht gerade als Unterlage benutzt wurden, sehen wir aus Hesiod. opp. 622:

νῆα δ' ἐπ' ἠπείρου ἐρύσαι, πυκάσαι τε λίθοισι
πάντοθεν, ὄφρ' ἴσχωσ' ἀνέμων μένος ὑγρὸν ἀέντων.

Die unter das Schiff gelegten ἕρματα könnten den Nebenzweck gehabt haben, den Boden des Schiffes von der feuchten Erde freizuhalten. Es hätte dann freilich eines besonderen Verfahrens bedurft, sie so unter das Schiff zu bringen, daß dies frei darauf ruhte und von einem solchen findet sich nirgends etwas erwähnt. Auch die Il. 14, 410 erwähnten ἕρματα νηῶν brauchen nicht Steine zu sein, die unter das Schiff gelegt wurden; es könnten auch εὐναί darunter verstanden werden. Bei dem νεωλκεῖν mußte ja das Schiff vorher so viel wie möglich erleichtert werden, und deshalb wurden nicht nur πάντα ὅπλα, wie Mast, Rahe, Segel, Remen u. a., sondern auch gerade die schwersten Gegenstände wie die εὐναί vorher aus dem Schiffe an das Land geschafft und blieben dort so lange liegen, bis man wieder abfuhr. Daß man bei ἕρματα nicht an untergelegte Walzen, φάλιγγες, denken darf, wie dies doch von mehreren Seiten geschehen ist, zeigt deutlich Il. 2, 154, wo man sie wegnimmt, um das Schiff zu Wasser zu bringen. Gerade hiebei hätten Walzen den besten Dienst geleistet, wie wir dies oben beim Ablaufen des Schiffes gesehen haben.

8. Das Blockschiff des Odysseus.

Um von der Insel der Kalypso nach der Heimat zu fahren, zimmert sich Odysseus eine σχεδίη. Was für ein Fahrzeug hat Homer mit diesem Worte bezeichnen wollen? Die lateinischen Ausleger, die sich von der Sache wohl keine klare Vorstellung machen konnten, haben sich sehr gut aus der Verlegenheit gezogen, indem sie dafür das Wort ratis gebrauchten; denn dichterisch kann darunter jedes Fahrzeug vom trägen Floß bis zum schnellsegelnden Seeschiffe verstanden werden. Aber das lateinische Wort ist für die deutschen Übersetzer dadurch verhängnisvoll geworden, daß diese sich an seine ursprüngliche Bedeutung gehalten und es durch „Floß" wiedergegeben haben. Soweit ich den Gebrauch dieses deutschen Wortes für σχεδίη rückwärts habe verfolgen können, hat schon Hans Sachs sich seiner bedient, und ihm, der die See nie zu Gesicht bekommen hat, mag man das verzeihen. Aber die neueren Übersetzer hätten ihm darin nicht folgen sollen; nur Wilhelm Jordan, soviel ich sehe, hat erkannt, daß man damit einen Mißgriff begehe, und vorgeschlagen σχεδίη durch Notkahn zu übersetzen. Man braucht kein Seemann zu sein, um schon aus dem Verfahren des Odysseus zu erkennen, daß es sich für ihn nicht um ein Floß handelt. Angenommen, er hätte sich ein solches zimmern wollen, wozu dann das Behauen und Abschlichten der gefällten Bäume? Ein Floß hat seine Schwimmfähigkeit doch davon, daß Holz leichter ist als Wasser, und dabei kommt es auf die Gestalt gar nicht an. Er hätte sich mit dem Bearbeiten der runden Bäume zu glatten, vierkantigen Balken die unnützeste, thörichteste Mühe gegeben. Jeder Span, den er weghieb, hätte eben so gut mit tragen helfen, wie das überbleibende Holz. Bei einem Floße leisten runde Balken ganz dasselbe wie vierkantige und können ebensogut wie diese durch darüber genagelte Querleisten an einander befestigt werden. Wie gesagt, allein schon das Verfahren des Odysseus schließt den Gedanken an ein Floß aus. Dazu kommt nun aber, daß unter allen Fahr=

zeugen, die ein Seemann, und wäre er auch noch lange kein Odysseus, zu einer Seereise benützen möchte, ein Floß sicher das allerletzte sein würde. Beim Schiffbruche ist ihm ja auch der einzelne Balken willkommen, an den er sich zu seiner Rettung anklammern kann; und hat er auf See, wenn sein Schiff sinken will, kein Boot, so wird er Balken, Bretter, Fässer, alles was ihm gerade zur Hand ist, zu einem Floße verbinden. Wenn er aber am Lande Holz zur Auswahl, Werkzeug zur Bearbeitung und Zeit zur Ausführung hat, dann darf man ihm nicht zumuten, daß er das unbeholfenste, geradezu verzweifelte Rettungsmittel wählt und sich ein Floß baut, um damit über See zu fahren. Odysseus selbst spricht es Od. 5, 174 aus, daß gegen den Schwall der Meereswogen nur ein wirkliches Seeschiff schütze; man darf ihm wohl zutrauen, daß er etwas dem ähnliches, eine wenn auch kleine, doch jedenfalls κοίλη ναῦς und nicht ein plattes Floß gebaut haben wird, von dem ihn die erste beste Sturzwelle fortgespült hätte, wenn es nicht vielleicht selbst sofort gekentert, d. h. umgeschlagen wäre. Auch widerspricht die Vorstellung, die sich die Ausleger nach den Angaben Homers von der σχεδίη machen, geradezu dem Begriffe, den wir mit einem Floße verbinden, da sie es mit aufrecht stehenden Wandungen versehen. Keinenfalls also ist die Übersetzung Floß die richtige; da wäre schon das Wort Prahm zutreffender gewesen, ein kastenartiges Fahrzeug, wie wir solche für eine Schiffbrücke, ein ζεῦγμα, eine γέφυρα, gebrauchen.

Auch der Gebrauch, den die Schriftsteller von dem Worte σχεδίη machen, nötigt uns nicht, an dem Begriffe Floß festzuhalten. So z. B. heißt es bei Euripides Hec. 113 von der athenischen Flotte:

τὰς ποντοπόρους δ᾽ ἔσχε σχεδίας
λαίφη προτόνοις ἐπερειδομένας.

Dichterisch also kann das Wort σχεδίη wie ratis ein wirkliches Seeschiff bezeichnen. Polybius erzählt 3, 46, daß Hannibal 37 Elefanten auf einmal über die Rhone gesetzt habe, indem er zwei σχεδίας mit einander verbunden. Man braucht nur eine oberflächliche Rechnung zu machen, um einzusehen, daß zwei aus grünem Holze gemachte Flöße, um 37 Elefanten zu tragen, eine solche Größe hätten haben müssen, daß daran gar nicht gedacht werden kann. Hier wird offenbar σχεδία die Bedeutung Prahm haben.

Ebenso haben die alten Grammatiker das Wort nicht in der engen Bedeutung aufgefaßt, die wir mit einem Floße verbinden. Das Scholion zu der oben erwähnten Stelle des Euripides lautet:
σχεδία · ναῦς ἀκατασκεύαστος ἀπὸ ξύλων μόνων ἀπερίττως συντεθειμένη.

νῦν δὲ τὰς ναῦς λέγει τῶν Ἑλλήνων σχεδίας. σχεδία δὲ κατὰ τοὺς παλαιοὺς ἡ σὺν τάχει γενομένη ναῦς. Der Scholiast zu Od. 5, 136 erklärt σχεδίη als ein roh zusammengeschlagenes Schiff: τὴν εἰκαίως κατασκευασθεῖσαν ναῦν. Hesychius hat σχεδίη · καὶ τὸ ἐκ χειρὸς πατάξαι οὕτω λέγεται. καὶ ἡ εἰκαίως πεποιημένη ναῦς · διάβασις, γέφυρα, ζεῦγμα. Daraus geht so viel hervor, daß σχεδίη, mag es nun ein kleines Schiff oder einen Prahm oder einen Anleger bedeuten, ein aus Balken roh und plump zusammengezimmertes Werk ist, dem aber nicht etwa die Tauglichkeit oder Festigkeit, sondern nur die gefällige Ausführung, so zu sagen der Hobel fehlt. Odysseus hat sich εἰκαίως, dessen Sinn in diesem Falle vortrefflich durch ἐκ χειρὸς „von der Faust weg" wiedergegeben wird, aber ἐπισταμένως eine μικρὰ ναῦς gerade so aus Balken gezimmert, wie sich der Ansiedler aus Baumstämmen ein Blockhaus erbaut.

Wie groß oder wie klein ein Fahrzeug sein muß, das sich eine durch den Verlust ihres Schiffes in Not geratene Mannschaft zu ihrer Rettung bauen will, hängt in jedem einzelnen Falle von den Umständen ab und ist eine technisch nautische Frage. In diesem Falle lautet sie: wenn ein erfahrener, aber auf sich allein angewiesener Seemann in die Lage kommt, sich aus bloßen Balken mit Hülfe von Axt, Beil und Bohrer und in Besitz von Tauwerk und Segeltuch irgend eine Art von Seeschiff für sich bauen zu müssen, wie wird er dies ausführen? Ich glaube, daß die Andeutungen, die Homer giebt, vollständig genügen, um uns von der σχεδίη, die sich Odysseus gezimmert hat, ein bis ins einzelne deutliches Bild zu geben. Noch heute würde der auf eine einsame Insel verschlagene Seemann unter gleichen Verhältnissen wie Odysseus, sich höchst wahrscheinlich eine ganz ähnliche σχεδίη bauen, schwerlich eine bessere. Ich will die Beschreibung zunächst im Zusammenhang hersetzen und dann die einzelnen Angaben erläutern. Es heißt Od. 5, 234:

Καλυψὼ δῖα θεάων
δῶκέν οἱ πέλεκυν μέγαν, ἄρμενον ἐν παλάμῃσιν
χάλκεον, ἀμφοτέρωθεν ἀκαχμένον · αὐτὰρ ἐν αὐτῷ
στειλειὸν περικαλλὲς ἐλάϊνον, εὖ ἐναρηρός ·
δῶκε δ' ἔπειτα σκέπαρνον ἐΰξοον · ἦρχε δ' ὁδοῖο
νήσου ἐπ' ἐσχατιῆς, ὅθι δένδρεα μακρὰ πεφύκει,
κλήθρη τ' αἴγειρός τ', ἐλάτη τ' ἦν οὐρανομήκης,
αὖα πάλαι, περίκηλα, τά οἱ πλώοιεν ἐλαφρῶς.
αὐτὰρ ἐπεὶ δὴ δεῖξ', ὅθι δένδρεα μακρὰ πεφύκει,
ἡ μὲν ἔβη πρὸς δῶμα Καλυψὼ δῖα θεάων,

αὐτὰρ ὁ τάμνετο δοῦρα · θοῶς δέ οἱ ἤνυτο ἔργον.
εἴκοσι δ᾽ ἔκβαλε πάντα, πελέκκησεν δ᾽ ἄρα χαλκῷ,
ξέσσε δ᾽ ἐπισταμένως καὶ ἐπὶ στάθμην ἴθυνεν.
τόφρα δ᾽ ἔνεικε τέρετρα Καλυψὼ δῖα θεάων ·
τέτρηνεν δ᾽ ἄρα πάντα καὶ ἥρμοσεν ἀλλήλοισιν,
γόμφοισιν δ᾽ ἄρα τήν γε καὶ ἁρμονίῃσιν ἄρασσεν.
ἴκρια δὲ στήσας, ἀραρὼν θαμέσι σταμίνεσσιν,
ποίει · ἀτὰρ μακρῇσιν ἐπηγκενίδεσσι τελεύτα.
ἐν δ᾽ ἱστὸν ποίει καὶ ἐπίκριον ἄρμενον αὐτῷ ·
πρὸς δ᾽ ἄρα πηδάλιον ποιήσατο, ὄφρ᾽ ἰθύνοι.
φράξε δέ μιν ῥίπεσσι διαμπερὲς οἰσυΐνῃσιν,
κύματος εἶλαρ ἔμεν · πολλὴν δ᾽ ἐπεχεύατο ὕλην.
τόφρα δὲ φάρε᾽ ἔνεικε Καλυψὼ δῖα θεάων
ἱστία ποιήσασθαι · ὁ δ᾽ εὖ τεχνήσατο καὶ τά.
ἐν δ᾽ ὑπέρας τε κάλους τε πόδας τ᾽ ἐνέδησεν ἐν αὐτῇ,
μοχλοῖσιν δ᾽ ἄρα τήν γε κατείρυσεν εἰς ἅλα δῖαν.
τέτρατον ἦμαρ ἔην, καὶ τῷ τετέλεστο ἅπαντα.

Als Werkzeug erhält Odysseus von Kalypso einen πέλεκυν ἀμφοτέρωθεν ἀκαχμένον und ein σκέπαρνον, eine Axt und ein Breit=
beil, denn das ist der technische Ausdruck für σκέπαρνον, nicht Schlicht=
beil, obgleich mit diesem Worte der Zweck sehr geeignet bezeichnet
wird. Man hat ἀμφοτέρωθεν ἀκαχμένον mit doppelschneidig über=
setzt und den πέλεκυν für eine Doppelaxt gehalten, wie es die Streit=
axt ἀξίνη wohl fast ausnahmslos gewesen sein wird. Aber eine
Zimmeraxt muß, wie der technische Ausdruck heißt, einen Nacken
haben, weil sie ja oft genug, z. B. beim Spalten der Bäume durch
Keile, oder in unserem Falle beim Eintreiben der γόμφοι, den Hammer
ersetzen oder auch selbst als Keil eingetrieben werden muß. Auch
deshalb darf sie nicht die Form einer Doppelaxt haben, weil sie
wegen der Lage des Schwerpunktes sehr unbequem zu handhaben
und der Arbeit sehr hinderlich sein würde; kein Zimmermann würde
sie statt der einfachen gebrauchen. Kalypso aber hatte dem Odysseus,
wie ja ausdrücklich bemerkt wird, einen πέλεκυν ἄρμενον ἐν παλάμῃσιν
gegeben. Ich möchte deshalb die Erklärung „von beiden Seiten
angeschärft oder angeschliffen" vorschlagen, denn eben das bezeichnet
den Gegensatz zwischen Axt und Breitbeil, daß jene an ihrer Schneide
von beiden Seiten angeschliffen ist, dieses aber nur von einer Seite
angeschliffen sein darf, weil die andere eine glatte, ganz ebene Fläche
bilden muß. Bei dieser Auffassung würde man das letztere auch
Halbaxt nennen können, denn der in der Mitte nach der Länge des

Stiels durchgeschnittene πέλεκυς giebt in jeder Hälfte ein σκέπαρνον, und damit hätten wir eine Erklärung für die ἡμιπέλεκκα der Ilias.

Mit der Axt fällt nun Odysseus zwanzig große Bäume, Pappeln, Erlen und Tannen, sämtlich ausgetrocknet und leicht, also von großer Schwimmfähigkeit, so daß das Blockschiff kleiner ausfallen darf, als wenn es aus frischem, schwerem Holze gezimmert werden müßte; aber auch wegen ihres weichen Holzes leicht zu bearbeiten. Dann wählt er von den Tannen die aus, welche sich zu Mast, Rahe und Steuer= ruder eignen, behaut die übrigen mit Axt und Breitbeil zu glatten Balken und kappt von ihnen, da ihm die Säge fehlt, mit der Axt und nach der Meßschnur Stücke von entsprechender Länge ab. Nun bringt ihm Kalypso Bohrer, und mit deren Hülfe sowie mit der Axt und dem Breitbeil verbindet Odysseus die δούρατα unter einander γόμφοισιν καὶ ἁρμονίῃσιν.

Was sind hier γόμφοι und ἁρμονίαι? Ich glaube man übersetzt die Worte am besten durch „Nägel und Falze", und bemerke dabei, daß Nagel hier im Sinne des deutschen Seemanns genommen ist, bei dem stumpfe Pflöcke von Holz Nägel, solche von Metall Bolzen und unsere spitzen eisernen Nägel Spiker heißen, daß Falz aber wie ἁρμονία ein etwas allgemeiner Ausdruck ist und eine Verbindung bedeutet, bei der ein In= oder Auf= oder Übereinanderlegen durch Einknicken oder Einschieben stattfindet. Klammern würden hier nicht passen; wie möchten doch wohl in unserem Falle hölzerne Klammern beschaffen gewesen sein? Für die Feststellung der technischen Aus= drücke bei den Gewerben des Altertums ist leider noch wenig geschehen und man kommt dabei nur zu oft in Verlegenheit. Ich hätte gern einmal das griechische Wort für vernieten gehabt, habe aber keine Auskunft erhalten können. Das Wort findet sich wohl in den deutsch=griechischen Wörterbüchern, aber das ihm entsprechen sollende griechische ist entweder ein allgemeines, welches nichts mehr sagt als Festmachen, also keineswegs das Vernieten ausdrückt, oder es wird eine Umschreibung gegeben, die den Beweis liefert, daß der Lexikograph den Begriff des Wortes vernieten gar nicht gekannt hat. Man sollte in einem solchen Falle lieber ausdrücklich sagen, daß das entsprechende griechische Wort bis jetzt nicht nachgewiesen ist und bann wenigstens eine zutreffende Umschreibung geben. Untersuchen wir nun, wie sich die alten Grammatiker unsere beiden technischen Aus= drücke zurechtlegen, so drängt sich uns sogleich die Überzeugung auf, daß ihnen die eigentliche Fachkenntnis abgeht. Sie haben ohne zu wissen, was wirklich gemeint ist, nur eine allgemeine Vorstellung von dem, was gemeint sein könnte. Der Scholiast zu Od. 5, 248 erklärt γόμφοισιν durch: οἷς ἁρμόζεται τὰ ξύλα πρὸς ἄλληλα · ἢ πασσάλοις, ἢ πλατέσιν ἐπιούροις, ἢ σφῆναις. Hesychius hat γόμφοι · μύλοι, σφῆνες, δεσμά, ἄρθρα, σύνδεσμοι. Man sollte doch glauben, daß diese Erklärungen eher zu dem allgemeinen Begriffe ἁρμονίαι paßten, als zu dem besonderen γόμφοι, der schwerlich alle diese verschiedenen Bedeutungen gehabt hat. Die Grammatiker haben eben selbst nicht gewußt, was in unserem Falle unter γόμφοις zu verstehen sei und dem Leser die Auswahl überlassen. Hesychius hat deshalb auch γόμφοις · ταῖς τῶν ξύλων ἁρμογαῖς. Es giebt nun aber eine solche Menge von Holzverbänden, daß sie mit den genannten weitaus nicht erschöpft sind, so z. B. fehlen, um nur eines zu nennen, die ἧλοι. Und was haben wir unter den vorgenannten Wörtern, über die uns die Ausleger und die Lexica wieder in Stich lassen, eigentlich zu verstehen? Offenbar sind es, mit Ausnahme der allgemeinen Bezeichnungen δεσμά und σύνδεσμοι für Verband und ἄρθρα für Gelenk, lauter ἐμβλήματα oder ἔμβολα, wobei die Verbindung durch Hineinstecken hergestellt wird. Die πάσσαλοι sind Pflöcke oder Zapfen, und die ἧλοι, die vorzugsweise von Metall waren, Bolzen, beide stumpf, da auf spitze Nägel nicht die Sprichwörter passen: ἄλλῳ ἥλῳ ἐκκρούειν τὸν ἧλον, vgl. Lucian: Apol. pro merc. cond. 9 und pro lapsu in sal. 7; oder: οἱ πάτταλοι παττάλοις ἐκκρούονται, vgl. Synes. ep. 45. Die σφῆνες sind Keile und können als solche zur Befestigung dienen, wie man z. B. in den Stiel der Axt am Ende einen Keil einschlägt, um ihn im Axtöhr festzuzwängen. Vielleicht wird das Wort in vielen Stellen besser durch Zwinge übersetzt, die ja auch einen keilförmigen Einschnitt hat. Auch könnte es eine Verbindung bezeichnen, die wir „Verband auf dem Schweinsrücken" nennen, wo eine längs der Kante keilförmig abgeschärfte Planke in eine andere, deren Kante keilförmig eingeschnitten ist, eingeschoben wird. Unter ἐπιούροις, welches Wort offenbar mit οὐρός, Furche, zusammenhängt, möchte ich das verstehen, was wir „Nut und Feder" nennen; und μύλοι sind die rechteckigen Zähne oder Zinken bei dem Verbande durch Verkammung, während πελεκῖνες die Verbindung durch Schwalbenschwänze bezeichnet. Da nun die σφῆνες, ἐπίουροι und μύλοι besondere Werkzeuge, einen Nuthobel oder eine Säge und Stemmeisen voraussetzen und deshalb auch mehr von Tischlern als von Zimmerleuten gebraucht werden, so bleiben als γόμφοι nur die πάσσαλοι übrig. Und was die ἁρμονίαι betrifft, so konnte Odysseus, der auf Axt, Beil und Bohrer beschränkt war, gar keine geeignetere und bessere Art der Zusammenfügung wählen, als eben die, die unsere Zimmerleute am meisten gebrauchen, das „Verblatten"; er hätte sie selbst dann wählen müssen, wenn ihm noch Säge und Hobel zur Hand gewesen wären. Auf einem der Breite gleichen Abstande vom Ende des Balkens schlug er mit dem Breitbeile eine scharfe Kerbe bis zur halben Dicke des Balkens, legte diesen dann auf die Seite, so daß die Kerbe aufrecht stand, und hieb das Stück an der Seite von der Kerbe bis zum Ende des Balkens mit dem Beile ab; es blieb dann ein quadratisches Blatt von der halben Dicke des Balkens stehen, und so konnte er durch Übereinander=legen zweier Blätter in die Quere die Balken „verblatten" oder „falzen". Bohrte er dann Löcher hindurch und schlug hölzerne Nägel in dieselben, so hatte er die den Umständen nach beste Verbindung hergestellt. Die Nägel oder Holzpflöcke aber erhielt er unmittelbar durch Zerspalten der abgeschlagenen Blätter. Für γόμφοι καὶ ἁρμονίαι wüßte ich, wie gesagt, keine treffendere Übersetzung als „Nägel und Falze."

Die abgemessenen und zugehauenen Balken werden nun von Odysseus als σταμῖνες und ἴκρια zusammengefügt. Beides sind auf=recht stehende Hölzer, jene die unteren schräg, diese die oberen ganz aufrecht. Zuerst legte er die σταμῖνες mit ihren recht=winkligen Blättern auf einander, durchbohrt die letzteren und treibt die Holznägel durch die Löcher. Dann legt er an die Enden der σταμῖνες die ἴκρια mit ihren schiefwinkligen Falzen und befestigt sie ebenso mit Pflöcken. So wird durch die Verbindung der vier Hölzer

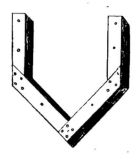

das gebildet, was von unseren Seeleuten ein „Spant" genannt wird und bei den Griechen δρύοχος hieß. Das Wort σταμίς, lat. statumen, hat sich in seiner ursprünglichen Bedeutung noch im Italienischen als stamenale erhalten und könnte im Deutschen durch den technischen Ausdruck „Kimmsitzer" wiedergegeben werden; ἴκρια aber sind das, was der Seemann „Auflangen" nennt. Über die Bedeutung dieser

Hölzer sind auch die alten Ausleger einig. Der Scholiast zu Od. 5, 163 erklärt ἴκρια · τὰ ὀρθὰ ξύλα, ἐφ' ὧν τὰ τῆς νεὼς καταστρώματα πήγνυται, τὰ ἐγκοίλια λεγόμενα παρ' ἡμῖν. Vergl. oben S. 33 u. S. 38.

Nachdem die ausreichende Zahl einzelner Spanten auf ebener Ebene fertig geworden, stellt Odysseus sie aufrecht, eines vor das andere, zwischen zwei als Schienen nach dem Wasser führende Balken, und nachdem er wieder auf einander passende Löcher darin eingebohrt hat, fügt er sie durch eingeschlagene Holznägel fest zusammen. So werden sie θαμέες, nicht wie bei anderen Seeschiffen, wo sie in gewissen Abständen von einander stehen und eine Art von Fachwerksbau bilden, sondern dicht an einander, wie die Balken eines Blockhauses. Er vollendet dann die Arbeit am Rumpfe, indem er vorn und hinten und an den Seiten Quer- und Längshölzer nagelt, die ἐπηγκενίδες, "Spannhölzer", wie wir sie nennen würden, und von denen μακραί die Längshölzer sind, auf deren eines sich Odysseus bei der Zertrümmerung des Fahrzeuges schwingt, um sich von ihm tragen zu lassen. Der Scholiast hat zu dieser Stelle: ἐπηγκενίδεσσι · ταῖς ἐπικειμέναις δοκοῖς. Und Hesychius ἐπηγκενίδες · τὰ διηνεκῆ τῆς σχεδίας ξύλα. αἱ εἰς μῆκος καθηλούμεναι σανίδες. οἱ δὲ τὰ παραθέματα ἢ πλάγια.

Nachdem der Rumpf fertig gestellt ist, handelt es sich darum, den Mast einzusetzen. Derselbe hat so gut bei kleinen wie bei großen Schiffen eine doppelte Befestigung nötig, die eine für seinen Fuß auf dem Boden des Schiffes, ἱστοπέδη Od. 12, 51, bei uns "Mastspur", die andere in der Höhe der Deckbalken als Widerlage, um sich dagegen zu lehnen, μεσόδμη Od. 2, 424, bei uns „Fischung". Da nun bei großen Schiffen der Mastfuß auf dem Binnenkiel, dem Kolschwinn, steht, bei den kleinen, denen dieser fehlt, in einem festen Stück Holz, welches auf den Boden genagelt ist, vergl. oben S. 47, so lag Odysseus der Gedanke nur zu nahe, seinem Fahrzeuge einen Binnenkiel zu geben, der den doppelten Vorteil bot, den Verband der Spanten im Boden zu verstärken und zugleich in einer Öffnung den Fuß des Mastes aufzunehmen. Er wählte deshalb einen vierkantigen Balken von der Länge einer ἐπηγκενίς μακρά, hieb in der Mitte desselben oder vielmehr aus nautischen Gründen etwas vor der Mitte nach vorn hin gegen die scharfe Kante eine tiefe Kerbe, bohrte von beiden Seiten Löcher, so daß sie abwechselnd je das zweite Spant trafen, bohrte ebenso in die entsprechenden σταμῖνες ein Loch, legte den Balken auf die Kante, mit der Kerbe nach oben, in den inneren Winkel des Bodens, vernagelte ihn mit den Spanten und hatte so einen Binnen=

kiel, der in seiner Kerbe den Maſtfuß aufnahm und zugleich zu einer weſentlichen Verſtärkung des Verbandes diente, ſo daß die σχεδίη mit vollem Rechte Od. 5, 33 und 7, 264 eine πολύδεσμος genannt werden konnte. Die zweite Befeſtigung liegt bei großen Schiffen im Verdeck; bei kleinen, die ohne Verdeck ſind, dient dazu der „Segelbalken". Deshalb legte Odyſſeus vor der Stelle, wo ſich im Boden die ἱστοπέδη befand, einen abgeblatteten Balken quer über Bord und vernagelte ihn ſowohl auf die ἴκρια als auf die ἐπηγκενίδες μακραί. Es wäre nun aber ſehr thöricht geweſen, wenn er, wie man dies wohl angegeben findet, in den Segelbalken eine Öffnung gehauen hätte, um den Maſt aufzunehmen. Das geſchieht wohl auf Flußkähnen, die keinen ſtarken Segeldruck auszuhalten haben, ſchwächt aber die Widerſtandskraft des Balkens in hohem Grade. Er nagelte deshalb quer auf denſelben alſo in der Längsrichtung des Schiffes, zwei ſtarke Hölzer, bei uns „Scheerſtöcke" genannt und bildete ſo recht eigentlich eine μεσόδμη, deren urſprüngliche Bedeutung ja die einer niſchenartigen Vertiefung zwiſchen zwei vorſpringenden Pfeilern iſt, Od. 19. 37, Schol. τὰ μεταξὺ τῶν κιόνων διαφράγματα, οἵ τινες ἦσαν περὶ τοὺς τοίχους, τὰ ἄκρα βαστάζοντες τῶν δοκῶν. Vgl. oben S. 48.

Nun beſchafft Odyſſeus das Zeug des Schiffes, Maſt, Rahe, Steuerremen, Segel und Taue. Er kappt von einer der zurück= gelegten Tannen das für den Maſt geeignete Stück ab, behaut das untere dickere Ende keilförmig, ſo daß es in der Maſtſpur ſtehen kann, und durchbohrt das obere, dünnere Ende etwas unterhalb der Spitze quer gegen die Richtung der unteren Keilſchärfe, um durch dies Loch das Tau, womit die Rahe geheißt wird, durchſtecken zu können. Darauf kappt er in entſprechender Länge den Tannenſchaft, der ihm zur Rahe dienen ſoll, und bearbeitet dann mit dem Beile einen anderen Tannenſchaft zum Steuerremen, welcher aus einem einzigen, längeren Stücke Holz beſteht, aber am Ende in ein breites Blatt ausläuft, ganz in der Form unſerer gewöhnlichen Ruder oder Remen. Aber er giebt ſeinem Schiffe auch noch eine Schutzwandung gegen die Sturzwellen durch einen eigentlichen Zaun, indem er zu beiden Seiten und an den Enden auf den ἐπηγκενίδες ſenkrechte Löcher einbohrt, Holzpflöcke hineinſchlägt und dieſe mit Weidenzweigen durchflicht. Auf den Boden aber, aus dem der Binnenkiel mit ſeiner ſcharfen Kante hervorragt, ſchüttet er Holzſpäne, Zweige und Laub in Menge, aber nicht etwa zu dem Zwecke, um das Schiff zu ballaſten, ſondern um ſich eine weiche, bequeme Lagerſtätte zu bereiten. Das

Blockschiff bedurfte keines Ballastes, um aufrecht zu stehen, andernfalls wären ja Erde und Steine des Gewichtes wegen dazu viel tauglicher gewesen. Es ist übrigens unbegreiflich, wie gerade diejenigen, die $\sigma\chi\epsilon\delta\iota\eta$ mit Floß übersetzen, unter $\H{v}\lambda\eta$ haben Ballast verstehen können. Dadurch würde ja die ohnehin schon geringe Tragfähigkeit des Floßes noch mehr verringert. Wenn man sie zur Verfügung hat, so bindet man wohl noch leere Tonnen unter das Floß, um seine Schwimmfähigkeit zu erhöhen, schüttet aber nie und nimmer Ballast darauf. Um das einzusehen, braucht man doch kein Seemann zu sein.

Nachdem Kalypso Segeltuch und Tauwerk gebracht hat, schneidet Odysseus das Segel zu, säumt es und schlägt es an, indem er es durch ein Reihtau, welches durch Ösen am oberen Ende des Segels gesteckt wird, an die Rahe reiht. Darauf schneidet er die verschiedenen Taue je nach der erforderlichen Länge ab. Zunächst dasjenige, womit die Rahe geheißt wird, in mehr als doppelter Länge der Masthöhe. Er steckt es von hinten nach vorn durch das in den Mast gebohrte Loch, legt es um die Mitte der Rahe und verhütet durch eine eigentümliche Art des Umschlingens, wie sie der Seemann kennt, das Verschieben. Er hätte es auch durch ein vorher in die Rahe gebohrtes Loch stecken und durch einen Knoten am Durchschlüpfen hindern können, aber die Rahe wäre dann eher dem Brechen ausgesetzt gewesen. Dieses Tau diente ihm zunächst zum Aufheißen der Rahe, wurde aber, wenn die Rahe mit dem Segel geheißt war, hinten an Bord festgesetzt und stützte nun den Mast gegen den Segeldruck. Daher sein Name $\epsilon\pi\iota\tau o\nu o\varsigma$ Od. 12, 423. Als Stütztau könnten wir es mit „Backstag" übersetzen, während wir es als Heißtau mit „Fall" bezeichnen würden. Auch wir benutzen in unseren Booten das Fall zugleich als Backstag. Um den doppelten Zweck zu bezeichnen, geben wir es wohl am besten durch „Spanntau" wieder. Ein zweites Tau, ebenfalls von mehr als doppelter Länge der Masthöhe, schlingt er mit seiner Mitte um das obere Mastende oberhalb des dort eingebohrten Loches und befestigt die beiden Enden, wenn mit ihrer Hülfe der Mast aufgerichtet ist, vorn am Schiffe zur rechten und linken Seite. Es sind dies die $\pi\rho\acute{o}\tau o\nu o\iota$, die den Mast nach vorn festhalten, so daß er nicht hintenüber fallen kann, Od. 12, 409, und die wir deshalb „Bugstage" nennen können. Diese drei Taue, der $\epsilon\pi\iota\tau o\nu o\varsigma$ und die $\pi\rho\acute{o}\tau o\nu o\iota$ sind die $\kappa\acute{a}\lambda o\iota$ Homers. Dann knüpft er an die beiden Enden der Rahe die Taue fest, die $\acute{v}\pi\acute{\epsilon}\rho a\iota$ genannt werden und bei uns „Brassen" heißen. Sie dienen dazu, die Rahe nach der

Richtung des Windes seitlich zu wenden. Die Erklärung des Scholiasten zu 260: ὑπέρας· τοὺς ἐκ τοῦ ἄκρου τῆς ὀθόνης ἐξημμένους κάλους ist insofern nicht genau, als die Brassen nicht am Segel, sondern an der Rahe befestigt sind. Endlich knotet er in die beiden unteren Zipfel des Segels die Taue ein, welche πόδες genannt werden und bei uns „Schoten" d. h. Schoßtaue heißen. Mit ihnen wird das aufgeheißte Segel nach unten festgehalten und gegen den Winddruck angestrafft. Die Verse 258—260 würden mit ihren technischen Ausdrücken wohl so wiedergegeben werden können:

Darauf brachte Kalypso, die göttliche Nymphe, Gewebe,
Segel daraus zu bereiten, und kunstvoll fertigt er alles,
Brassen zur Rah' und Stage zum Mast und Schoten
zum Segel.

Nachdem so an Land alles angefertigt und angepaßt ist, bringt Odysseus sein Fahrzeug mit Hülfe von Hebeln zu Wasser. Es bedarf wohl kaum der Erwähnung, daß das Schiff nicht mit seiner ganzen Ausrüstung abläuft, sondern daß diese ebenso wie der von Kalypso mitgegebene Vorrat an Lebensmitteln erst nach dem Ablaufen an Bord gebracht wird.

Seit ich mir das im Vorstehenden gegebene Bild von der σχεδίη entworfen habe, sind viele Jahre verflossen; um so mehr überrascht war ich, als ich beim Durchlesen des Lykophron vor nicht langer Zeit auf die folgende Stelle stieß. Alex. 745:

ἀναυλόχητον, αὐτοκαύδαλον σκάφος
βῆναι ταλάσσει καὶ κυβερνήσει τάλας
αὐτουργότευκτον βᾶριν, εἰς μέσην τρόπιν
εἰκαῖα γόμφοις προστεταργανωμένην.
ἧς, οἷα τυτθόν, Ἀμφίβαιος ἐκβράσας
τῆς κηρύλου δάμαρτος ἀπτῆνα σπόρον
αὐταῖς μεσόδμαις καὶ σὺν ἰκρίοις βαλεῖ
πρὸς κῦμα δύπτην ἐμπεπληγμένον κάλοις.

Man hat also auch im Altertume in der σχεδίη keineswegs ein Floß, sondern eine Art Kahn, βᾶρις, gesehen und ihm sowohl einen Kiel, τρόπις, als auch einen Segelbalken mit Scheerhölzern, μεσόδμη, gegeben.

Der mit Homer vertraute Leser hat bemerkt, daß ich in der hier besprochenen Stelle die drei Verse 249—251:

ὅσσον τίς τ' ἔδαφος νηὸς τορνώσεται ἀνὴρ
φορτίδος εὐρείης, ἐῢ εἰδὼς τεκτοσυνάων,
τόσσον ἐπ' εὐρεῖαν σχεδίην ποιήσατ' Ὀδυσσεύς.

ausgelassen habe. Ich mußte sie ausschießen, weil sie baren Unsinn enthalten. Wenn jemand einem Kreise seefahrtkundiger Männer erzählen wollte, er habe sein Boot so groß gemacht, wie ein Kauffahrteischiff, so würde das mit mehr als Heiterkeit aufgenommen werden, denn diese Seegeschichte ginge doch über alle Jagdgeschichten. Diese Verse sind von einem Stubennautiker eingeschoben, der in der Beschreibung des Baues den Hinweis auf v. 163 vermißte, wo Kalypso den Odysseus auffordert, sich ein geräumiges Fahrzeug, εὐρεῖαν σχεδίην, anzufertigen. Das hat dieser gethan, aber über das Notwendige ist er sicher nicht hinausgegangen. Eine Vergrößerung des Bodens forderte auch die des ganzen Schiffes, nicht bloß der Wandungen, sondern auch, was hier noch weit mehr in Betracht kommt, die des Mastes, der Rahe und des Segels. Hätte Odysseus das große schwerfällige Fahrzeug mit einem kleinen Segel in Bewegung setzen wollen, so konnte das nur auf Kosten der Geschwindigkeit geschehen; er hätte dann um so länger in See sein müssen. Wie sollte er so thöricht sein? Sieht man auch von der Möglichkeit ab, ob ein solches Ungetüm von einem einzelnen Manne selbst mit Hülfe von Hebeln ins Wasser zu schieben gewesen wäre, Odysseus würde für sich allein nicht im stande gewesen sein, den Mast aufzurichten und die Rahe mit dem Segel aufzuheißen. Und wie schwierig wäre doch ein so großes, plumpes Blockschiff zu steuern gewesen! Wenn ich sehe, wie unbefangen man an diesen Versen vorübergegangen ist, während man andere auf die kleinlichsten Bedenken hin hat athetieren wollen, so kann ich den Gedanken an das Kameele verschlucken und Mücken seigen nicht von mir abwehren. Um nur einen mit dem hier behandelten Gegenstande unmittelbar in Verbindung stehenden Punkt zu erwähnen, so verstehe ich nicht, wie man daran hat Anstoß nehmen können, daß Odysseus sich während seiner achtzehntägigen Seefahrt, während er nach den Gestirnen ausschaute, um sein Schiff danach zu steuern, also während der Nacht nie vom Schlafe hat überwältigen lassen. Auch wenn Homer dies mit keinem Worte berührt hätte, würde sich jeder Seemann doch sofort gesagt haben, daß Odysseus zur Nachtzeit kein Auge schließen und nur am lichten Tage sich den nötigen Schlaf gönnen durfte. Da hatte er auf viele Meilen voraus den Blick frei, um zu sehen, ob er sich auch wohl dem Lande und einer gefahrvollen Küste nähere. Erblickte er nichts als Luft und Wasser, so konnte er getrost sein Ruder mittschiffs festbinden, das Schiff dem Winde lassen und sich selbst auf einige Stunden sorglos dem Schlafe hingeben. Wäre das Schiff auch einmal aus dem Ruder gelaufen, die anders geartete Bewegung und das Flattern des Segels hätten ihn sofort geweckt. Bei Nacht aber mußte er den schärfsten Ausguck halten, ob vielleicht Brandung voraus sichtbar würde und er Gefahr lief, an felsiger Küste sein Schiff zu zerschellen. Homer ist mit allen seemännischen Dingen so vertraut, wie es nur ein Seemann sein kann, aber man muß selbst wenigstens ein Stück von einem solchen sein, um dafür das Verständnis zu haben.

9. Der Schiffbruch des Paulus.

Es waren bereits zwei Jahre verflossen, seit Paulus in Jerusalem verhaftet und nach Cäsarea gebracht war. Weshalb man ihn so lange in Gefangenschaft hielt, geht aus den uns erhaltenen Nachrichten nicht mit Sicherheit hervor. Vielleicht hoffte man, daß er seine Berufung auf den Kaiser, die eine Reise nach Rom nötig machte, zurücknehmen werde, vielleicht fehlte es an einer passenden Gelegenheit, mit der man ihn hätte nach Italien senden können, denn anders als zur See konnte dies füglich nicht geschehen. Endlich im Spätsommer des Jahres 61 konnte die Reise angetreten werden, über die wir von Lucas, dem Begleiter des Paulus den folgenden Bericht haben.

Apostelgeschichte 27 und 28.

1. Ὡς δὲ ἐκρίθη τοῦ ἀποπλεῖν ἡμᾶς εἰς τὴν Ἰταλίαν, παρεδίδουν τόν τε Παῦλον καί τινας ἑτέρους δεσμώτας ἑκατοντάρχῃ, ὀνόματι Ἰουλίῳ, σπείρης Σεβαστῆς.

2. Ἐπιβάντες δὲ πλοίῳ Ἀδραμυττηνῷ, μέλλοντι πλεῖν εἰς τοὺς κατὰ τὴν Ἀσίαν τόπους ἀνήχθημεν, ὄντος σὺν ἡμῖν Ἀριστάρχου Μακεδόνος Θεσσαλονικέως.

3. Τῇ τε ἑτέρᾳ κατήχθημεν εἰς Σιδῶνα· φιλανθρώπως τε ὁ Ἰούλιος τῷ Παύλῳ χρησάμενος ἐπέτρεψε πρὸς τοὺς φίλους πορευθέντα ἐπιμελείας τυχεῖν.

1. Als nun über unsere Abfahrt nach Italien Beschluß gefaßt war, übergaben sie Paulus und einige sonstige Gefangene einem Hauptmanne mit Namen Julius, von der kaiserlichen Schar.

2. Wir gingen aber an Bord eines Adramyttenischen Schiffes, welches die Plätze an der Küste Asiens anlaufen sollte, und segelten ab. Und mit uns war Aristarchos aus Thessalonich in Macedonien.

3. Und anderen Tages liefen wir in Sidon ein. Und da Julius den Paulus menschenfreundlich behandelte, erlaubte er ihm, seine Freunde zu besuchen und ihrer Pflege zu genießen.

4. Κἀκεῖθεν ἀναχθέντες ὑπεπλεύσαμεν τὴν Κύπρον διὰ τὸ τοὺς ἀνέμους εἶναι ἐναντίους.

5. Τό τε πέλαγος τὸ κατὰ τὴν Κιλικίαν καὶ Παμφυλίαν διαπλεύσαντες κατήλθομεν εἰς Μύρρα τῆς Λυκίας.

6. Κἀκεῖ εὑρὼν ὁ ἑκατοντάρχης πλοῖον Ἀλεξανδρῖνον πλέον εἰς τὴν Ἰταλίαν, ἐνεβίβασεν ἡμᾶς εἰς αὐτό.

7. Ἐν ἱκαναῖς δὲ ἡμέραις βραδυπλοοῦντες καὶ μόλις γενόμενοι κατὰ τὴν Κνίδον, μὴ προσεῶντος ἡμᾶς τοῦ ἀνέμου, ὑπεπλεύσαμεν τὴν Κρήτην κατὰ Σαλμώνην.

8. Μόλις τε παραλεγόμενοι αὐτὴν ἤλθομεν εἰς τόπον τινὰ καλούμενον Καλοὺς λιμένας, ᾧ ἐγγὺς ἦν πόλις Ἄλασσα.

9. Ἱκανοῦ δὲ χρόνου διαγενομένου καὶ ὄντος ἤδη ἐπισφαλοῦς τοῦ πλοὸς διὰ τὸ καὶ τὴν νηστείαν ἤδη παρεληλυθέναι, παρῄνει ὁ Παῦλος

10. Λέγων αὐτοῖς· ἄνδρες, θεωρῶ, ὅτι μετὰ ὕβρεως καὶ πολλῆς ζημίας οὐ μόνον τοῦ φορτίου καὶ τοῦ πλοίου, ἀλλὰ καὶ τῶν ψυχῶν ἡμῶν μέλλειν ἔσεσθαι τὸν πλοῦν.

11. Ὁ δὲ ἑκατοντάρχης τῷ κυβερνήτῃ καὶ τῷ ναυκλήρῳ ἐπείθετο μᾶλλον, ἢ τοῖς ὑπὸ τοῦ Παύλου λεγομένοις.

12. Ἀνευθέτου δὲ τοῦ λιμένος ὑπάρχοντος πρὸς παραχειμασίαν, οἱ πλείονες ἔθεντο βουλὴν ἀναχθῆναι

4. Und von dort segelten wir ab und schifften unter Cypern hin, weil uns der Wind entgegen war.

5. Und nachdem wir die See längs Cilicien und Pamphylien durchschifft hatten, kamen wir nach Myrrha in Lycien.

6. Daselbst fand der Hauptmann ein Alexandrinisches Schiff, das nach Italien bestimmt war, und brachte uns an Bord desselben.

7. Da wir aber viele Tage hindurch wenig Fahrt machten und mit Mühe gen Knidos gekommen waren, denn der Wind wehrte uns, liefen wir unter Kreta hin, Salmone vorbei.

8. Und mühsam die Küste entlang fahrend kamen wir nach einem Platze, genannt Schönhafen; in dessen Nähe die Stadt Alassa lag.

9. Nachdem aber viel Zeit vergangen war und die Schifffahrt bereits gefährlich wurde, weil auch die Faste schon vorüber war, warnte Paulus

10. Und sprach zu ihnen: Lieben Männer, ich sehe, daß die Fahrt mit Frevel und großer Einbuße nicht allein an Ladung und Schiff, sondern auch an unseren Leben vor sich gehen wird.

11. Aber der Hauptmann ließ sich mehr durch den Schiffer und den Schiffsherrn bestimmen, als durch das was Paulus sagte.

12. Da indes der Hafen nicht zum Überwintern gelegen war, beschloß die Mehrzahl weiter zu

ἐκεῖθεν, εἴπως δύναιντο καταντήσαντες εἰς Φοίνικα παραχειμάσαι, λιμένα τῆς Κρήτης βλέποντα κατὰ λίβα καὶ κατὰ χῶρον.

13. Ὑποπνεύσαντος δὲ νότου δόξαντες τῆς προθέσεως κεκρατηκέναι, ἄραντες ἆσσον παρελέγοντο τὴν Κρήτην.

14. Μετ' οὐ πολὺ δὲ ἔβαλε κατ' αὐτῆς ἄνεμος τυφωνικός, ὁ καλούμενος εὐρακύλων.

15. Συναρπασθέντος δὲ τοῦ πλοίου καὶ μὴ δυναμένου ἀντοφθαλμεῖν τῷ ἀνέμῳ, ἐπιδόντες ἐφερόμεθα.

16. Νησίον δέ τι ὑποδραμόντες καλούμενον Καῦδα, μόλις ἰσχύσαμεν περικρατεῖς γενέσθαι τῆς σκάφης·

17. Ἣν ἄραντες βοηθείαις ἐχρῶντο, ὑποζωννύντες τὸ πλοῖον· φοβούμενοί τε, μὴ εἰς τὴν Σύρτιν ἐκπέσωσι, χαλάσαντες τὸ σκεῦος οὕτως ἐφέροντο.

18. Σφοδρῶς τε χειμαζομένων ἡμῶν, τῇ ἑξῆς ἐκβολὴν ἐποιοῦντο.

19. Καὶ τῇ τρίτῃ αὐτόχειρες τὴν σκευὴν τοῦ πλοίου ἔρριψαν.

20. Μήτε δὲ ἡλίου μήτε ἄστρων ἐπιφαινόντων ἐπὶ πλείονας ἡμέρας, χειμῶνός τε οὐκ ὀλίγου ἐπικειμένου, λοιπὸν περιῃρεῖτο πᾶσα ἐλπὶς τοῦ σώζεσθαι ἡμᾶς.

fahren, ob sie wohl Phönix zum Überwintern erreichen könnten, einen Hafen von Kreta, der unter dem Südwest- und Nordwestwinde liegt.

13. Und da ein leichter Südwind aufkam, glaubten sie ihr Vorhaben ausführen zu können, brachen auf und fuhren dicht an Kreta hin.

14. Nicht lange danach aber fiel auf das Schiff eine Windsbraut, genannt Nordoster.

15. Da nun das Schiff fortgerissen wurde und nicht mit dem Kopfe in den Wind zu bringen war, gaben wir es auf und trieben dahin.

16. Wir liefen aber unter ein kleines Eiland, genannt Kauda und konnten uns kaum des Bootes bemächtigen.

17. Als sie das eingesetzt hatten, wandten sie Schutzmittel an und gürteten das Schiff. Und da sie fürchteten, sie möchten in die Syrte geraten, ließen sie das Geschirr nieder und trieben so.

18. Und da wir schwer vom Sturme litten, warfen sie am folgenden Tage Ladung.

19. Und am dritten Tage warfen sie eigenhändig das Zeug des Schiffes über Bord.

20. Da aber die meisten Tage weder Sonne noch Sterne schienen und kein kleiner Sturm uns bedrängte, entschwand uns auch die letzte Hoffnung auf Rettung.

21. Πολλῆς τε ἀσιτίας ὑπαρχού-
σης, τότε σταθεὶς ὁ Παῦλος ἐν μέσῳ
αὐτῶν εἶπεν· ἔδει μέν, ὦ ἄνδρες,
πειθαρχήσαντάς μοι μὴ ἀνάγεσθαι
ἀπὸ τῆς Κρήτης, κερδῆσαί τε τὴν
ὕβριν ταύτην καὶ τὴν ζημίαν.

22. Καὶ τὰ νῦν παραινῶ ὑμᾶς
εὐθυμεῖν· ἀποβολὴ γὰρ ψυχῆς οὐ-
δεμία ἔσται ἐξ ὑμῶν, πλὴν τοῦ
πλοίου.

23. Παρέστη γάρ μοι ταύτῃ τῇ
νυκτὶ ἄγγελος τοῦ θεοῦ, οὗ εἰμὶ
ἐγώ, ᾧ καὶ λατρεύω,

24. Λέγων· μὴ φοβοῦ, Παῦλε·
Καίσαρί σε δεῖ παραστῆναι, καὶ ἰδού,
κεχάρισταί σοι ὁ θεὸς πάντας τοὺς
πλέοντας μετὰ σοῦ.

25. Διὸ εὐθυμεῖτε, ἄνδρες·
πιστεύω γὰρ τῷ θεῷ, ὅτι οὕτως ἔσται,
καθ᾽ ὃν τρόπον λελάληταί μοι.

26. Εἰς νῆσον δέ τινα δεῖ ἡμᾶς
ἐκπεσεῖν.

27. Ὡς δὲ τεσσαρεσκαιδεκάτη
νὺξ ἐπεγένετο διαφερομένων ἡμῶν
ἐν τῷ Ἀδρίᾳ, κατὰ μέσον τῆς νυκτὸς ὑπενόουν οἱ ναῦται προσάγειν
τινὰ αὐτοῖς χώραν,

28. Καὶ βολίσαντες εὗρον ὀργυιὰς
εἴκοσι, βραχὺ δὲ διαστήσαντες καὶ
πάλιν βολίσαντες εὗρον ὀργυιὰς δε-
καπέντε·

29. Φοβούμενοί τε, μήπω κατὰ
τραχεῖς τόπους ἐκπέσωσιν, ἐκ πρύμνης ῥίψαντες ἀγκύρας τέσσαρας
ηὔχοντο ἡμέραν γενέσθαι.

30. Τῶν δὲ ναυτῶν ζητούντων
φυγεῖν ἐκ τοῦ πλοίου καὶ χαλασάντων

21 Und da nun Viele alle Nahrung von sich wiesen, trat Paulus mitten unter sie und sprach: Lieben Männer, man hätte auf mich hören und nicht von Kreta in See gehen und uns die Buße für diesen Frevel ersparen sollen.

22. Und nun ermahne ich Euch, daß Ihr getrost seid, denn keine Seele von uns wird verloren gehen, nur das Schiff.

23. Denn diese Nacht trat ein Engel des Gottes zu mir, des ich bin, dem ich auch diene,

24. Und sprach: Fürchte dich nicht, Paulus. Du sollst vor den Kaiser treten, und siehe, Gott hat dir geschenkt alle, die mit dir im Schiffe sind.

25. Darum, lieben Männer, seid getrost, denn ich glaube Gott, daß es so geschehen wird, wie mir gesagt ist.

26. Wir werden aber an einer Insel landen müssen.

27. Als aber die vierzehnte Nacht kam und wir durch die Adria trieben, war es um Mitternacht, als die Schiffsleute merkten, daß sie sich dem Lande näherten.

28. Und da sie das Lot warfen, fanden sie zwanzig Faden, und als sie kurz darauf wieder loteten, fanden sie fünfzehn Faden.

29. Und da sie fürchteten, auf Klippen zu stoßen, ließen sie hinten vom Schiffe vier Anker fallen, und sehnten sich, daß es Tag würde.

30. Da aber die Schiffsleute vom Schiffe zu fliehen suchten und

τὴν σκάφην εἰς τὴν θάλασσαν, προφάσει ὡς ἐκ πρώρας μελλόντων ἀγκύρας ἐκτείνειν,

31. Εἶπεν ὁ Παῦλος τῷ ἑκατοντάρχῃ καὶ τοῖς στρατιώταις· ἐὰν μὴ οὗτοι μείνωσιν ἐν τῷ πλοίῳ, ὑμεῖς σωθῆναι οὐ δύνασθε.

32. Τότε οἱ στρατιῶται ἀπέκοψαν τὰ σχοινία τῆς σκάφης καὶ εἴασαν αὐτὴν ἐκπεσεῖν.

33. Ἄχρι δὲ οὗ ἔμελλεν ἡμέρα γίνεσθαι, παρεκάλει ὁ Παῦλος ἅπαντας μεταλαβεῖν τροφῆς, λέγων· τεσσαρεσκαιδεκάτην σήμερον ἡμέραν προσδοκῶντες ἄσιτοι διατελεῖτε, μηδὲν προσλαβόμενοι.

34. Διὸ παρακαλῶ ὑμᾶς μεταλαβεῖν τροφῆς· τοῦτο γὰρ πρὸς τῆς ὑμετέρας σωτηρίας ὑπάρχει. οὐδενὸς γὰρ ὑμῶν θρὶξ ἐκ τῆς κεφαλῆς ἀπολεῖται.

35. Εἰπὼν δὲ ταῦτα καὶ λαβὼν ἄρτον εὐχαρίστησε τῷ θεῷ ἐνώπιον πάντων, καὶ κλάσας ἤρξατο ἐσθίειν.

36. Εὔθυμοι δὲ γενόμενοι πάντες καὶ αὐτοὶ προσελάβοντο τροφῆς.

37. Ἦμεν δὲ ἐν τῷ πλοίῳ αἱ πᾶσαι ψυχαὶ διακόσιαι ἑβδομήκοντα ἕξ.

38. Κορεσθέντες δὲ τροφῆς ἐκούφιζον τὸ πλοῖον, ἐκβαλλόμενοι τὸν σῖτον εἰς τὴν θάλασσαν.

39. Ὅτε δὲ ἡμέρα ἐγένετο, τὴν γῆν οὐκ ἐπεγίνωσκον· κόλπον δέ τινα κατενόουν ἔχοντα αἰγιαλόν, εἰς ὃν

das Boot zu Wasser brachten unter dem Vorwande, sie wollten vorn aus dem Schiffe Anker ausbringen,

31. Sprach Paulus zu dem Hauptmanne und zu den Kriegsleuten: Wenn diese nicht im Schiffe bleiben, könnet Ihr nicht gerettet werden.

32. Da kappten die Kriegsleute die Taue vom Boote und ließen es treiben.

33. Bevor es aber Tag werden wollte, mahnte Paulus, daß alle ihr Speiseteil nähmen und sprach: Es ist heute der vierzehnte Tag, daß Ihr vor Angst und Sorgen ungegessen geblieben seid, da Ihr Euch nichts geholt habt.

34. Darum ermahne ich Euch, daß Ihr Euer Speiseteil nehmt, denn das dient zu Eurer Rettung. Denn Keinem von Euch wird auch nur ein Haar vom Haupte umkommen.

35. Und als er das gesagt hatte, nahm er Brot, dankte Gott vor Aller Augen, brach es und fing an zu essen.

36. Da wurden sie alle getrosten Mutes und holten sich auch Speise.

37. Unser waren aber im ganzen zweihundertsechsundsiebenzig Seelen im Schiffe.

38. Und als sie sich gesättigt hatten, leichteten sie das Schiff und warfen den Weizen ins Meer.

39. Da es aber Tag ward, kannten sie das Land nicht; sie wurden aber einer Bucht gewahr,

ἐβουλεύοντο, εἰ δύναιντο, ἐξῶσαι τὸ πλοῖον.

40. Καὶ τὰς ἀγκύρας περιελόντες εἴων εἰς τὴν θάλασσαν, ἅμα ἀνέντες τὰς ζευκτηρίας τῶν πηδαλίων. καὶ ἐπάραντες τὸν ἀρτέμωνα τῇ πνεούσῃ κατεῖχον εἰς τὸν αἰγιαλόν.

41. Περιπεσόντες δὲ εἰς τόπον διθάλασσον, ἐπέκειλαν τὴν ναῦν· καὶ ἡ μὲν πρῷρα ἐρείσασα ἔμεινεν ἀσάλευτος, ἡ δὲ πρύμνα ἐλύετο ὑπὸ τῆς βίας.

42. Τῶν δὲ στρατιωτῶν βουλὴ ἐγένετο, ἵνα τοὺς δεσμώτας ἀποκτείνωσι, μή τις ἐκκολυμβήσας διαφύγῃ.

43. Ὁ δὲ ἑκατοντάρχης, βουλόμενος διασῶσαι τὸν Παῦλον, ἐκώλυσεν αὐτοὺς τοῦ βουλήματος, ἐκέλευσέ τε τοὺς δυναμένους κολυμβᾶν ἀποῤῥίψαντας πρώτους ἐπὶ τὴν γῆν ἐξιέναι.

44. Καὶ τοὺς λοιποὺς οὓς μὲν ἐπὶ σανίσιν οὓς δὲ ἐπί τινων τῶν ἀπὸ τοῦ πλοίου. καὶ οὕτως ἐγένετο πάντας διασωθῆναι ἐπὶ τὴν γῆν.

1. Καὶ διασωθέντες τότε ἐπέγνωμεν, ὅτι Μελίτη ἡ νῆσος καλεῖται.

die einen Strand hatte, auf den sie wo möglich das Schiff auflaufen lassen wollten.

40. Und sie warfen die Anker los, sie dem Meere lassend, und löseten zugleich die Bande der Steuerruder. Und indem sie das Vorsegel vor den Wind holten, hielten sie auf den Strand zu.

41. Und da sie an einen Außengrund gerieten, stießen sie mit dem Schiffe auf. Und das Vorderteil saß unbeweglich fest; das Hinterteil aber brach auf von dem Wogenschwalle.

42. Die Kriegsleute aber ratschlagten, die Gefangenen zu töten, daß nicht Jemand durch Schwimmen entflöhe.

43. Der Hauptmann aber, der den Paulus retten wollte, wehrte ihrem Vorhaben und hieß, die da schwimmen konnten, zuerst überspringen und sich auf das Land retten.

44. Die übrigen aber, etliche auf Brettern, etliche auf Wrackstücken vom Schiffe. Und so geschah es, daß alle erhalten zu Lande kamen.

1. Und als wir gerettet waren, erfuhren wir, daß die Insel Melite heiße.

Diesen Bericht will ich im folgenden nach seiner nautischen Seite erläutern.

1. Als nun über unsere Abfahrt nach Italien Beschluß gefaßt war, übergaben sie Paulus und einige sonstige Gefangene einem Hauptmanne mit Namen Julius, von der kaiserlichen Schar.

2. Wir gingen aber an Bord eines Abramyttenischen Schiffes, welches die Plätze an der Küste Asiens anlaufen sollte, und segelten

ab. Und mit uns war Aristarchus aus Thessalonich in Makedonien.

Da Paulus sich auf den Kaiser berufen hatte, so brauchte nicht beschlossen zu werden, daß er nach Italien reisen solle, das stand von Hause aus fest. Wohl aber mußte man einen Beschluß darüber fassen, zu welcher Zeit und mit welcher Gelegenheit die Reise angetreten werden sollte, und das habe ich durch die Übersetzung anzudeuten gesucht. Die Ablösung der einen von den fünf in Cäsarea stehenden Kohorten, die von dem Centurio Julius befehligt wurde und ihren Beinamen wohl davon hatte, daß sie zur Leibwache des Kaisers gehörte, bot Gelegenheit, um nicht nur den Paulus, sondern auch einige sonstige Gefangene unter sicherer Bewachung nach Rom zu überliefern. Hätte in Cäsarea ein geradeswegs nach Italien segelndes Schiff gelegen, so würde man diesem den Vorzug gegeben haben; das wird aber nicht der Fall gewesen sein. Man benutzte gewöhnlich, wie das auch von Titus bei seiner Rückkehr aus Judäa nach Rom geschah, Suet. Tit. 5, den Weg über Alexandrien. Keine andere Seestadt hatte einen so lebhaften Verkehr mit Rom wie diese, und dort hätte man sicher eine passende Gelegenheit zur Weiterreise gefunden. Aber auch ein nach Alexandrien bestimmtes Schiff von solcher Größe, daß es einige hundert Reisende hätte aufnehmen können, wird man nicht zur Verfügung gehabt haben, und so wählte man eines, welches nach Adramyttium zu Haus gehörte, einer Stadt Mysiens im Innern der Bucht, vor der die Insel Lesbos liegt; jetzt Edremid genannt. Ältere Gelehrten haben geglaubt, daß unter Adramyttion vielleicht das an der libyschen Küste gelegene, sonst freilich wenig genannte Adrymeton zu verstehen sei. Sie würden wohl nicht auf diesen Gedanken gekommen sein, wenn sie den, damals noch nicht veröffentlichten, Stadiasmus maris magni gekannt hätten, aus dem oben auf S. 8 ff. ein Abschnitt mitgeteilt ist. Wir sehen aus § 116, daß dies Adrymeton keinen Hafen hatte, sich also auch nicht mit Reederei befassen konnte. Da das Schiff auf seiner Heimreise mehrere Plätze an der Küste Kleinasiens anlaufen sollte, so durfte man hoffen, wenigstens in einem derselben ein anderes Schiff zu treffen, welches die Weiterbeförderung nach Italien übernehmen konnte, und, wie wir sehen werden, wurde diese Hoffnung nicht getäuscht. — Die Leseart μέλλοντι der ältesten und besten Handschriften wird so sehr von der Sachlage gefordert, daß man sie in den Text hätte aufnehmen müssen, wenn sie auch nicht so gut bezeugt wäre. Der Handelsverkehr Cäsareas mit Adramyttium war nicht so bedeutend, daß ein großes Schiff eine volle Ladung dahin hätte finden können, es mußte auch noch Stückgüter für Orte einnehmen, die auf dem Wege zu Haus bequem angelaufen werden konnten, und das waren die an der kleinasiatischen Küste. Was den Hauptmann oder gar die Gefangenen hätte veranlassen sollen, sich diese Plätze anzusehen, ist nicht zu begreifen. Benutzte doch auch der Hauptmann die erste Gelegenheit, die sich ihm bot, das Schiff zu verlassen. — Das Wort ἀνάγεσθαι, hinauffahren, mit seinem Gegensatze κατάγεσθαι, hinabfahren, beruht auf einer Anschauung der Küstenbewohner, die allen seefahrenden Völkern gemeinschaftlich ist. Für denjenigen, der eine horizontale Ebene von oben betrachtet, muß nach den Gesetzen der Perspektive der entferntere Punkt höher liegen, als der nähere. Für den am Strande Stehenden ist der nächste, vor den Füßen befindliche Punkt der See der tiefste; will der Beobachter die Wasserfläche weiter verfolgen, so muß er sein Auge erheben, und die entfernteste dem Auge sichtbare Wasserlinie, wo der Himmel auf der Erde zu ruhen scheint, ist die höchste. Man sieht das ja auf jedem Bilde. So scheint auch dem Auge des am Strande Stehenden die See wie ein Hügel aufzusteigen, und ein Schiff, welches sich vom Strande entfernt, diesen Hügel hinaufzufahren. Der deutsche Seemann nennt deshalb das äußerste dem Auge sichtbare Wasser die Seehöhe, und das, was in dieser Entfernung und noch weiter hinaus liegt, ist ihm die hohe See. Umgekehrt wird dem aus See kommenden das Land erst dann sichtbar, wenn er bis zu dieser Linie gelangt ist, und der deutsche Seemann sagt, daß er auf die Höhe eines Ortes gekommen ist, wenn es ihm eben über der Wasserlinie wie von einem erstiegenen Hügel aus sichtbar wird. So heißt denn auch bei den Griechen ἀνάγεσθαι, hinauffahren, so viel wie in See gehen oder auslaufen, und κατάγεσθαι, hinabfahren, so viel wie an Land fahren oder einlaufen. Die Wörter sind nautische termini technici und finden sich schon bei Homer. Auf derselben Anschauung beruht der weiter unten mehrmal vorkommende Ausdruck ἐκπίπτειν, aus der hohen See auf Land geraten oder, wie der deutsche Seemann sagt, auf Land verfallen. In demselben Sinne heißt sich dem Lande allmählich nähern bei uns nach Land zu sacken, d. h. nach dem Lande zu niedersinken.

3. Und anderen Tages liefen wir in Sidon ein. Und da Julius den Paulus menschenfreundlich behandelte, erlaubte er ihm seine Freunde zu besuchen und ihrer Pflege zu genießen.

Der Kurs von Cäsarea nach Sidon ist Nordnordost, und die Distanz 69 Seemeilen, von denen 60 auf den Grad des mittleren Erdumfangs gehen. Das Schiff brauchte also nur 3 Knoten, d. h.

in der Stunde 3 Seemeilen zu laufen, um in 23 Stunden hinzugelangen. Da Paulus in leichter Haft gehalten wurde, wo man Besuche machen und empfangen durfte, so gestattete ihm der Hauptmann, an Land zu gehen und mit seinen Freunden zu verkehren, wahrscheinlich unter der gebräuchlichen Sicherheitsmaßregel in Begleitung eines Soldaten, an dessen Arm der Gefangene, um nicht entfliehen zu können, mit einer Kette gefesselt wurde. Senec. ep. 5. Eadem catena et custodiam et militem copulat.

4. Und von dort segelten wir ab und fuhren unter Cypern hin, weil uns der Wind entgegen war.

Der nächste Ort, für den das adramyttenische Schiff Ladung hatte, war Myrrha, wie er hier genannt wird, in Lycien. Sonst heißt die Stadt im Stadiasmus maris magni Ἀλμυρά und bei Ptolemäus und sonst Λίμυρα, vgl. darüber Müller: Geogr. graeci min. Vol. 1, pag. 492. Sie liegt etwas binnenlands an dem Flusse gleichen Namens. Aus Λίμυρα wird wohl die Leseart Λύστρα des Cod. Sinait. und der Vulgata entstanden sein. Der gerade Kurs von Sidon nach Myrrha ist ungefähr Nordwest und läßt Cypern zur rechten liegen. Daß man ihn nicht einschlug, ist ein Beweis dafür, daß der Wind West war. Möglicher- oder vielmehr wahrscheinlicherweise hatte er auch schon die vorhergehenden Tage aus dieser Richtung geweht, denn für den Nordnordostkurs von Cäsarea nach Sidon war es ein günstiger Wind. Aber gegen einen Westwind konnte das Schiff nicht Nordwest, sondern höchstens Nord steuern.

Es wird hier am Orte sein, über die Beziehungen zwischen dem Schiffskurse und dem Winde, sowie über die darauf bezüglichen seemännischen Ausdrücke einige Worte zu sagen. Der Seemann mißt Winkel nach Strichen und teilt den rechten Winkel in acht Striche, sodaß der ganze Umkreis des Horizontes und ihm entsprechend der Kompaß 32 Strich zählt. Wie groß muß nun der Winkel sein, den der Wind mit dem Schiffskurse macht, damit der Schiffer seinen geraden Kurs verfolgen und den Wind günstig nennen kann? Kommt der Wind gerade von hinten, so machen Wind und Kurs einen Winkel von 16 Strich miteinander, und man sagt in diesem Falle: das Schiff segelt vor dem Winde oder platt vor dem Winde. Aber nicht nur der gerade sondern auch jeder schräg von hinten kommende Wind ist dem Schiffer günstig, und von hinten kommt jeder Wind, der mit dem Kurse einen Winkel macht, der größer ist als 8 Strich. Von welcher Seite der Wind kommt, ist dabei gleichgültig. Segelt das Schiff mit einem seitlich von hinten kommenden Winde, so sagen wir: das Schiff segelt mit raumem Winde. Auch den quer einfallenden Wind, der mit dem Schiffskurse einen Winkel von 8 Strich oder einen rechten Winkel bildet, kann der Schiffer durch Schrägstellung der Segel zu einem günstigen machen. Wir sagen in diesem Falle: das Schiff liegt 8 Strich am Winde oder segelt mit halbem Winde. Um die Begriffe an einem Beispeile festzustellen, wollen wir annehmen, daß das Schiff einen Nordkurs steuert. Ist nun der Wind Süd, so segelt es vor dem Winde; läuft der Wind nach Südost oder nach Südwest um, so segelt es mit raumem Winde; läuft der Wind nach Ost oder West um, so segelt es mit halbem Winde oder halbwinds. Schon Homer kennt dies Segeln mit halbem Winde, denn Od. 14, 300 steuert das Schiff von Phönizien aus mit Nordwind einen Westkurs an Kreta vorüber: μέσσον ὑπὲρ Κρήτης, d. h. mitten durch das Meer über Kreta hinaus, sodaß dieses zur Rechten blieb. Man darf ὑπέρ hier nicht durch oberhalb übersetzen, denn das würde seemännisch so viel heißen, als daß Kreta zur Linken blieb. Wie hier beiläufig erwähnt werden mag, sagen wir von einem Seitenwinde, der von hinten nach vorn hin umläuft, daß er schralt, d. h. abmagert; läuft er aber von vorn nach hinten hin um, so raumt er. Wir haben bei dieser Darstellung vorausgesetzt, daß das Schiff seinen Kurs beibehält und der Wind seine Richtung ändert; wir können nun aber ebenso gut den Wind seine Richtung beibehalten und das Schiff seinen Kurs ändern lassen. Nehmen wir wieder wie vorhin an, daß das Schiff den Wind recht von hinten hat, also bei Südwind Nord steuert, so macht der Kopf des Schiffes einen Winkel von 16 Strich mit dem Winde. Wenden wir nun mit Hülfe des Steuerruders den Kopf näher dem Winde zu, indem wir z. B. Nordost oder Nordwest steuern, so nennen wir dies anluven oder höher steuern. Und wenn wir so weit anluven, daß der Winkel zwischen dem Kurse und dem Winde 8 Strich beträgt, wenn wir also in unserem Falle bei Südwind den Kurs Ost oder West steuern, so segeln wir wieder mit halbem Winde. Mit demselben Winde werden wir also nach zwei gerade entgegengesetzten Richtungen steuern können, Plin. H. N. 2, 47: Isdem ventis in contrarium navigatur prolatis pedibus, ut noctu plerumque adversa vela concurrant. Dieses Anluven, das Herumwenden des Kopfes nach dem Winde hin, nannten die Griechen τραχηλίζειν, vgl. Anon. Peripl. mar. Erythr. 57. Das Gegenteil, das Abwenden des Kopfes vom Winde, nennen wir niedriger steuern oder abhalten, und vom Schiffe sagen wir in diesem Falle, daß es abfällt. Ein technischer griechischer Ausdruck ist mir dafür nicht begegnet. Man könnte es durch ἀποστρέφειν o. dgl. wiedergeben, vgl. ἀποστρέφειν τὴν ναῦν. Synes. ep. 4. Es ist nun für die Nautik eine wichtige Frage, wie hoch am Winde die Alten wohl haben steuern können. Der Bau unserer Schiffe und ihre vollkommenere Takelung lassen uns sogar noch einen Wind benutzen, der etwas von vorn kommt, so lange nur der Winkel mit der Kielrichtung von vorn gerechnet nicht kleiner als 6 Strich wird. Von einem Schiffe, welches eine solche Lage gegen den Wind hat, sagen wir, daß es dicht am Winde oder daß es bei dem Winde segelt. Gegen einen Westwind würden unsere Schiffe also sowohl Nordnordwest als auch Südsüdwest steuern können. Daraus ergiebt sich die Möglichkeit, daß sich ein Schiff durch Lavieren, d. h. dadurch, daß es beim Winde segelt und diesem bald die eine, bald die andere Seite bietet oder, wie wir sagen, sich bald über den einen, bald über den anderen Bug legt, in einer Zickzacklinie der Richtung nähern kann, aus welcher der Wind weht. Daß die Schiffe im Altertume mit halbem Winde haben segeln können, würde auch dann nicht zweifelhaft sein, wenn wir auch nicht die vorhin angeführten Belegstellen dafür hätten. Ich habe mich aber in den alten Schriftstellern vergebens nach einer Stelle umgesehen, aus der mit Sicherheit hervorginge, daß sie ein Segeln bei dem Winde oder ein Lavieren in unserem Sinne gekannt haben. Das Wort πλαγιάζειν, welches man wohl so übersetzt hat, bedeutet von Hause aus nichts anderes, als dem Winde die Seite bieten, wie das ja auch bei dem Segeln mit halbem Winde geschieht. Und bei einem Gegenwinde wird man sich auch örtlicher Verhältnisse halber, z. B. wo es zwischen Inseln an Seeraum fehlte, bald über den einen, bald über den andern Bug haben legen müssen; aber man gewann dabei nichts gegen den Wind. Die Stelle im Lucian Nav. 9, wo man das πρὸς ἀντίους τοὺς Ἐτησίας πλαγιάζοντας als einen deutlichen Hinweis auf das Lavieren betrachtet, hat ihre nautische Schwierigkeiten, und ich setze sie um so lieber vollständig hierher, als der Vorgang ein ganz ähnlicher ist, wie bei der Seefahrt des Paulus. Sie lautet Nav. 7—9: Ὁ ναύκληρος αὐτὸς διηγεῖτό μοι, χρηστὸς ἀνὴρ καὶ προσομιλῆσαι δεξιός. ἔφη δὲ ἀπὸ τῆς Φάρου ἀπάραντας οὐ πάνυ βιαίῳ πνεύματι, ἑβδομαίους ἰδεῖν τὸν Ἀκάμαντα· εἶτα ζεφύρου ἀντιπνεύσαντος, ἀπενεχθῆναι πλαγίους ἄχρι Σιδῶνος· ἐκεῖθεν δὲ χειμῶνι μεγάλῳ δεκάτῃ ἐπὶ Χελιδονέας διὰ τοῦ αὐλῶνος ἐλθεῖν. ἔνθα δὴ παρὰ μικρὸν ὑποβρυχίους δῦναι ἅπαντας. Οἶδα δέ ποτε παραπλεύσας καὶ αὐτὸς Χελιδονέας, ἡλίκον ἐν τῷ τόπῳ ἀνίσταται τὸ κῦμα, καὶ μάλιστα περὶ τὸν Λίβα, ὁπόταν ἐπιλάβῃ καὶ τοῦ Νότου. κατ' ἐκεῖνο γὰρ δὴ συμβαίνει μερίζεσθαι

τὸ Παμφύλιον ἀπὸ τῆς Λυκιακῆς θαλάσσης · καὶ ὁ κλύδων ἅτε ἀπὸ πολ-
λῶν ῥευμάτων περὶ τῷ ἀκρωτηρίῳ σχιζόμενος, (ἀπόξυροι δέ εἰσι πέτραι
καὶ ὀξεῖαι, παραθηγόμεναι τῷ κλύσματι) καὶ φοβερωτάτην ποιεῖ τὴν κυ-
ματωγήν, καὶ τὸν ἦχον μέγαν. καὶ τὸ κῦμα πολλάκις αὐτῷ ἰσομέγεθες
τῷ σκοπέλῳ. τοιαῦτα καὶ σφᾶς καταλαβεῖν ἔφασκεν ὁ ναύκληρος, ἔτι καὶ
νυκτὸς οὔσης, καὶ ζόφου ἀκριβοῦς · ἀλλὰ πρὸς τὴν οἰμωγὴν αὐτῶν ἐπι-
κλασθέντας τοὺς θεούς, πῦρ τε ἀναδεῖξαι ἀπὸ τῆς Λυκίας, ὡς γνωρίσαι
τὸν τόπον ἐκεῖνον, καί τινα λαμπρὸν ἀστέρα, Διοσκούρων τὸν ἕτερον,
ἐπικαθίσαι τῷ καρχησίῳ καὶ κατευθῦναι τὴν ναῦν ἐπὶ τὰ λαιὰ ἐς τὸ πέλαγος, ἤδη τῷ κρημνῷ προσφερομένην. τοὐντεῦθεν δὲ ἅπαξ τῆς ὀρθῆς
ἐκπεσόντας, διὰ τοῦ Αἰγαίου πλεύσαντας, ἑβδομηκοστῇ ἀπ' Αἰγύπτου
ἡμέρᾳ πρὸς τοὺς ἀντίους τοὺς Ἐτησίας πλαγιάζοντας, ἐς Πειραιᾶ χθὲς
καθορμίσασθαι, τοσοῦτον ἀποσυρέντας ἐς τὸ κάτω, οὓς ἔδει τὴν Κρήτην
δεξιὰν λαβόντας, ὑπὲρ τὸν Μαλέαν πλεύσαντας, ἤδη εἶναι ἐν Ἰταλίᾳ.

Das Alexandrinische Weizenschiff war mit einer mäßigen Briese am siebenten Tage nach seiner Abfahrt von Pharos an der Mündung des Nils bis zu Akamas, der Nordwestspitze Cyperns gekommen, als der Wind nach Nordwest umsprang und es querab von seinem Kurse nach Sidon verschlug. Von dort fuhr es unter heftigem Sturme durch die Straße zwischen Cypern und dem Festlande hindurch und kam am zehnten Tage nach den Inseln am Chelidonischen Vorgebirge, wo es um ein Haar gescheitert wäre. Denn bei einem Westwinde, der nach Süden umläuft, steht dort eine hohe See und verursacht an den vorspringenden steilen Felsen eine furchtbare Brandung. Man war bei dunkler Nacht nahe daran, hineinzugeraten, als die Seeleute, durch ein Feuerzeichen an der Küste gewarnt, die Örtlichkeit erkannten, und noch eben zeitig genug das schon auf die Klippen zutreibende Schiff nach links auf die hohe See wenden konnten. Sie waren aber einmal vom geraden Kurse abgekommen und steuerten deshalb durch das Ägäische Meer, boten dem Winde bald den einen Bug und bald den anderen und langten endlich am siebenzigsten Tage im Piräus an. Hätten sie, wie es die Alexandrinischen Schiffe sonst zu thun pflegten, Kreta zur rechten lassen und ihren Kurs oberhalb Malea vorbei nehmen können, so würden sie bereits in Italien gewesen sein. Aus dieser Schilderung, an deren thatsächlicher Grundlage wohl nicht zu zweifeln ist, geht nun folgendes hervor. Daß das Schiff von Alexandrien aus seinen Kurs auf Kreta, also einen Nordwest= kurs, nicht einschlug, sondern auf Nordnordostkurs nach Akamas gelangte, ist zunächst ein Beweis dafür, daß es nicht höher am Winde liegen konnte, als acht Strich. Denn die anfangs wehende

Briefe muß, weil sie erst später nach Nordwest umsprang, südlicher als
Nordwest gewesen sein. Nehmen wir auch nur zwei Strich südlicher,
so war der Wind Westnordwest, und damit macht der Kurs Nord=
nordost einen rechten Winkel. Dann aber setzte Nordwestwind ein
und trieb das Schiff von seinem Nordnordostkurse quer, πλαγίως,
also Ostsüdost nach Sidon. Darauf muß der Wind, wie dies auch
gelegentlich der Gefahr am Chelidonischen Vorgebirge angedeutet wird,
wieder westlich und darauf südlich gelaufen sein, so daß man von
Sidon erst mit dem Westwinde nach Norden und dann mit dem
Südwinde durch die Straße nach Westen hat kommen können. Bis
so weit ist alles unter der Annahme erklärlich, daß man halbwinds
gesegelt hat. Was aber hat man unter den Etesien zu verstehen,
gegen die das Schiff von jetzt an anzukämpfen hatte? Das Wort
bedeutet Winde, die während einer bestimmten Jahreszeit vorherrschend
sind, deren Richtung aber je nach der Örtlichkeit eine verschiedene ist.
Plinius berichtet darüber H. N. 2, 48: Ardentissimo aestatis tempore exoritur Caniculae sidus. Post biduum exortus Aquilones
perflant diebus quadraginta, quos Etesias vocant. Etesiae noctu
desinunt fere et a tertia diei hora oriuntur. In Hispania et Asia
ab oriente flatus est eorum, in Ponto ab Aquilone, reliquis in
partibus a meridie. Daß sie im Archipel, um den es sich in unserem
Falle handelt, meist aus Nordost wehen, wird auch sonst bestätigt.
In Findlay's Mediterranean Directory pag. 3 berichtet Capt.
John Steward R. N. darüber: The most prevailing winds are the
N. E. or Etesian winds, which blow fresh and almost constantly
for several months in autumn. The N. W. winds now and then
come in violent squalls, but they are neither so common nor so
lasting as the North and N. E. winds. Was der Alexandriner
gegen den Nordost und gelegentlich Nordwest zu lavieren gehabt
haben sollte, um vom Chelidonischen Vorgebirge erst in zwei Monaten
nach Athen zu kommen, ist vollkommen unverständlich. Es muß auch
ein sonderbarer Kauz gewesen sein, weil er die nördlichen Winde bloß
aus dem Grunde, weil er doch nun einmal vom richtigen Kurse
abgekommen war, nicht benutzt hat, um wenigstens durch das Ägäische
Meer um Kap Malea zu segeln. Lucian mag unter den Etesien
vielleicht nördliche und nordwestliche Winde verstehen, wie Aristot.
de mundo 4 sie schildert: οἱ Ἐτησίαι λεγόμενοι μίξιν ἔχοντες τῶν τε
ἀπὸ τῆς ἄρκτου φερομένων καὶ ζεφύρων. Dann braucht aber das
πλαγιάζειν auch nur zu bedeuten, daß das Schiff dem Winde
bald die eine, bald die andere Seite geboten, bei Nordwind

West und bei Nordwestwind Nordost gesteuert hat und so endlich nach langem Hin- und Herfahren in Athen angekommen ist. Denn daß von einem Segeln bei dem Winde, also von einem eigentlichen Lavieren nicht die Rede sein kann, geht ja deutlich aus dem Anfange der Reise hervor. Man wird im Altertume nicht höher als acht Strich am Winde haben steuern können.

Das Schiff des Paulus konnte mit seinem Nordkurse von Sidon aus nur an der Ostseite der Insel Cypern vorbeikommen. Da nun der Seemann die dem Winde zugewendete Seite die obere oder Luvseite und die dem Winde abgewendete die untere oder Lehseite nennt, so ist der Ausdruck ὑποπλεῖν τὴν Κύπρον, dessen Gegensatz ὑπερπλεῖν τὴν Κύπρον sein würde, ein eigentlich nautischer. Bei dem Westwinde fuhr man an der Ostseite, also in Leh oder unterhalb der Insel vorüber und ließ sie zur linken liegen. Damit ist aber keineswegs gesagt, daß man nahe an der Küste vorbei segelte; vielleicht hat man die Insel gar nicht einmal zu Gesicht bekommen.

5. Und nachdem wir die See längs Cilicien und Pamphylien durchschifft hatten, kamen wir nach Myrrha in Lycien.

Der Nordkurs brachte das Schiff an die Küste Ciliciens, und hier hatte man Ursache sich dicht am Lande zu halten. An den Küsten des Mittelmeeres wehen im Sommer Land- und Seewinde, und man kann, wenn der Wind auf hoher See ungünstig ist, mit Hülfe dieser rechtwinklig gegen die Küstenlinie wehenden Winde längs dem Lande fahren. Im Altertume, wie bei uns, benutzte man namentlich gern die bei Nacht vom Lande her wehenden Winde, weil diese das Wasser schlicht machen. Heliod. Aeth. 4, 16: πολὺ γάρ τι καὶ νύκτες εἰς πλοῦν ἀνύουσι, ἀπογείοις αὔραις ἀκύμονα τὰ σκάφη παραπέμπουσαι. Was aber dem Schiffe des Paulus wohl noch mehr zu statten kam, war die hier nach Westen setzende Meeresströmung. Findlay's Mediterranean Directory sagt darüber pag. 7: As a general rule the waters of the eastern basin of the Mediterranean circulate around it in a direction contrary to that of the sun. That is, an easterly current sets along the African coast which turns to the northward up the coast of Syria, thence to the westward along the southern coast of Asia minor. Verstärkt wird diese Strömung, wenn wie in unserem Falle der Westwind das Wasser längs der Afrikanischen Küste hintreibt und an der Syrischen aufstaut, wo diesem kein anderer Ausweg bleibt als die Rückströmung durch die Straße zwischen Cypern und dem Festlande. In dem vortrefflichen Werke: The Mediterranean by Rear-Admiral W. H. Smyth,

London 1854, S. 168 berichtet der berühmte englische Hydrograph Sir Francis Beaufort: From Syria to the Archipelago there is a constant current to the westward, slightly felt at sea, but very perceptible near the shore, along this part of which it runs with considerable but irregular velocity; between Adratchan Cape and the adjacent small island we found it set one day almost three miles an hour; and the next, without any assignable cause for such a change not half the quantity. The configuration of the coast will perhaps account for the superior strength of the current about here; the great body of water, as it moves to the westward, is intercepted by the western coast of the Gulf of Adalia; thus pent up and accumulated it rushes with augmented violence toward Cape Khelidonia. where, diffusing itself in the open sea, it again becomes equalized. Will man auch das διαπλεῖν τὸ πέλαγος dahin auslegen, daß sich das Schiff nicht ganz dicht an der Küste gehalten hat, also auch die nur auf kurze Erstreckung in die See hineinwehenden Landwinde nicht hat benutzen können, die Strömung wird ihm jedenfalls vom größten Vorteil gewesen sein.

6. Daselbst fand der Hauptmann ein Alexandrinisches Schiff, das nach Italien bestimmt war und brachte uns an Bord desselben.

Etwa um dieselbe Zeit, als Paulus sich in Cäsarea einschiffte, wird das hier erwähnte Alexandrinische Schiff von Pharos aus in See gegangen sein, und derselbe Westwind, bei dem das Schiff des Paulus mit einem Nordkurse unterhalb Cypern hinlief, wird auch das Alexandrinische zu einem Nordkurse gezwungen haben, der es nach dem auf dem Meridiane von Alexandrien, also genau Nord davon liegenden Myrrha brachte. Die Schiffe sowohl wie die Seeleute Alexandriens standen derzeit im besten Rufe. Als Agrippa, der Enkel des Herodes, von Rom nach Judäa zurückkehrte, riet ihm der Kaiser ab, sich in Brundusium nach Syrien einzuschiffen, der Weg über Alexandrien sei um so mehr zu empfehlen, als die dortigen Schiffe vortrefflich segelten und von den bewährtesten Steuerleuten so sicher wie die Rosse in der Rennbahn vom Wagenlenker stets auf geradestem Wege ihrem Bestimmungsorte zugeführt würden. Philo adv. Flacc. pag. 968: Γάϊος Καῖσαρ Ἀγρίππᾳ τῷ Ἡρώδου βασιλέως υἱωνῷ δίδωσι βασιλείαν τῆς παππῴας λήξεως τρίτην μοῖραν, ἣν Φίλιππος τετράρχης θεῖος ὢν αὐτῷ πρὸς πατρὸς ἐκαρποῦτο. Μέλλοντι δ' ἀπαίρειν συνεβούλευσεν ὁ Γάϊος τὸν μὲν ἀπὸ Βρεντησίου καὶ μέχρι Συρίας πλοῦν μακρὸν ὄντα καὶ καματηρὸν παραιτήσασθαι, χρήσασθαι δ' ἐπιτόμῳ, τοὺς Ἐτησίοις ἀναμείναντι τῷ διὰ τῆς Ἀλεξανδρείας. Τάς τε γὰρ ἐκεῖθεν ὁλκάδας ταχυναυτεῖν ἔφασκε καὶ ἐμπειροτάτους εἶναι κυβερνήτας, οἳ καθάπερ ἀθλητὰς ἵππους ἡνιοχοῦσιν ἀπλανῆ παρέχοντες τὸν ἐπ᾽ εὐθείας δρόμον. Ὁ δὲ πειθαρχεῖ, ὡς δεσπότῃ τε ἅμα καὶ τὰ δοκοῦντα συμφέρειν παραγγέλλοντι. Καταβὰς δ᾽ εἰς Δικαιαρχίαν καὶ ναῦς ὑφόρμους Ἀλεξανδρίδας ἰδὼν εὐπρεπεῖς πρὸς ἀναγωγήν, ἐπιβὰς μετὰ τῶν ἰδίων, εὐπλοίᾳ χρησάμενος ὀλίγαις ὕστερον ἡμέραις ἀνεπιφάτως καὶ ἀφωράτως κατάγεται. Die Alexandrinischen Schiffe dienten besonders dazu, Rom aus seiner Kornkammer Ägypten mit Getreide zu versorgen. Sie löschten ihre Ladung in dem Vorhafen Roms Puteoli, bei den Griechen Dikaiarchia genannt, und oben auf S. 85 ist die Stelle aus Seneca angeführt, die den Jubel schildert, mit welchem die an ihrem Topsegel zu erkennenden Postschiffe als Vorboten der Getreideflotte begrüßt wurden. Ihre Ladungsfähigkeit muß eine ganz beträchtliche gewesen sein. Die Isis, welche in Athen wegen ihrer Größe allgemeine Bewunderung erregte, allerdings eine ναῦς ὑπερμεγέθης, wie Lucian Nav. 1 selbst sagt, war nach den Angaben des Schiffszimmermanns über Deck 180 Fuß lang, reichlich 45 Fuß breit und 43½ Fuß tief. Will man daraus nach dem früher in den Hansestädten üblichen Annäherungsverfahren die Tragfähigkeit in Tonnen zu 1000 Kilogramm berechnen, so hat man von der Länge über Deck die Tiefe des Raumes zu subtrahieren, um die Länge auf dem Kiel zu erhalten. Diese letztere hat man mit der Breite und der Tiefe zu multiplicieren und das Produkt durch die Erfahrungszahl 100 zu dividieren. Wir hätten also, wenn wir statt des Produktes gleich den ersten Faktor dividieren, als Tonnengehalt:

$$1{,}365 \cdot 45 \cdot 43{,}5 = 2672 \text{ Tonnen}.$$

Das größte deutsche Segelschiff hält 2213, der größte deutsche überseeische Dampfer etwa 2950 Tonnen; die Isis würde also die Mitte zwischen beiden gehalten haben. Wenn wir nun auch gern zugestehen, daß der Zimmermann zur größeren Ehre seines Schiffes die Maße übertrieben hat, so bleibt immerhin eine beträchtliche Tonnenzahl, und es darf uns nicht befremden, daß sich auf dem Schiffe, mit welchem der jüdische Geschichtschreiber Josephus nach Rom fuhr, 600 Menschen befunden haben sollen. Die Alexandrinischen Kauffahrer werden den unsrigen an Größe nicht nachgestanden haben.

7. Da wir aber viele Tage hindurch wenig Fahrt machten und mit Mühe gen Knidos gekommen waren, denn der Wind wehrte uns, liefen wir unter Kreta bei Salmone vorbei.

8. Und mühsam die Küste entlang fahrend, kamen wir nach einem Platze, genannt Schönhafen, in dessen Nähe die Stadt Alassa lag.

Von Myrrha aus verlor man nun die bis dahin so vorteilhafte Küstenströmung, die sich am Chelidonischen Kap nach Süden wendet, und war für das Vorwärtskommen lediglich auf die zur Nachtzeit wehenden Landwinde angewiesen. Man segelte deshalb dicht an der Küste, hatte aber lange Zeit nötig, bis man an die südwestliche Spitze von Kleinasien in die Nähe von Knidos gekommen war. Hier hörte aber auch die Benutzung der Landwinde auf, und man mußte mit sich zu Rate gehen, was weiter geschehen solle. Einige Erklärer haben geglaubt, man sei an dem Einlaufen in Knidos durch einen Nordwind gehindert gewesen und habe vor diesem Winde einen südlichen Kurs einschlagen müssen. Nun hatte aber das Schiff gar nichts in Knidos zu thun, es sollte ja nicht wie das Adramyttenische die Küstenplätze Asiens anlaufen; und dann wäre ja gerade der Nordwind für die Fahrt nur günstig gewesen. Man hätte mit halbem Winde segeln und einen Westkurs durch das Ägäische Meer um Kap Malea herum geradeswegs auf Sicilien zu steuern können. Aber wie der westliche Wind, genauer wohl ein Westnordwestwind, ihnen schon hinderlich gewesen war, um bis Knidos zu gelangen, so wehrte er ihnen jetzt vollends das Weiterkommen, und es blieb nichts anderes übrig, als nun halbwinds auf Südsüdwestkurse bei dem Kap Salmone vorüber unterhalb Kreta zu laufen und hier unter denselben Verhältnissen, wie bei der letzten Fahrt an der kleinasiatischen Küste mit Benutzung der Landwinde an der Südküste der Insel nach Westen zu streben. So quälte man sich denn auch langsam weiter, indem man vielleicht schon hier das Boot zum Bugsieren gebrauchte, und gelangte endlich an einen Platz, genannt Schönhafen, in dessen Nähe die Stadt Alassa lag. Im Stadiasm. mar. magn. findet sich § 322 und § 323 zwischen Lebena und Matala der Platz $\mathrm{A\lambda\alpha\iota}$, offenbar derselbe, der an unserer Stelle Alassa oder Lasaia genannt wird, vgl. Müller: Geogr. graec. min. Tom. I. pag. 506. Ein Ort $\varkappa\alpha\lambda o\grave{\iota}$ $\lambda\iota\mu\acute{\epsilon}\nu\epsilon\varsigma$ aber wird im Altertume selbst da, wo man es am ersten erwarten sollte, in den Küstenbeschreibungen für die Seefahrer nicht erwähnt. Jetzt trägt ein etwa 3 Seemeilen östlich von Kap Matala oder Kap Lithinos, dem südlichsten Vorsprunge der Insel Kreta, diesen griechischen Namen. Findlay's Mediterr. Directory pag. 66: Kalo-Limniones or more correctly 'stus Kalûs Limiônes is a small bay, open to the East, but partially sheltered by two islets, which lie to the S. E. and South of it. It is therefore not recommended as an anchorage to winter in. Man sieht, daß der Hafen unserem Berichte, wonach er ungeeignet zum Überwintern war, entspricht und seinen Namen in Wirklichkeit nicht verdient. Es unterliegt aber wohl keinem Zweifel, daß diese Örtlichkeit die von Lukas erwähnte ist. Wahrscheinlich wurde sie von den Anwohnern derzeit nur deshalb so genannt, um das Schiff des Paulus in der Winterlage zu behalten und aus dem Verkehr mit den Leuten desselben Vorteil zu ziehen. Im Mittelalter mag dann von den Mönchen der benachbarten Klöster die unverdiente Bezeichnung als Eigenname eingeführt sein.

9. Nachdem aber viel Zeit vergangen war und die Schiffahrt bereits gefährlich wurde, weil auch die Faste schon vorüber war, warnte Paulus

10. und sprach zu ihnen: Lieben Männer, ich sehe voraus, daß die Fahrt mit Frevel und großer Einbuße nicht allein an Ladung und Schiff, sondern auch an unseren Seelen vor sich gehen wird.

Der fortwährende Gegenwind hatte das Schiff so wenig vorwärts kommen lassen, daß die Reise bereits so viel Wochen dauerte, als sonst Tage. Die Herbstnachtgleiche, wo die Juden ihren großen Versöhnungstag durch Fasten feierten, war vorüber und der Oktober herangekommen, und die Zeit nahte, wo die Schiffahrt wegen der damit verbundenen Gefahren ganz geschlossen wurde. Man mußte überlegen, ob man unter diesen Umständen die Reise fortsetzen sollte, oder nicht. Was jenes bedenklich erscheinen ließ, war nicht so sehr die Aussicht auf Unwetter und Sturm, denn damit mußte man ja auch im Sommer rechnen, und die Alexandrinischen Schiffe waren stark genug gebaut, um dem Winde und den Wogen widerstehen zu können; mehr noch mußte man die langen Nächte und, was von allem das Schlimmste war, die Trübung des Himmels fürchten. Die Schiffahrt des Altertums stand der unsrigen eigentlich nur in dem einzigen Punkte nach, daß es ihr an Mitteln zur Ortsbestimmung fehlte. Man besaß keine Werkzeuge, mit denen man auf dem schwankenden Boden des Schiffes die Höhe der Gestirne hätte messen können; noch war die Astronomie nicht in den Dienst der Schiffahrt gestellt. Das einzige dem Seemanne zu Gebote stehende Mittel sich zurechtzufinden, war das, daß er aus der Größe und Richtung des zurückgelegten Weges oder, wie wir sagen, aus Kurs und Distanz seinen Ort auf der See bestimmte. Was die Distanz betrifft, so mußte er sich zwar mit der Schätzung nach dem Augenmaße begnügen, brachte es darin aber zu einer gewissen Fertigkeit. Wenn er die heimische Küste entlang fuhr, wo ihm die Entfernungen am Lande bekannt waren, so verglich er die Bewegung des Schiffes durch das Wasser mit der Zeit, die er gebrauchte, und lernte so auf die Geschwindigkeit des Schiffes schließen. Auch jetzt noch besitzt der Schiffer in dieser Schätzung oder, wie er sagt, Gissung eine auffallende Sicherheit, die den Nichtseemann in Erstaunen setzt. Aber die Größe der durchsegelten Distanz allein genügt nicht zur Ortsbestimmung, man muß auch die Richtung kennen, nach der sie erfolgt ist. Und dazu konnte man vor Erfindung des Kompasses nur durch Beobachtung der Gestirne gelangen. Man konnte seinen Lauf bei Tage nur nach der Sonne und bei Nacht nur nach den Sternen richten. War der Himmel trübe, so wußte man nicht wohin man fuhr und wohin man gelangt war. Das war der wunde Punkt der Schiffahrt im Altertume. Jede Fahrt, bei der man die Küste aus dem Gesichte verlor, jede Fahrt über die hohe, oder wie man damals sagte, über die tiefe See, war eine Fahrt aufs Geratewohl, ein Wagestück, ein Abenteuer, und von ihr galt das Wort des Dichters Hor. Od. 1, 3, daß die Brust des Mannes, der sich dem wilden Meere anvertraue, mit dreifachem Erz gepanzert sein müsse. Wesentlich aus diesem Grunde und nicht etwa bloß um der Stürme willen wurde zur Winterzeit, der Zeit der langen Nächte und des trüben Himmels die Schiffahrt geschlossen. Veget. de re mil. 5, 9: Nam tum lux minima noxque prolixa, nubium densitas, aeris obscuritas, ventorum imbri vel nivibus geminata saevitia classes e pelago deturbat. Wollte das Schiff des Paulus seine Reise fortsetzen, so mußte es jetzt die Küste verlassen und die Fahrt über die hohe See wagen. Man kann sagen, es war recht eigentlich ein Sprung in das Dunkel, eine Tollkühnheit. Wenn Paulus auch nicht Seemann war, er hatte doch auf seinen vielen Seereisen reiche Erfahrung gesammelt, hatte nach 2. Cor. 11, 25 bereits dreimal Schiffbruch gelitten und einmal Tag und Nacht auf hoher See an ein Wrackstück des Schiffes angeklammert umhertreiben müssen, bis er Rettung fand; er wußte, daß ein Fortsetzen der Reise eine Vermessenheit, ὕβρις, ein Frevel gegen das Wort war, das geschrieben steht: οὐκ ἐκπειράσεις κύριον τὸν θεόν σου, und daß die Strafe, die Buße dafür, die ζημία nicht ausbleiben werde. Wurde auch das Schlimmste, was er voraussah, der Verlust vieler Menschenleben durch Gottes Gnade abgewendet, seine Befürchtung war vollauf berechtigt.

11. Aber der Hauptmann ließ sich mehr durch den Schiffer und den Schiffsherrn bestimmen, als durch das, was Paulus sagte. Im Altertume begleitete der Reeder oder Eigentümer sein Schiff,

um Fracht abzuschließen oder, wenn er Waren für eigene Rechnung führte, seine Handelsgeschäfte selbst wahrzunehmen, vgl. Synes. ep. 4, hielt sich aber, da er nicht Seemann war, einen Schiffer, denn mit diesem Ausdrucke wird das Wort κυβερνήτης besser wiedergegeben, als mit unserem „Steuermann", der dem Schiffer untergeordnet ist. In unserem Falle nahmen beide zu der Frage, ob die Reise fortgesetzt werden solle, eine andere Stellung ein als Paulus, und man sollte nicht gleich von Selbstsucht sprechen, wenn sie den großen Nachteil, den ihnen das παραχειμάζειν des Schiffes verursachen mußte, zu vermeiden wünschten. Wir wissen nicht, auf welchen Vertrag hin der Schiffsherr die Überfahrt der Kriegsleute und Gefangenen übernommen hatte; ich möchte glauben, daß sie unter denselben Bedingungen erfolgte, wie bei unseren Auswandererschiffen. Da wird ein fester Preis bezahlt, einerlei, ob die Reise kurze oder lange Zeit dauert, sodaß der Reeder, falls das Schiff durch einen Unfall gezwungen wird, in einen Zwischenhafen einzulaufen, den Reisenden für die ganze Dauer des Aufenthalts auf seine Kosten Obdach und Nahrung gewähren muß. Daß ein Mann, der die Schiffahrt als Erwerbsquelle betreibt, einen solchen, seinen ganzen Verdienst aufzehrenden Kostenaufwand zu vermeiden wünscht, ist denn doch wahrhaftig keine Selbstsucht. Trat ein günstiger Wind ein, so genügten wenige Tage, um das Ziel der Reise zu erreichen, und es waren ja noch mehrere Wochen, ehe der Schluß der Schiffahrt stattfand. Ich halte es nicht für unmöglich, daß der Reeder dem Hauptmanne bei den Verhandlungen angeboten hat, in die Winterlage zu gehen, wenn dieser die Kosten dafür auf sich nehmen wolle. Natürlich konnte der Hauptmann darauf nicht eingehen. Wenn er auch den Worten des Paulus, es sei eine Vermessenheit weiter zu fahren, in seinem Innern beistimmte, bestimmen lassen konnte er sich von ihnen nicht. Für ihn mußten die Worte des Pompejus maßgebend sein, Plut. Pomp. 50: τὴν ἄγκυραν αἴρειν κελεύσας ἀνεβόησε · πλεῖν ἀνάγκη, ζῆν οὐκ ἀνάγκη. Es ist ja die Aufgabe des Soldaten, den Gefahren zu trotzen und sein Leben zu wagen auch in der sicheren Aussicht, es zu verlieren. Wenn der Schiffer die Fahrt auf gut Glück unternehmen wollte, so durfte der Soldat sie nicht fürchten. Was würde man in Rom, wo man jeden Herbst mit Sehnsucht die Ankunft der Getreideschiffe zur Verproviantierung der Stadt für den Winter erwartete, gesagt haben, wenn der Hauptmann aus Zaghaftigkeit den Schiffsherrn am Fortsetzen der Reise gehindert hätte? Hatte doch der Kaiser Claudius, um die Getreidezufuhr zu befördern, den Kauffahrern sogar Ersatz für den Schaden geleistet, den sie auf ihren Reisen zur Winterzeit durch stürmisches Wetter erlitten. Suet. Claud. 18: Urbis annonae-que curam sollicitissime semper egit. Nihil non excogitavit ad invehendos etiam in tempore hiberno commeatus. Nam et negotiatoribus certa lucra proposuit suscepto in se damno, si cui quid per tempestates accidisset, et naves mercaturae causa fabricantibus magna commoda constituit. Andere Schwierigkeiten, die dem Schiffsherrn und dem Schiffer aus der Winterlage erwachsen wären, wie z. B. die, daß die Ladung, wenn sie vor Beschädigung gesichert werden sollte, nicht hätte im Schiffe bleiben dürfen, weil sie sonst dumpfig geworden wäre, will ich hier übergehen; ich habe nur darauf hinweisen wollen, daß man nicht so lieblos hätte über Bedenken urteilen sollen, die denn doch auch ihre Berechtigung haben. Wer sein Leben nicht wagen will, der möge ins Kloster, aber nicht auf See gehen.

12. Da indes der Hafen nicht zum Überwintern gelegen war, beschloß die Mehrzahl weiter zu fahren, ob sie wohl Phönix zum Überwintern erreichen könnten, einen Hafen von Kreta, der unter dem Südwest- und Nordwestwinde liegt.

13. Und da ein leichter Südwind durchkam, glaubten sie ihr Vorhaben ausführen zu können, brachen auf und fuhren dicht an Kreta hin.

Dem sittlichen Grundsatze des Paulus, daß die Erhaltung eines gefährdeten Menschenlebens mehr wert sei als vieles Gold, werden voll und ganz auch Lucas und Aristarch beigepflichtet haben; hierin standen ihre drei Stimmen gegen die des Hauptmannes, des Schiffsherrn und des Schiffers. Nun mußte aber noch eine andere Frage zur Erwägung kommen. Selbst wenn man in die Winterlage gehen wollte, war der Platz Schönhafen dazu geeignet? Da Lucas so bestimmt erklärt, er sei das nicht gewesen, so wird er wohl dem von anderer Seite gemachten Vorschlage, daß man unter allen Umständen wenigstens bis nach Phönix weiter segeln müsse, durch seinen Beitritt die Mehrheit verschafft haben. Dieser Ort liegt nach Ptolem. Geogr. 3, 15 auf dem Meridiane der Insel Kauda oder Klauda, und da die Angabe des Stadiasm. mar. magn. § 328: Φοῖνιξ πόλις ἔχει λιμένα καὶ νῆσον — diese Insel heißt bei Plinius Arados, vergl. Müller zu dieser Stelle — auf keinen anderen Ort westlich von Kap Matala paßt, so haben wir Phönix in der jetzt Port Lutro genannten Einbucht zu suchen. Es ist der einzige sichere Hafen, den die Südküste Kretas bietet. Findlay's Mediterr. Directory pag. 67: Port Lutro, the ancient Phoenix or Phoenice, is the only bay on the South coast, where a vessel would be quite secure in winter. Die Worte βλέποντα κατὰ λίβα καὶ κατὰ χῶρον hätten den Erklärern keine Schwierigkeit machen sollen. Wird βλέπειν in der Bedeutung τρέπεσθαι, vergere, gelegen sein, mit einer Windrichtung verbunden, so geschieht das entweder durch κατά oder πρός. Welcher Sinn durch diese Worte ausgedrückt wird, ergiebt sich aus den Adjektiven κατάβορρος und πρόσβορρος. Jenes heißt soviel wie vom Nordwinde abgewendet oder vor ihm geschützt, dieses soviel wie dem Nordwinde zugewendet oder ihm ausgesetzt. Das Wort κατά hat auch hier seine sonstige Bedeutung abwärts und wir müssen βλέποντα κατὰ λίβα καὶ κατὰ χῶρον durch „unter" dem Südwest= und Nordwestwinde gelegen wiedergeben. Der Hafen lag in Leh von diesen Winden und war durch die hohe Umgebung davor gedeckt. Da er außerdem durch die Insel Arados von Süden und Südosten her und durch die weit nach Süden bis Kap Matala vorspringende Küste gegen den Schwall der Meereswogen geschützt war, so bot er allerdings eine vortreffliche Winterlage. Nun traf es sich, daß ein leichter Südwind aufkam, der günstigste, den man sich für die Fortsetzung der Fahrt von Kap Matala aus wünschen konnte, da man von ihm bis nach der Straße von Messina Westnordwest zu steuern hatte. Zunächst aber galt es dies Kap zu erreichen, wohin der Kurs von Schönhafen aus etwas südlicher als West ist. Wäre der Wind genau Süd gewesen, so hätte man mit halbem Winde diesen Kurs steuern können, aber die Windbezeichnungen des Altertums haben, wie wir im ersten Abschnitte gesehen haben, immer etwas unsicheres. Wahrscheinlich war der im griechischen Texte genannte Notos etwas westlicher als Süd, sodaß es dem Schiffe schwer werden mußte, in gehörigem Abstande von der Küste um Kap Matala herum= zukommen. Wäre der Wind heftig gewesen, man hätte garnicht wagen dürfen, die Anker zu lichten; aber glücklicherweise war er leicht. Da nun in Schönhafen das Boot zum Verkehr mit dem Lande ausgesetzt war, so wurde es nicht, wie dies sonst geschah, beim Absegeln wieder eingesetzt, sondern blieb außenbords, um für den Fall, daß der auf das Land zu wehende Südwind das Schiff auf den Strand drängen wollte, dasselbe durch Bugsieren in gehöriger Entfernung zu halten. Immerhin ließ es sich nicht vermeiden, daß man, um Kap Matala zu erreichen, dicht an der Küste Kretas hinsegeln mußte. Sich bugsieren lassen hieß παραπλεῖν ἀπὸ κάλω, das Bugsiertau ὁ πάρολκος, vgl. Thucyd. 4, 25 Schol. und das Ruderboot, welches sowohl zum Verkehr mit dem Lande als zum Bugsieren diente, τὸ σκάφος ὑπηρετικόν, Heliod. Aeth. 5, 24. Wird ein Schiff nicht von einem Ruderboote, sondern von einem anderen Schiffe gezogen, so nennen wir dies nicht bugsieren, sondern schleppen. Bei den Griechen hieß es ναῦν ἀναδεῖσθαι oder ἀνάπτεσθαι, oft bei Thucyd. Xenoph. Polyb. Diod. Sic. oder auch ῥυμουλκεῖν Anon. Peripl. Mar. Erythr. § 44, Diod. Sic. 20, 74, oder bei den Römern remulco trahere Liv. 32, 16. Bei dem Worte ἄραντες brauchte man nicht τὰς ἀγκύρας oder τὰ ἱστία oder τὴν ναῦν, Thucyd. 1, 52, zu ergänzen; es steht intransitiv wie Thucyd. 4, 129 und 7, 26, und ich habe es deshalb durch das sonst freilich nur bei Landreisen gebräuchliche Wort aufbrechen wiedergegeben. So weit wäre alles deutlich. Was aber haben wir unter dem Vorhaben zu verstehen, das sie mit dem aufkommenden Südwinde ausführen zu können glaubten? Der eigentliche Sinn ist, sie glaubten gewonnen Spiel zu haben, und ich bin nicht der Ansicht, daß darunter das Erreichen von Phönix zu verstehen ist; dahin wäre man auch wohl ohne Südwind gelangt. Hatte man doch schon eine so weite Strecke gegen den Westwind zurückgelegt, man würde auch wohl noch die kurze überwunden haben. Hauptmann, Schiffsherr und Schiffer hofften jetzt die Reise bis zum Endziele fortsetzen zu können. Die Entfernung von Kap Matala bis zur Straße von Messina beträgt 480 Seemeilen. Wenn man bei dem leichten Südwinde auch nicht mehr als 4 Knoten lief, so war das Ziel in 5 Tagen zu erreichen, und es wäre von den Seeleuten geradezu thöricht gewesen, wenn sie unter diesen Umständen schon in die Winterlage hätten gehen wollen. Aber die Warnung des Paulus sollte gerechtfertigt werden.

14. Nicht lange danach aber fiel auf das Schiff eine Windsbraut, genannt Nordoster.

Man war wohl kaum bis Kap Matala oder eben darüber hinaus gekommen, denn noch hatte man das Boot nicht einsetzen können, als ein orkanartiger Sturm, ein ἄνεμος τυφωνικός losbrach. Der τυφῶν ist zwar wie der Orkan ein wirbelnder Wind, aber das Adjektiv τυφωνικός wird sich eben so wie bei uns das Beiwort orkan= artig nicht auf die Richtung, sondern auf die Heftigkeit der Bewegung beziehen, und so ist die Luthersche Übersetzung Windsbraut wohl die bestmögliche. Das ἔβαλε κατ' αὐτῆς ist verschieden ausgelegt. Einige haben es auf τὴν Κρήτην des vorhergehenden Verses, andere auf τῆς προθέσεως daselbst bezogen. Ich möchte mich denen anschließen, die τῆς νεώς ergänzen. Es ist eine bemerkenswerte Thatsache, daß bei den seefahrenden Völkern κατ' ἐξοχήν, bei den Engländern in der

Neuzeit wie bei den Griechen im Altertume, das Schiff weiblich ist. So hatten die griechischen Schiffe auch nur weibliche Namen. Böckh. Urk. S. 81: „Die Namen der Schiffe sind ohne Ausnahme weiblich, wie denn Aristophanes die Trieren als Mädchen ($\pi\alpha\varrho\vartheta\acute{\varepsilon}\nu\text{o}\iota\varsigma$, Ritter 1313) betrachtet." Da wir den zu bestimmter Zeit an einem bestimmten Orte aus bestimmter Richtung wehenden Wind dadurch individualisieren, daß wir ein — er daran hängen, z. B. den im Winter im mexikanischen Meerbusen plötzlich auftretenden heftigen Nordwind einen Norder nennen, so habe ich den Eurakylon durch Nordoster übersetzt. Was das philologische dieses griechisch-lateinischen Bastardwortes betrifft, welches von den ältesten und besten Handschriften, der Sinaitischen, der Vatikanischen und der Alexandrinischen, sowie von der Vulgata als Euroaquilo bezeugt wird, so kann ich nichts besseres thun, als darüber die Ansicht eines der größten, wenn nicht des größten Philologen aller Zeiten, Richard Bentley, mitzuteilen. Er sagt in seinen Remarks on a late Discourse on Freethinking, pag. 97:

Stephens followed what he found in the King of France's copies, Act. 27, 14, $\mathring{\alpha}\nu\varepsilon\mu\text{o}\varsigma$ $\tau\nu\varphi\omega\nu\iota\varkappa\grave{\text{o}}\varsigma$ $\acute{\text{o}}$ $\varkappa\alpha\lambda\text{o}\acute{\nu}\mu\varepsilon\nu\text{o}\varsigma$ $E\mathring{\nu}\varrho\text{o}\varkappa\lambda\acute{\nu}\delta\omega\nu$, and he is followed by your translators: „There arose against it a tempestuous wind called Euroclydon";.... If the printer had the use of your Alexandrian MS., which exhibits here $E\mathring{\nu}\varrho\alpha\varkappa\acute{\nu}\lambda\omega\nu$, it's very likely he would have given it the preference in his text; and then the Doctor, upon his own principles, must have stickled for this.

The wind Euroclydon was never heard of but here; it's compounded of $E\mathring{\nu}\varrho\text{o}\varsigma$ and $\varkappa\lambda\acute{\nu}\delta\omega\nu$, the wind and the waves, and it seems plain, a priori, from the disparity of these two ideas, that they could not be joined in one compound; nor is there any other example of the like composition.

But Eurakylon or, as the Vulgate Latin here has it, Euroaquilo, approved by Grotius and others, is so apposite to the context and to all the circumstances of the place, that it may fairly challenge admittance as the word of St. Luke.

'Tis true, according to Vitruvius, Seneca and Pliny, who make Eurus to blow from the winter solstice, and Aquilo between the summer solstice and the north point, there can be no such wind or word as Euro-Aquilo, because the Solanus or Apeliotes from the cardinal point of east comes between them. But Eurus is here taken, as Gellius 2, 22 and the Latin poets use it for the middle equinoctial east, the same as Solanus; and then in the table of the XII winds, according to the ancients, between the two cardinal winds Septentrio and Eurus, there are two at stated distances, Aquilo and Καικίας. The Latins had no name for Καικίας, „Quem ab oriente solstitiali excitatum Graeci Καικίαν vocant, apud nos sine nomine est. Senec. Nat. Quaest 5, 16.

Καικίας therefore, blowing between Aquilo and Eurus, the Roman seaman, for want of a specific word, might express the same wind by the compouud Euro-aquilo, in the same analogy as the Grecks call Εὐρόνοτος the middle wind between Eurus and Notus, and, as you say now, North-east and South-east. Since, therefore, we have now found that Euro-aquilo was the Roman mariners word for the Greck Καικίας, there will soon appear a just reason why St. Luke calls it ἄνεμος τυφωνικός a tempestuous wind, Vorticosus, a whirling wind, for that is the peculiar character of Καικίας in those climates, as appears from several authors, and from that known proverbial verse:

Ἕλκων ἐφ' αὑτὸν ὡς ὁ Καικίας νέφη.

So with submission I think our Luthers version has done more right than the English to your sacred text, by translating it Nordost == Northeast; though according to the present compass, divided into XXXII, Euroaquilo answers nearest the East-northeast, which is the very wind, which would directly drive the ship from Crete to the African Syrtis, according to the pilot's fears in the 17th verse.

Wenn ich mich auch dem, was Bentley sagt, im übrigen nur anschließen kann, so muß ich doch darauf aufmerksam machen, daß in der zwölfteiligen Windrose nach dem, was ich im ersten Abschnitte auf S. 25 über die Morgenweite der Sommersonnenwende nach= gewiesen habe, der Καικίας aus der Richtung N 60° O weht, also in unserer Strichrose nicht eigentlich dem ONO, sondern einem nörd= licheren Winde, unserem NOzO, der Mitte zwischen NO und ONO, entsprechen würde. Man darf aber bei der Übertragung der alten Windnamen die Genauigkeit nie so weit treiben, und so mag der Eurakylon immerhin durch Nordoster übersetzt werden.

15. Da nun das Schiff fortgerissen wurde und nicht mit dem Kopfe in den Wind zu bringen war, gaben wir es auf und trieben dahin.

Zum Verständnis dieses wortkargen aber inhaltreichen Verses müssen wir uns klar machen, welche Maßregeln von den Umständen

geboten wurden. Sollte das Schiff nicht mit denen des Odysseus
gleiches Schicksal haben, Od. 9, 70:
αἱ μὲν ἔπειτ' ἐφέροντ' ἐπικάρσιαι, ἱστία δέ σφιν
τριχθά τε καὶ τετραχθά διέσχισεν ἲς ἀνέμοιο,
so war das erste, was geschehen mußte, daß man das große Segel
und die Rahe strich. Dagegen ist es so gut wie gewiß, daß man
das kleine Vorsegel, den Artemon, als Sturmsegel stehen ließ, um
das Schiff damit vor dem Winde zu halten und es steuern zu können;
es durfte kein Spielball der Wellen werden. Wenn man von einem
schweren Sturme überfallen wird, so muß man, wie der deutsche
Seemann sagt, entweder beiliegen oder lenßen. Jenes geschieht
dadurch, daß man den Kopf des Schiffes so nahe wie möglich an
oder in den Wind bringt, dieses indem man vor dem Winde segelt,
beides also, indem man dem Kiele die Richtung des Windes giebt.
Man erreicht dadurch, daß die Wellen an den Seiten des Schiffes
entlang und nicht, was wenn irgend möglich zu vermeiden ist, quer
dagegen laufen. Wie oben erwähnt ist, nennen wir das Schwanken
nach rechts und links, also um die Längsachse: Schlingern, und das
Neigen nach vorn und hinten, also um die Querachse: Stampfen.
Während es nun so gut wie unmöglich ist, daß das Schiff durch das
Stampfen über Kopf umschlägt, liegt beim Schlingern in hohler See
die Gefahr des Umschlagens nach der Seite oder des Kenterns sehr
nahe. Und legt man das Schiff mit dem Kopfe gegen die See, so
daß es den Kamm der Wellen rechtwinklig durchschneidet, so wird
das Wasser vom Vorsteven gespalten und von den beiden Bugen zur
Seite geschoben, und sollte trotzdem eine hohe Woge über das Schiff
stürzen, so wird das überkommende Wasser doch nicht mehr als die
Breite des Schiffes betragen; liegt dagegen das Schiff quer gegen
die See, d. h. mit seiner Längsachse parallel mit dem Wellenkamm,
so wird eine Sturzwelle ohne zur Seite geschoben zu werden, sich in
der ganzen Länge des Schiffes über das Verdeck ergießen, alles zer=
trümmern und das Fahrzeug, wenn es schwer beladen ist, vielleicht
sofort versenken. Virg. Aen. 1, 106:
Stridens Aquilone procella
Velum adversa ferit fluctusque ad sidera tollit.
Franguntur remi, tum prora avertit et undis
Dat latus; insequitur cumulo praeruptus aquae mons.
Jetzt lenßte das Schiff, indem man den Wind von hinten hatte;
wollte man es beilegen, so daß der Wind von vorn kam, so mußte
man es um einen Halbkreis herumwenden, und dann fiel es mitten

in der Wendung quer gegen die See und war den eben geschilderten Gefahren ausgesetzt. Auch das mußte man befürchten, daß in diesem Augenblicke die Steuerremen von dem quer darauf fallenden Wellen= schlage abgebrochen würden. Aber alle diese Erwägungen betreffen nur die Frage, ob man wenden durfte; eine zweite ist die, ob man überhaupt wenden konnte. Und wenn unser Berichterstatter dies in Abrede stellt, so sind die Gründe dafür jedem Seemanne sofort klar. Soll das Schiff dem Steuer gehorchen, so muß es eine gewisse Fahrt laufen, und dieser Fortgang muß sehr bedeutend sein, wenn die Wendung den ganzen Halbkreis von der Richtung vor dem Winde bis zur Richtung in den Wind betragen soll. Hätte man das große Segel stehen lassen können und schlichtes Wasser gehabt, so würde man dem Schiffe wohl die erforderliche Geschwindigkeit haben geben können, um es in den Wind laufen zu lassen. Aber es stand nur das kleine Vorsegel, und dies gab nicht allein nicht die ausreichende Fahrt, sondern war der Wendung geradezu hinderlich, weil es ja den Kopf des Schiffes nach vorn zog. Der Seemann pflegt zu sagen: die Vordersegel ziehen, aber die Hintersegel steuern das Schiff. Hätte man einen Hintermast mit Segel gehabt, so würde man dies gesetzt und das Vorsegel weggenommen haben. Dann würde durch den Winddruck auf das Hinterteil dieses herumgeschlagen und der Kopf dem Winde entgegen gedreht sein. Da man aber keinen Hintermast hatte, so konnte das Schiff auch nicht in den Wind, es konnte nicht zum $\dot{\alpha}\nu\tau o\varphi\vartheta\alpha\lambda\mu\varepsilon\tilde{\iota}\nu$ gebracht werden. Das griechische Wort ist ein Kunstausdruck, aber ganz wörtlich zu verstehen. Wie wir vom Kopfe des Schiffes sprechen, so hatte das griechische Schiff sein $\mu\varepsilon\tau\omega\pi o\nu$, sein Antlitz; es hatte seine Wangen, $\pi\alpha\varrho\varepsilon\iota\alpha\varsigma$, unsere Buge; es hatte seine Augen, $\dot{o}\varphi\vartheta\alpha\lambda\mu o\dot{\upsilon}\varsigma$, unsere Klüsen, durch die das Ankertau fährt. So heißt $\dot{\alpha}\nu\tau o\varphi\vartheta\alpha\lambda\mu\varepsilon\tilde{\iota}\nu$ die Augen in den Wind bringen, ihm die Stirn bieten. Ein anderes, schönes malerisches Wort ist das dem Vergleiche des Schiffes mit einem Pferde entnommene $\dot{\alpha}\nu\alpha\chi\alpha\iota\tau\acute{\iota}\zeta\varepsilon\iota\nu$, Lucian. Lexiph. 15, das Schiff sich aufbäumen lassen, worin zugleich die Bedeutung des Zurückhaltens liegt, denn $\dot{\alpha}\nu\acute{\alpha}$ hat hier den Sinn: gegen die Richtung, wie $\kappa\alpha\tau\acute{\alpha}$ den: mit der Richtung. Herodot 4, 110: $\dot{\varepsilon}\varphi\acute{\varepsilon}\varrho o\nu\tau o\ \kappa\alpha\tau\grave{\alpha}\ \kappa\tilde{\upsilon}\mu\alpha\ \kappa\alpha\grave{\iota}\ \ddot{\alpha}\nu\varepsilon\mu o\nu$, sie trieben mit dem Winde und den Wellen. Ein ganz böses Hindernis für das Umwenden des Schiffes war nun aber noch das Boot. Der Sturm war so plötzlich los= gebrochen, daß man nur Zeit gehabt hatte, das Segel zu streichen, damit es nicht wegflöge. Man konnte das Boot nicht mehr einsetzen und mußte sich begnügen, es von vorn am Schiffe, wo es bis dahin zum Bugsieren gedient hatte, nach hinten zu bringen, denn vorn wäre es vom Schiffe, welches auch ohne Segel vom Winde fortgetrieben wurde, überholt und beim Auf- und Niederstampfen desselben zerschmettert. Aber es war sicher gleich voll Wasser geschlagen, schleppte wie ein schwerer, großer Klotz hinterdrein und hielt das Schiff zurück. Es vereinte sich alles, um eine Wendung des Schiffes unmöglich zu machen. Hätte man dies trotzdem versucht, so lag die Gefahr nahe, daß das Boot an die Schiffsseite getrieben und daran von den Wogen zerschellt wäre. So fügte man sich denn in sein Schicksal, man gab es auf etwas zu thun und ließ sich von Wind und Wellen dahin treiben. Eur. Troad. 683:

ναύταις γὰρ ἦν μὲν μέτριος ᾖ χειμὼν φέρειν
προθυμίαν ἔχουσι σωθῆναι πόνων,
ὁ μὲν παρ' οἴαχ', ὁ δ' ἐπὶ λαίφεσιν βεβὼς
ὁ δ' ἄντλον εἴργων ναός· ἢν δ' ὑπερβάλῃ
πολὺς ταραχθεὶς πόντος, ἐνδόντες τύχῃ
παρεῖσαν αὑτοὺς κυμάτων δρομήμασιν.

Weshalb man aber wünschte, das Schiff in den Wind zu bringen, werden die Bemerkungen zu Vers 17 erklären.

16. Wir liefen aber unter ein kleines Eiland, genannt Kauda und konnten uns nur mit Mühe des Bootes bemächtigen.

Der nordöstliche Wind trieb das Schiff von der Küste Kretas weg an der Südseite der Insel Kauda vorbei. Über die verschiedenen Benennungen des Eilandes im Altertume vgl. Müller: Geogr. Graec. min. I, pag. 508. Jetzt heißt es bei den Griechen Gaudo und bei den Italienern Gozzo. Das ὑπό hat hier wieder wie in Vers 4 die Bedeutung: an der Seite unter dem Winde oder in Lee. Die See war in der kurzen Zeit nach Ausbruch des Sturmes noch nicht so hoch aufgelaufen, daß man schon die Steuerremen hätte einziehen und aufbinden müssen, und so gelang es, das Schiff unter den Schutz der Insel zu steuern, wo der Wind nicht so heftig und das Wasser schlichter war, als draußen auf hoher See. Das erste, was hier geschehen mußte, war das, daß man das Boot in Sicherheit brachte; man durfte es nicht preisgeben, weil auf ihm möglicherweise die Rettung der Menschenleben beruhte. Wir hätten gern nähere Kunde über die Maßregeln, die man zu dem Ende ergriff, und wäre Lucas Seemann gewesen, er würde sicher nicht unterlassen haben, uns darüber etwas mitzuteilen. Die Hauptschwierigkeit beim Einsetzen bestand darin, daß man das Boot, um es nicht zu beschädigen, beim Heraufziehen frei vom Schiffe halten mußte. Wäre die große

Rahe nicht gestrichen gewesen, so hätte man diese dazu benutzen
können. Man hätte an den einen Rahenock Giene, d. h. große
Flaschenzüge angebracht und mit ihrer Hülfe das Boot, ohne es nahe
an die Schiffswand kommen zu lassen, aus dem Wasser gehoben und,
sobald es über Deckhöhe gewesen, an Bord eingeholt. Wie man
sich zu helfen gewußt hat, wissen wir nicht, und ich vermeide es, auf
die verschiedenen Möglichkeiten einzugehen. Daß die Mühe groß
gewesen ist, würde sich für den Seemann, auch wenn es hier nicht
ausdrücklich erwähnt wäre, aus der Sachlage von selbst ergeben.
Wir erfahren auch nicht, wohin das Boot auf Deck gesetzt wurde;
wahrscheinlich erhielt es seinen Platz zwischen den beiden Masten.

17. Als sie das eingeholt hatten, wandten sie Schutzmittel an
und gürteten das Schiff. Und da sie fürchteten, sie würden in die
Syrte geraten, ließen sie das Geschirr nieder und trieben so.

Im ganzen Berichte hat dieser Vers den Auslegern wohl die
meiste Schwierigkeit gemacht. Das ὑποζωννύναι ist von Vielen,
namentlich auch von Smith, nicht richtig, und das χαλάσαντες τὸ σκεῦος
ist überall nicht verstanden. In bezug auf die Bedeutung jenes
Wortes muß ich mich Böckh anschließen, der auf Grund der attischen
Seeurkunden zuerst mit Sicherheit nachgewiesen hat, daß wir es dabei
mit Tauen zu thun haben; und der über die Art und Weise ihrer
Verwendung die Ansicht ausspricht, daß sie der Länge nach von
außen um das Schiff gelegt wurden. Vorausgesetzt wurde dies von
Seekundigen schon früher. So sagt Nicolaus Witsen, Aaloude en
hedendaagsche Scheepsbouw en Bestier, Amsterd. 1690, fol. pag. 477:
Als een Stuurman of Schipper ziet, dat zyn schip los is en niet
vast in elkander gesloten, ombindt hy 't zelve by storm mit
Kabels of touwen (ziet Act. 27), op dat, de einden by elkander
blyvende, het niet kome te vergaan. Dit is gedaan in 't jaar
1679 aan een oorloghschip, de Burgh van Leiden genaamt, waar
mede den Kapitein omtrent anderhalf millioen, in stukken van
achten, uit Cadix tot Amsterdam braght. Das ὑπό in ὑποζωννύναι
bedeutet an der Unter= oder Außenwand, da die Seiten des Schiffes
nach außen hin überhängen. So erklärt es auch Böckh Urk. S. 134:
„Der Name selbst beweist, daß sie Gurten sind unter dem Schiffe,
das heißt an der äußeren Fläche. Die Hypozome waren starke Taue,
welche in ungefähr wagerechter Richtung rund um das Schiff vom
Vorderteil bis zum Hinterteil herumliefen." Ich möchte gleich hier
bemerken, daß sich bei den alten Schriftstellern, soviel ich weiß, nie
auch nur die geringste Andeutung findet, daß Taue quer um das

Schiff gelegt, wohl aber, daß sie der Länge nach und zwar zu verschiedenen Zwecken angebracht wurden. Daß dies schon in ganz früher Zeit geschah, wenn es sich darum handelte, das Schiff aus dem Wasser auf das Land zu ziehen, dürften wir als gewiß annehmen, auch wenn es garnicht erwähnt würde; denn wie anders hätte man dies wohl bewerkstelligen wollen? Es bezieht sich aber hierauf im Homer das Wort σπείρας Od. 6, 269, welches vom Scholiasten richtig erklärt wird als τοὺς μεγάλοις κάλως, δι' ὧν αἱ νῆες ἕλκονται, ferner die Stelle im Euripides Troad. 538, wo vom hölzernen Pferde gesagt wird, daß es mit Zugsträngen umlegt gewesen sei,

κλωστοῦ δ' ἀμφιβόλοις λίνοισι
ναὸς ὡς σκάφος κελαινόν,

wo selbstverständlich ναὸς ὡς σκάφος sich nicht auf das Boot bezieht, sondern ein ἓν διὰ δνοῖν für ναῦς ist. Während der ersten Zeit werden die beiden Enden des rund um das Schiff gelegten Taues wohl allein von Menschenhand gezogen sein; später und wahrscheinlich schon zur Trierenzeit wurden Flaschenzüge dabei benutzt. Vitruv. 10, 2, 10: Non minus eadem ratione (machinationum) et temperatis funibus et trochleis subductiones navium efficiuntur. Wir dürfen aber die hierzu gebrauchten Taue nicht als ὑποζώματα bezeichnen, weil diese dem Schiffe beim Antritte der Reise oder während derselben fest angelegt wurden, um die Beplankung zusammenzuschnüren und gegen das Losspringen zu sichern, wenn der Schiffskörper durch den Wogenschlag oder durch einen sonstigen Stoß erschüttert wurde. Es geht dies klar aus der Stelle des Apollonius Rhodius Argon. 1, 367 hervor, wo dieser die Vorbereitungen beim Ablaufen des Schiffes vom Lande ins Wasser schildert:

νῆα δ' ἐπικρατέως, Ἄργου ὑποθημοσύνῃσιν
ἔζωσαν πάμπρωτον ἐϋστρεφεῖ ἔνδοθεν ὅπλῳ
τεινάμενοι ἑκάτερθεν, ἵν' εὖ ἀραροίατο γόμφοις
δούρατα, καὶ ῥοθίοιο βίην ἔχοι ἀντιόωσαν.

Wir dürfen dieser Schilderung um so mehr Vertrauen schenken, als Apollonius in Alexandrien oft genug Zeuge beim Ablaufen eines Schiffes vom Helgen gewesen sein wird. Man legte das Tau von hinten nach vorn um die beiden Seiten, ἑκάτερθεν, nahm nun aber das Ende von der Steuerbordseite durch die Backbordklüse und das von der Backbordseite durch die Steuerbordklüse nach innen und zog dann die beiden Enden binnenbords, ἔνδοθεν τεινάμενοι, entweder mit Hülfe von Flaschenzügen, oder indem man sie um die Ankerwinde legte, straff an. Man durfte nämlich nicht das Steuerbordende durch die Steuerbordklüse und das Backbordende durch die Backbordklüse nehmen, weil in dieser Weise das Vorschiff zwischen den Klüsen nicht mit umspannt gewesen und durch das straffe Anziehen der Gürtung der Vorsteven nach vorn hin aus dem Verbande gedrängt wäre. Das ὑπόζωμα lag also vor dem Vorsteven doppelt. Man hat die Lesart ἔνδοθεν beanstandet und auch Böckh meint, daß das Anstraffen von innen ganz unmöglich gewesen sei, während doch das hier anzuwendende Verfahren, wie das jedem Seemanne sofort klar ist, eine andere Lesart als ἔνδοθεν garnicht zuläßt. Daß Apollonius ein seinerzeit gebräuchliches Verfahren schon von den Argonauten anwenden läßt, obgleich es diesen vielleicht ebenso wenig wie Homer bekannt gewesen sein wird, bedarf wohl kaum der Erwähnung; dagegen muß ich darauf hinweisen, daß meine Darstellung sich auf das Schiff des Paulus bezieht. Ich lasse das Tau von hinten nach vorn, Böckh läßt es von vorn nach hinten um das Schiff legen. Es ist das nicht einerlei, und ob dies oder jenes geschehen soll, hängt davon ab, ob man die Vorder- oder Hinterklüsen für die Ankerkabel frei behalten will. Die Regel war, daß man die Anker von vorn fallen ließ, und dann mußte, wie Böckh voraussetzt, das Gürttau von vorn angelegt und durch die Hinterklüsen nach binnen genommen werden. Bei dem Schiffe des Paulus ließ man aber die Anker von hinten fallen, sodaß das Gürttau durch die Vorklüsen genommen werden konnte. Woraus Böckh schließen will, daß die Seitenplanken der Argo noch nicht gehörig mit Nägeln zusammengefügt seien, verstehe ich nicht. Das ἵν᾽ εὖ ἀραροίατο γόμφοις δούρατα sagt nichts anders, als daß die Gürtung deshalb geschehen sei, damit die festgenagelten Planken gut haften blieben und nicht lossprängen, wenn sie dem Wogenschlag ausgesetzt würden. Es bedarf nun aber wohl keines Wortes weiter, um begreiflich zu machen, daß man bei einem auf dem Lande liegenden Schiffe die Gürtung nicht unter dem Kiele durchziehen darf; wie hätte man es mit einer solchen ablaufen lassen können? Ebenso ergiebt sich aus den attischen Seeurkunden, daß die ὑποζώματα schon angelegt wurden, wenn die Schiffe noch auf dem Helgen lagen. Böckh Urk. S. 137: „Manche Schiffe lagen auch schon gegürtet auf den Werften (N. X. b. 26. c. 9), namentlich hatte der Rat unter dem Archon Euaenetos Olymp. 111, 2. Schiffe gürten lassen, deren Hypozome in der Gesamtzahl der vorhandenen mitgezählt werden (N. XI. ff. litt. f.)". Auch von den vierzig Schiffen, welche die Rhodier nach dem Rate des Hegesilochos gegürtet bereit halten sollten, damit sie den Römern für den Notfall sofort zur Verfügung ständen, darf man voraussetzen, daß die Gürtung am Lande geschah, da das Ablaufen jeden Augenblick geschehen konnte und die Schiffe am Lande besser aufgehoben waren, als im Wasser. Polyb. Exc. Leg. 64: καὶ μ' ναῦς συμβουλεύσας Ἡγησίλοχος τοῖς Ῥοδίοις ὑποζωννύειν, ἵνα, ἐάν τις ἐκ τῶν καιρῶν γένηται χρεία, μὴ τότε παρασκευάζωνται πρὸς τὸ παρακαλούμενον, ἀλλ' ἑτοίμως διακείμενοι πράττωσι τὸ κριθὲν ἐξαυτῆς. Solche bereits am Lande gegürtete Trieren wird Plato gesehen und im Auge gehabt haben, wenn er Rep. X. S. 616. c von der Milchstraße sagt, daß von ihr der ganze Umfang des Himmels zusammengehalten werde, wie die Trieren von ihren Gurten: εἶναι γὰρ τοῦτο τὸ φῶς ξύνδεσμον τοῦ οὐρανοῦ, οἷον τὰ ὑποζώματα τῶν τριήρων, οὕτω πᾶσαν ξυνέχον τὴν περιφοράν. Die Ausdrucksweise ist freilich nicht bestimmt, und man könnte einwenden, daß dieser Vergleich eher auf die Gürtung quer gegen den Kiel hinweise, weil bei dieser auch nur der Teil oberhalb des Wasserspiegels sichtbar sei, gerade wie bei der Milchstraße der über dem Horizonte befindliche; und ich wundere mich, daß die Anhänger der Quergürtung dies nicht für ihre Ansicht geltend gemacht haben. Trotzdem muß ich Böckh beitreten, der hier die Längsgürtung voraussetzt. Der Nachdruck liegt auf πᾶσα ἡ περιφορά, und wo vom Umfange des Schiffes die Rede ist, da wird der Unbefangene darunter stets den wagerechten verstehen. Aber abgesehen davon, so steht nun einmal die Thatsache fest, daß die Gürtung häufig schon am Lande geschah, und die Möglichkeit des Ablaufens mit Gurten unter dem Kiele ist ein für allemal von der Hand zu weisen. Sie würden unter dem furchtbaren Drucke von den scharfen Kanten an der Seite des Kieles durchgeschnitten, unter dem Kiele zerquetscht und durch die Reibung zermalmt und verbrannt sein. Immerhin ist zuzugestehen, daß Plato sich nicht bestimmt ausdrückt. Um so deutlicher ist die Erklärung des ὑπόζωμα als tormentum bei Isidor Origg. 19, 4, 4: tormentum funis in navibus longus, qui a prora ad puppim extenditur, quo magis constringantur. Im Griechischen heißt das ὑποζωννύναι sonst auch διαζωννύναι, so bei Appian Bell. civ. 5. pag. 724, wo dieser erzählt, daß Sextus Pompejus seinen Seesieg nicht zu benutzen gewußt, weil derselbe die flüchtigen, beschädigten Schiffe nicht verfolgt und angegriffen habe, ἀλλ' ὑπερεῖδεν ἐκ τῶν δυνατῶν διαζωννυμένοις τὰ σκάφη καὶ ἀνέμῳ διαπλέοντας ἐς τὸ Ἱππώνειον, εἴτε τὴν συμφορὰν ἀρκεῖν οἱ νομίζων, εἴτ' ἄπειρος ὢν νίκην ἐπεξελθεῖν. Ich möchte auch mit Schneider gegen Böckh das bei Schiffen mehrfach vorkommende ζεῦξαι wenigstens in einzelnen Fällen hierher= ziehen, so z. B. Thucyd. 1, 29: Οἱ Κερκυραῖοι τὰς ναῦς ἅμα ἐπλήρουν. ζεύξαντές τε τὰς παλαιάς, ὥστε πλωΐμους εἶναι, καὶ τὰς ἄλλας ἐπισκευάσαντες. Daß hier das ζεύξαντες nicht richtig verstanden ist, rührt wohl von der Verschiebung der Scholien her. Sie lauten zu ἅμα ἐπλήρουν · ἀνδρῶν δηλονότι, ζυγώματα αὐτοῖς ἐνθέντες εἰς τὸ συνέχεσθαι, und zu ζεύξαντές τε · εὐτρεπίσαντες τοὺς ζυγοὺς ἁρμόσαντες ἐν αὐταῖς, wo offenbar das erste nur ἀνδρῶν δηλονότι enthalten sollte, und der zweite Teil, in dem αὐταῖς statt αὐτοῖς zu lesen ist, zu ζεύξαντες zu ziehen ist. Das zweite Scholion gehört wohl zu ἐπισκευάσαντες, obgleich die Erklärung τοὺς ζυγοὺς ἁρμόσαντες nirgend anzubringen und daher zu verwerfen ist, aber zu dem Mißverständnis von ζεύξαντες Veranlassung gegeben hat. Der Casselaner Kodex hat das richtige Scholion ζεύξαντες · ζεῦγμα αὐταῖς ἐνθέντες εἰς τὸ συνέχεσθαι, identisch mit dem obigen zu ἐπλήρουν. Thucydides sagt, daß die alten Schiffe, deren Verband bereits gelockert sein mußte, gegürtet wurden, um wieder seetüchtig zu sein, die anderen aber, wie wir uns kurz ausdrücken, nachgesehen d. h. untersucht wurden, ob sie auch noch irgendwo eine Aufbesserung nötig hatten, um sie in diesem Falle, wie wir das nennen, aufzuzimmern. Es ist hier genau dasselbe gemeint, wie Thucyd. 7, 38: τούς τε τριηράρχους ἠνάγκαζεν ἐπισκευάζειν τὰς ναῦς, εἴτις τι ἐπεπονήκει. Das Einsetzen der Ruderbänke hat weder mit dem Alter noch mit dem Aufzimmern etwas zu thun.

Man könnte als Wahrscheinlichkeitsgrund für die Längs= und gegen die Quergürtung auch den anführen, daß durch die letztere die Geschwindigkeit und Beweglichkeit, also namentlich auch die Leichtigkeit des Wendens in hohem Grade beeinträchtigt werden würden, während doch die Trieren eigens πρὸς τάχος καὶ περιαγωγὴν wie es beim Plutarch Cim. 12 heißt, gebaut wurden. Darauf wäre aber zu erwidern, daß in dem Falle, wo nun einmal ein Schiff vom Untergange nicht anders als durch Quergürtung zu retten ist, diese trotz der damit verbundenen Nachteile angebracht werden muß. Wir könnten eine Anzahl solcher Fälle aus neuerer Zeit mitteilen, und es ist die Möglichkeit nicht ausgeschlossen, daß sie dann und wann auch im Altertume vorgekommen ist, obwohl alle Nachrichten darüber fehlen. Es kommt eben alles auf den besonderen Fall an, und die wichtigste Frage ist immer die, wozu sollte die Gürtung dienen? Als Zweck im allgemeinen giebt Apollonius an, daß durch das Zusammenschnüren die Planken bei Erschütterung des Schiffes vor dem Losspringen gesichert werden sollen. War das bei einem Segelschiffe, wie der Argo, nötig, so noch in viel höherem Grade bei den Rammschiffen, den Trieren. Schon ihre Bezeichnung als νῆες μακραί weist darauf hin, daß ein Plankengürtel, ζωστήρ, von vorn bis hinten unmöglich aus einer einzigen Planke bestehen konnte, es mußten mehrere an einander gesetzt werden. Von einer Quergürtung konnten aber nur die in der Mitte des Schiffes befindlichen Planken festgehalten werden; wollte man also die sämtlichen Planken von vorn nach hinten vor dem Losspringen sichern, so konnte das nur durch die Längsgürtung geschehen. Man muß nun aber nach allen Nachrichten, die wir über das ὑπόζωμα haben, annehmen, daß man sich dabei auf die Planken oberhalb des Wasserspiegels beschränkte; warum geschah dies oder konnte es geschehen? Eine merkwürdige Stelle bei Plutarch, Lucull. 3, die auch wegen des eigentümlichen Schiffsmanövers, dessen Zweckmäßigkeit mir nicht recht einleuchten will, eine Besprechung verdiente, hat mich veranlaßt, diese Frage aufzuwerfen, und ich halte sie nach ihrer mechanischen Seite für wichtig genug, um den Versuch einer Beantwortung zu wagen. Es heißt dort am Ende: καὶ πιεσθείσης ἐνταῦθα (ἐπὶ πρύμναν) τῆς νεώς, ἐδέξατο τὴν πληγὴν ἀβλαβῆ γενομένην, ἅτε δὴ τοῖς θαλαττεύουσι τῆς νεὼς μέρεσι προσπεσοῦσαν. Im ersten Augenblicke hielt ich die Stelle für verderbt, weil ich sie auf einen durch den Stoß verursachten Leck bezog, der natürlich unter der Wasserlinie ungleich gefährlicher ist, als über derselben. Es ist aber nicht von einem Leck, sondern nur von der Erschütterung die Rede, die den Planken unter Wasser nicht so schädlich sein soll, als denen über Wasser. Wir können über diese Behauptung nicht aus der Erfahrung urteilen, da unsere Rammschiffe nicht von Holz, sondern von Eisen und auch erst neueren Datums sind. Ich habe aber keinen Grund, die Angabe Plutarchs für rein aus der Luft gegriffen zu halten und denke mir, daß sich die Sache vielleicht folgendermaßen verhält. Wenn man, etwa um einen Nagel einzutreiben oder zu vernieten, gegen ein dünnes Brett schlagen muß, welches durch die Erschütterung des Schlages sofort zerbrechen oder sich aus seiner Einfassung lösen würde, so braucht man nur einen Hammer mit seiner flachen Bahn lose gegen die Rückseite zu halten, um den Schlag gegen das Brett unschädlich zu machen. Sollte das Wasser, welches sich ja gegen einen raschen flachen Schlag wie ein starrer Körper verhält, auf die unteren, von ihm bedeckten Planken ähnlich wirken, wie der Hammer gegen das Brett? Oder will Plutarch bloß sagen, daß der untere Teil des Stevens, der durch den Binnensteven und das Stevenknie fester mit dem Kiele verbunden sei, einen Stoß besser ertragen könne, als der obere Teil, der dieser Stützen entbehre und deshalb leichter einbreche? Ich muß es dahin gestellt sein lassen, da ich vergebens nach einer ähnlichen Nachricht gesucht habe, die hier Aufschluß geben könnte.

Hatte auch in unserem Falle die Gürtung zunächst den Zweck, daß das Schiff den Schlag der Wogen besser aushalten möge, ἵνα ῥοθίοιο βίην ἔχοι ἀντιόωσαν, so sollte sie doch noch einen anderen nicht weniger wichtigen Dienst leisten, sie sollte verhüten, daß das Schiff den Rücken breche. Ich muß, um dies zu erklären, etwas weiter ausholen.

Es ist vorhin schon erwähnt, daß ein Fahrzeug bei schwerem Sturme darauf angewiesen ist, sich mit dem Kiele soviel wie möglich rechtwinklig gegen den Kamm der Wellen zu legen, mag es nun beiliegen oder lenzen, d. h. dem Winde das Vorschiff oder das Hinterschiff zukehren. Der Bericht sagt uns, daß man das erste, ἀντοφθαλμεῖν, nicht konnte; er sagt uns aber auch, daß man das zweite, wobei man mit voller Fahrt vor dem Winde segelt, nicht wollte, weil man sich damit ja geradezu beeilt hätte, in die Syrte zu geraten. Was blieb denn nun aber als drittes übrig? — Smith meint, man habe das Schiff über Backbord gelegt, d. h. so daß der Wind von Steuerbord einkam, habe Sturmsegel gesetzt und mit ihnen das Schiff sieben Strich am Winde gehalten. Er nimmt dann eine Abtrift von sechs Strich als die in diesem Falle wahrscheinliche an und erhält so einen Kurs, der geradeswegs auf Malta zuführt. Man sieht deutlich, daß seine Annahmen nur gemacht sind, um zu diesem Ergebnis zu gelangen. Ich kann mich seiner Ansicht nicht anschließen. Zunächst verstehe ich nicht, wie ein so verständiger Mann aus dem Namen Euroaquilo die Richtung des Windes auf Grade und Minuten genau glaubt bestimmen zu können. Ich will davon absehen, daß eine Abtrift von sieben Strich unter diesen Umständen ebenso wahrscheinlich ist als eine von sechs Strich, und daß der Wind doch schwerlich während dreizehn Tage haarscharf aus derselben Richtung geweht haben wird. Aber wie hat Smith es für möglich halten können, daß das Schiff in dieser ganzen Zeit bei fliegendem Sturme quer gegen die See gelegen haben soll? Denn ob es sieben oder acht Strich am Winde lag, ist ganz gleichgültig. Unaufhörlich würden die Sturzseen darüber weggeschlagen sein und die erste beste würde alles von Deck gewaschen haben. Man sieht eben, daß der Besitzer einer Lustjacht, der im Sommer bei schönem Wetter auf See spazieren fährt, doch recht wenig seemännische Erfahrung sammelt. Wie hat sich Smith denken können, daß man ohne jegliche Steuerung das Schiff hätte in dieser Lage halten können? Denn wüßten wir auch nicht aus der späteren Mitteilung, Vers 40, daß die Steuerremen eingeholt und aufgebunden waren, es verstände sich für die Lage, die Smith dem Schiffe giebt, ganz von selbst. Sie würden ja von der ersten besten See, die quer dagegen fiel, entweder den Steuernden aus der Hand geschlagen oder abgebrochen sein. Smith meint, man hätte Sturmsegel gesetzt; er hätte sich wohl darüber aussprechen können, was für welche das denn gewesen sein möchten. Das große Segel konnte man nicht gebrauchen; es wäre eine Unbesonnenheit ohne Gleichen gewesen, die schwere, große Rahe zu heißen; ihr Gewicht hätte das so schon gefährliche Schlingern noch gefährlicher gemacht, und wie leicht hätte das große Segel, weil man keine Steuerung im Schiffe hatte, back schlagen können? Ohne große Rahe konnte man aber auch kein Topsegel, supparum, fahren, und so blieb nur das Vorsegel, der $\dot{\alpha} \varrho \tau \acute{\varepsilon} \mu \omega \nu$, aber das hätte ja den Kopf des Schiffes stets vom Winde weg, nach vorn gedrängt. Zudem mußte es jetzt auch gestrichen werden, damit das Schiff so wenig Fahrt lief, wie möglich. Es würde mich zu weit führen, wollte ich hier auf andere, nur dem Seemanne von Fach verständliche Fragen eingehen; das Gesagte wird genügen, auch dem Laien deutlich zu machen, daß man das Schiff nicht quer gegen die See legen konnte. Auf dieser ganz unzulässigen Voraussetzung beruht nun aber auch Smiths Annahme, daß man das Schiff nach der Quere und nicht nach der Länge gegürtet habe. Hätte er die Bedeutung des $\chi \alpha \lambda \acute{\alpha} \sigma \alpha \nu \tau \varepsilon \varsigma$ $\tau \grave{o}$ $\sigma \kappa \varepsilon \tilde{v} o \varsigma$ erkannt, er würde zu einem anderen Ergebnisse gelangt sein.

Das dritte, was allein geschehen konnte und deshalb auch geschah, war das, daß man das Schiff zwar wie beim Lenzen vor den Wind brachte aber nicht segelte, sondern den Fortgang desselben nach Möglichkeit zu hemmen suchte, damit man nicht bei länger anhaltendem Sturme in die Syrte gerate, auf die der Wind gerade zuwehte. Man strich deshalb das Vorsegel und ließ dafür, wie der nautische terminus technicus lautete, das Geschirr nieder. Das Wort $\dot{\eta}$ $\sigma \kappa \varepsilon v \acute{\eta}$ bedeutet die Gesamtheit der Schiffsgeräte, das Wort $\tau \grave{o}$ $\sigma \kappa \varepsilon \tilde{v} o \varsigma$ jedes einzelne Gerät, Rahe, Remen, Ruder u. s. w., aber vorzugsweise den Anker. So sagt Hesychius, der sonst ein Schiffsgerät als $\sigma \kappa \varepsilon \tilde{v} \acute{o} \varsigma$ $\tau \iota$ $\tau \tilde{\eta} \varsigma$ $\nu \varepsilon \acute{\omega} \varsigma$ zu bezeichnen pflegt: $\ddot{\alpha} \gamma \kappa v \varrho \alpha \cdot \tau \grave{o}$ $\nu \alpha v \tau \iota \kappa \grave{o} \nu$ $\sigma \kappa \varepsilon \tilde{v} o \varsigma$, und bei Plutarch Reip. ger. praec. pag. 812 heißt der große, nur in der höchsten Not gebrauchte Anker schlechthin $\tau \grave{o}$ $\sigma \kappa \varepsilon \tilde{v} o \varsigma$ $\acute{\iota} \varepsilon \varrho \acute{o} \nu$, vgl. Lucian. Jup. Trag. 51. Die Erklärung des $\chi \alpha \lambda \tilde{\alpha} \nu$ $\tau \grave{o}$ $\sigma \kappa \varepsilon \tilde{v} o \varsigma$ findet sich nun auf das unzweideutigste bei Plutarch de garrul. pag. 507: $\nu \varepsilon \grave{\omega} \varsigma$ $\mu \grave{\varepsilon} \nu$ $\gamma \grave{\alpha} \varrho$ $\dot{\alpha} \varrho \pi \alpha \gamma \varepsilon \acute{\iota} \sigma \eta \varsigma$ $\dot{v} \pi \grave{o}$ $\pi \nu \varepsilon \acute{v} \mu \alpha \tau o \varsigma$ $\dot{\varepsilon} \pi \iota \lambda \alpha \mu \beta \acute{\alpha} \nu o v \tau \alpha \iota$ $\sigma \pi \varepsilon \acute{\iota} \varrho \alpha \varsigma$ $\kappa \alpha \grave{\iota}$

ἀγκύραις τὸ τάχος ἀμβλύνοντες. „Wenn das Schiff vom Sturme fortgerissen wird, so greift man zu Schleiftrossen und Treibankern und hemmt damit die Geschwindigkeit." Man könnte glauben, der Satz sei als Scholion zu unserer Stelle geschrieben, wie denn auch das Wort ἁρπαγείσης dem συναρπασθέντος in Vers 15 entspricht. Der Singular τὸ σκεῦος aber hat in dieser Verbindung denselben Sinn wie sonst der Plural τὰ σκεύη, es ist das lateinische impedimentum. Wollten wir das Wort an unserer Stelle erklärend übersetzen, so müßten wir es durch Treibgeschirr oder gemeinverständlicher durch Schleppgeschirr oder Hemmgeschirr wiedergeben.

Man wandte im Altertume bei schwerem Sturme schon dieselben Mittel an, die wir noch heute gebrauchen. Wenn wir ein Boot oder ein Schiff zwingen wollen, seine Richtung κατὰ κῦμα καὶ ἄνεμον zu behalten, sodaß die Wellen es nur von vorn oder hinten, aber nicht seitwärts treffen können, so benutzen wir eine Schleppvorrichtung, die wir mit einem allgemeinen Ausdruck Treibanker nennen. Soll auf einem Flusse das Schiff beim Hinuntertreiben ohne Segel nicht quer gegen den Strom geraten, so läßt man, je nachdem dasselbe mit dem Kopfe aufwärts oder abwärts gerichtet ist, vom Vorschiffe oder vom Hinterschiffe einen schweren Körper nachschleppen. Wir benutzen als solchen den Anker, der aber den Boden nur soweit berühren darf, daß er nicht eingreift, und daher rührt der Name Treibanker. Wenn die Ägypter ein schwerbeladenes Nilschiff den Strom hinabtreiben ließen, so befestigten sie an demselben vorn ein Floß von leichtem Holze und ließen hinten einen schweren Stein auf dem Grunde nachschleppen. Herodot 2, 96: ἡ μὲν δὴ τύρη τοῦ ῥόου ἐμπίπτοντος χωρέει ταχέως καὶ ἕλκει τὴν βᾶριν (τοῦτο γὰρ δὴ οὔνομά ἐστι τοῖσι πλοίοισι τούτοισι)· ὁ δὲ λίθος ὄπισθεν ἑλκόμενος κατιθύνει τὸν πλόον. Auf hoher See ist die Tiefe so groß, daß man nicht daran denken kann, einen Anker bis auf den Grund niederzulassen; man muß hier eine besondere Vorrichtung treffen. Von den verschiedenen, teilweise sehr sinnreichen Arten will ich zur Veranschaulichung nur die einfachste beschreiben. Man durchbohrt eine Thür oder einen Lukendeckel an den vier Ecken, steckt durch die Löcher Taue, verhindert deren Durchschlüpfen durch einen Knoten und bindet sie an der anderen Seite in einen Knoten zusammen, sodaß man das Bild einer in Ketten getragenen Wagschale hat. Während diese nun aber in wagerechter Lage schwebt, soll die Thür oder der Lukendeckel aufrecht stehen, um dem Durchschleifen durch das Wasser Widerstand zu leisten. Deshalb befestigt man an der einen Kante einen Sandsack oder sonst ein Gewicht, wodurch

diese nach unten gezogen wird, und an der entgegengesetzten Kante mit
Hülfe eines etwas längeren Taues eine leere, dichte Tonne, wodurch das
Untersinken verhindert wird. Hat man dann an den Verbindungsknoten
der vier Taue ein hinten am Schiffe befestigtes Kabel gesteckt, so wirft
man das Ganze über Bord. Durch den Widerstand, den das Wasser der
Bewegung der aufrechten Fläche entgegengesetzt, wird das Schiff
zurückgehalten und liegt so gleichsam im Wasser verankert. Wie man
auf dem Schiffe des Paulus die wirklichen Anker als Treibanker
benutzte, werden wir weiter unten sehen. Das andere von Plutarch
erwähnte Mittel, um den Lauf des Schiffes zu hemmen, bestand
darin, daß man ein großes, aus Tauwerk zusammengewundenes
Knäuel, ein σύστρεμμα ἐκ σχοινίου, bei uns Wiel genannt, dem Schiffe
nachschleifen ließ. Von Hause aus diente ein solches als Puffer oder,
wie unsere Seeleute sagen, als Fender, mit dem man den Stoß
abschwächte, wenn z. B. ein Schiff bei einem anderen an Bord legte,
als μάλαγμα τῆς ἀντιτυπίας. Plut. Sympos. quaest. 1, 2 in fine.
Der technische Ausdruck dafür war σπεῖρα. Hesychius hat σπεῖραι · ...
καὶ τὰ μαλάγματα τῶν νεῶν. — Die Grundbedeutung dieses Wortes
ist die des Gewundenseins, so daß es auch Hom. Od. 6, 269 für
das σχοινίον gebraucht wird, welches um einen Gegenstand herum-
gewunden ist. Ich möchte mich nämlich für die Lesart σπείρας entscheiden und halte die Auffassung des Scholiasten für richtig, σπείρας
δι' ὧν αἱ νῆες ἕλκονται ἢ δι' ὧν οἱ τροχίλοι δεσμοῦνται. In jenem
Falle bedeuten sie die λίνα ἀμφίβολα, von denen oben S. 127 die Rede
gewesen ist, in diesem den um den Block gelegten Stropp, an dem
die Last befestigt wird. Die πείσματα an jener Stelle sind die Landfesten, und die σπεῖρα die Trossen, die um das Schiff gelegt wurden,
wenn es auf das Land gezogen werden sollte. Die Seilerbahnen
oder, wie die Seeleute sagen, die Reeperbahnen liegen ja auch bei
uns wie bei den Phäaken unter freiem Himmel, während die Segel,
τὰ σπεῖρα, auf dem Segelboden unter Dach gemacht werden, und
außerdem brauchten die Phäaken für ihre Ruderschiffe keine Segel.
Doch dies nur nebenbei. — Die über Bord geworfenen σπεῖραι
dienten nun aber nicht bloß, um die Fahrt des Schiffes zu hemmen
und es, wenn die Steuerremen gebrochen waren oder nicht gebraucht
werden konnten, vor den Wind zu halten; sie schützten es auch vor
den Sturzwellen, denn an ihnen brach sich die See. Auch wir lassen
im Sturme oder in der Brandung zu demselben Zwecke und mit dem
besten Erfolge Taue nachschleifen, an denen aber statt eines Knäuels
ein langes Rundholz, eine Stenge o. dgl. befestigt ist. Lucian läßt

Toxar. 19 jemanden erzählen, wie man in schwerem Wetter vor Top und Takel getrieben habe: ἀπὸ ψιλῆς τῆς κεραίας πλέοντες, ἔτι καὶ σπείρας τινὰς ἐπισυρόμενοι, ὡς τὸ ῥόθιον ἐπιδέχεσθαι τῆς ὁρμῆς. Die Stelle verdient auch sonst nachgelesen zu werden, da die Schilderung, wie ein Mann über Bord geht und gerettet wird, heute geschrieben sein könnte. Er steht seekrank an der Riegelung, da hellt das Schiff stark nach der Seite über, τῆς νεὼς βιαιότερον ἐπικλιθείσης, und er stürzt über Kopf in die See. Man kann das Schiff nicht wenden, um ihn wieder aufzunehmen, μεγάλῳ τῷ πνεύματι ἐλαυνόμενοι, aber ein Freund, ein tüchtiger Schwimmer, springt ihm nach und hält ihn über Wasser. Man wirft ihnen vom Schiffe aus Rettungsbojen von Kork, φελλούς, einige Stangen, τῶν κοντῶν τινας, und endlich eine große Planke, den Steg, τὴν ἀποβάθραν, zu. Es gelingt den beiden, eine Korkboje zu ergreifen und mit ihrer Hülfe nach der Planke zu schwimmen. Auf diese setzen sie sich und gelangen damit, wahrscheinlich die Stangen als Remen benutzend, an das nahe Land. Daß die Schiffe im Altertume sogar schon Rettungsbojen von Kork mit sich führten, macht es erklärlich, wie bei einem Schiffbruche selbst unter ungünstigen Umständen eine große Zahl von Menschenleben erhalten bleiben konnten. In demselben Jahre, wo Paulus seine Reise nach Rom machte, schiffte auch der jüdische Geschichtschreiber Josephus dahin und verlor, vielleicht in demselben Sturme wie Paulus, auf hoher See fern vom Lande sein Schiff. Von den sechshundert Menschen, die an Bord waren, konnten doch achtzig gerettet werden, weil sie während der ganzen Nacht schwammen und den folgenden Tag von einem anderen Schiffe aufgenommen wurden. Joseph. Vita 3: ἀφικόμην εἰς Ῥώμην πολλὰ κινδυνεύσας κατὰ θάλασσαν. βαπτισθέντος γὰρ ἡμῶν τοῦ πλοίου κατὰ μέσον τὸν Ἀδρίαν, περὶ ἑξακοσίους τὸν ἀριθμὸν ὄντες, δι' ὅλης τῆς νυκτὸς ἐνηξάμεθα. καὶ περὶ ἀρχομένην ἡμέραν ἐπιφανέντος ἡμῖν κατὰ θεοῦ πρόνοιαν Κυρηναϊκοῦ πλοίου, φθάσαντες τοὺς ἄλλους ἐγώ τε καὶ τινες ἕτεροι ὀγδοήκοντα σύμπαντες ἀνελήφθημεν εἰς τὸ πλοῖον. διασωθεὶς δ' εἰς τὴν Δικαιαρχίαν, ἣν Ποτιόλους Ἰταλοὶ καλοῦσιν, ἀφικόμην. Wir können den Gebrauch der σπεῖραι durch das ganze Mittelalter verfolgen. Hesychius hat ἐπὶ σπείρᾳ σχοινίον · τὸ ἀναγκαιότατον · ἐν γὰρ χειμῶσι τοῖς σχοινίοις πιστεύουσι. Suidas erwähnt desselben Sprichworts, erklärt es aber meiner Ansicht nach nicht richtig. Es soll so viel bedeuten wie: Hülfe in der Not! Dann hat Isidorus Origg. 19, 4: Spirae: funes, quibus in tempestatibus utuntur, quos nautici suo modo curcubas vocant. Endlich findet sich im Ducange unter Spera, n. 3, Glossae ab Fr. Barberini Documenti d'amore, p. 273: Ligantur plures fasces et proiciuntur in aquas retro naves, ut non sic naves currant fractis temonibus, et dicuntur sperae, quasi res, quae faciunt tardare progressum. Da hier das non sic keine Beziehung auf fractis temonibus haben kann, so möchte ich dafür pro iis sc. fascibus lesen. Ich habe σπεῖρα durch Schleiftroß wiedergegeben, weil Troß bei unseren Seeleuten nicht bloß ein starkes Tau, sondern auch ein Bündel Tauwerk bezeichnet.

Daß auf dem Schiffe des Paulus von den beiden von Plutarch angegebenen Mitteln, um die Fahrt des Schiffes zu hemmen, den σπείραις καὶ ἀγκύραις, das erste zur Anwendung gekommen ist, können wir nicht mit Bestimmtheit behaupten, obgleich es wahrscheinlich ist; dagegen steht das zweite in unmittelbarer Beziehung zu unserer Stelle. Von allen Übersetzungen hat, soviel ich sehe, allein die Vulgata wenigstens annähernd das Richtige getroffen, wenn sie das χαλάσαντες τὸ σκεῦος mit summisso vase wiedergiebt. Ich möchte glauben, daß der Verfasser Augenzeuge eines Verfahrens gewesen ist, welches sicher schon im Altertume bekannt war und dessen wir uns noch bedienen, um ein Boot auf hoher See festzulegen. Zur Erklärung will ich nur die folgende Stelle aus einem nautischen Werke anführen. Es heißt in Rümker's Handbuch der Schiffahrtskunde, Hamb. 1844, S. 76: „Vom Schiffe aus läßt sich der Strom vermittelst der Logge, worauf er gleiche Wirkung äußert, nicht entdecken. Bei Windstille kann man aber ein Boot in hinreichender Entfernung vom Schiffe vermittelst eines an der Seelotleine befestigten und bis zu einer Tiefe, wohin der Strom sich nicht erstreckt, herabgelassenen schweren Kessels oder Gewichts vor Anker bringen und mit dem Kompasse, der Loggeleine und einer Sekundenuhr die Richtung und Trift des Stromes messen." Es ist meine Aufgabe nicht, die hier besprochene Frage, wie der Strom ermittelt wird, zu erörtern; es genügt, wenn der Leser einsieht, wie der Verfasser der Vulgata sich die Sache gedacht haben mag. Er hätte Sinn und Zweck des χαλᾶν τὸ σκεῦος für den Seemann noch deutlicher ausdrücken können, wenn er, freilich zum Schrecken der Nichteingeweihten, τὸ σκεῦος geradezu mit Kessel übersetzt hätte, und Luther, der hier der Vulgata folgt und das griechische Wort durch Gefäß wiedergiebt, ist besser beraten gewesen, als diejenigen, die ihn mit dem Worte Segel glaubten berichtigen zu müssen. Das Segel war gleich bei Ausbruch des Sturmes gestrichen.

Was aber für ein Boot ausreicht, um es im Wasser festzulegen, genügt nicht für ein großes Schiff; bei diesem muß das Treibgeschirr aus einem Treibanker im eigentlichen Sinne des Wortes bestehen. Der oben beschriebene in Gestalt einer Thür oder eines Lukendeckels leistet dem Wasser durch seine aufrechte, breite Fläche Widerstand, und wie groß dieser ist, hängt von der Größe der Fläche ab. Hat man keinen Gegenstand, dessen Breite ungefähr der Länge gleich ist, so kann man bei verminderter Breite doch denselben Flächeninhalt dadurch herstellen, daß man die Länge in demselben Verhältnisse vergrößert. Man kann deshalb auch ein Kabel benutzen, welches durch das Gewicht seines Ankers niedergezogen wird. Solche aus den Klüsen an beiden Seiten frei im Wasser hängende Kabel und Anker sind die den Lauf des Schiffes hemmenden ἄγκυραι, von denen Plutarch spricht, und solche Treibanker waren das Geschirr, welches man auf dem Schiffe des Paulus niederließ. Auf diese Weise, οὕτως wie es mit Nachdruck heißt, trieben sie, ἐφέροντο. Der technische Ausdruck für das Anhalten oder Stillliegen mit dem Schiffe, ohne daß man es auf dem Grunde verankerte, war ἀναχωχεύειν, sowohl bei Segelschiffen: Hesychius hat unter ἀναχωχεύειν · ὅταν χειμῶνος ὄντος ἐν πελάγει στείλαντες τὰ ἅρμενα αὐτόθι σαλεύωσιν, und ähnlich das Scholion zu Soph. El. 721: τὸ ἀναχωχεύειν κυρίως ἐπὶ τῆς νηὸς λέγεται, ὅταν στᾶσα ἐν τῷ πελάγει διά τινα χρείαν ἠρεμῇ: als auch bei Ruderschiffen, vgl. Diod. Sic. 11, 18. Bei letzteren konnte man das Schiff mit den Remen festhalten, aber ich sehe nicht, wie man es bei Segelschiffen anders als mit Hülfe von Treibankern hätte bewerkstelligen können. Wenn wir es jetzt auch mit Hülfe der Segel fertig bringen, so waren die Schiffe des Altertumes doch nicht dem entsprechend aufgezeugt, und es heißt ja auch bei Hesychius ausdrücklich στείλαντες τὰ ἅρμενα. Das ἀνά deutet darauf hin, daß dabei der Kopf des Schiffes gegen den Wind oder den Feind gerichtet war, und in der Stelle bei Diodor ist dies thatsächlich der Fall; wir könnten also ἀναχωχεύειν bei Segelfahrzeugen ganz geeignet durch beidrehen übersetzen. Da aber das Schiff des Paulus nicht in den Wind gebracht werden konnte, so war hier φέρεσθαι, vor dem Winde treiben, das einzig richtige Wort.

Nach Feststellung der Bedeutung von χαλάσαντες τὸ σκεῦος kann nun über das Anbringen des ὑπόζωμα nicht der geringste Zweifel mehr obwalten. Wir brauchen uns nur zu fragen, welchem Nachteile die Gürtung vorbeugen sollte. Smith verhehlt sich nicht, daß das Schiff, wenn es quer gegen die See lag, durch das heftige Schlingern in seinem Verbande auf das gefährlichste gelockert werden mußte. Da der Bericht nichts davon sagt, daß der Mast gekappt wurde, so dürfen wir mit Sicherheit voraussetzen, daß es nicht geschehen ist; es ist gar nicht denkbar, daß eine so wichtige Thatsache unerwähnt geblieben sein sollte. Auch lag dafür bis soweit eine Notwendigkeit nicht vor. Der Mast aber würde durch die Wucht seines Schwankens nicht nur sich selbst aus seiner Befestigung losgearbeitet, sondern auch die Seiten des Schiffes auseinander gedrängt und es schwer leck gemacht haben. Darum mußte Smith das Schiff quer unter dem Kiele durch in der Gegend des Mastes umschnüren lassen. Anders liegt die Sache, wenn das Schiff vor dem Winde lag, sodaß die Wellen von hinten nach vorn am Schiffe entlang liefen. Es konnte dann nicht fehlen, daß letzteres oft mit der Mitte auf einem Wellenberge und mit seinen beiden Enden über einem Wellenthale lag, daß es also in der Mitte vom Wasser gehoben wurde, während die Enden nicht unterstützt waren. Diese würden sich gesenkt haben und es wäre eingetreten, was wir „den Rücken brechen" nennen, wobei unter dem Rücken der Rückgrat des Schiffes, der Kiel zu verstehen ist. Es ist eine der wichtigsten Aufgaben der Schiffsbaukunst, die Kielgebrechlichkeit zu verhüten, und diesem Zwecke diente in unserem Falle das ὑπόζωμα. Indem die Gürtung, welche in der Höhe des Verdecks von hinten nach vorn das Schiff umspannte, das Vorder- und Hinterteil so straff zusammenschnürte, daß sie sich nicht senken konnten, war das Schiff vor dem Rückenbrechen gesichert. Witsen hat in der oben auf S. 170 angeführten Stelle das Gürten ebenso aufgefaßt, wenn er sagt, es geschehe, op dat, de einden by elkander blyvende, het schip niet kome te vergaen. Es kann ja nicht bestritten werden, daß unter Umständen auch die Quergürtung ihre guten Dienste leistet, und Smith führt solche Beispiele an, aber sie passen nicht auf unseren Fall. Dagegen verweist Böckh Urk. S. 135 sehr richtig auf Hor. Od. 1, 14: Nonne vides, ut sine funibus vix durare carinae possint imperiosius aequor? Taue, die in der Mitte des Schiffes quer unter dem Kiele hergezogen werden, können diesen doch nicht vor dem Brechen schützen, wohl aber solche die längs um das Schiff laufen. Smith giebt nicht an, wie er sich die Stelle im Gegensatze zu Böckh gedacht hat. Letzterer hat auf S. 134 noch das folgende: „Von der Schildkröte des Hegetor sagt der Mechaniker Athenäus (S. 6): ὑποζώννυται δὲ ὅλος ὁ κριὸς ὅπλοις ὀκτωδακτύλοις τρισί (vielmehr τέτρασι, wie Schneider bemerkt hat); und derselbe nachher von einer anderen Maschine (S. 10): ἡ δὲ γέρανος ὑποζώννυται καὶ βυρσοῦται ὁμοίως τῷ προειρεμένῳ κριῷ. Um dieses ὑποζώννυται in der ersteren Stelle zu erklären, wendet sich Vitruv 10, 15, 6 so: A capite autem ad imam calcem tigni contenti fuerunt funes quattuor crassitudine digitorum octo, ita religati, quemadmodum navis a puppi ad proram continetur, eine klare Beschreibung des Hypozoms." Dem ist so, wenn man nur auf die letzten sieben Worte sieht. Aber ich verhehle nicht, daß mir die ganze Stelle unklar ist. Wenn sie noch lautete: tignum contentum fuit funibus quattuor ita religatis, quemadmodum navis a puppi ad proram continetur! Jedenfalls waren die funes doch continentes und nicht contenti. Könnte man sie auf die funes, ex quibus aries pendebat, beziehen, denn auch die Längsgürtung des Widderbalkens ist mir ganz unverständlich, so würde mit Rücksicht auf ein am Schiffe des Grabmals der Nävoleja eigentümlich angebrachtes Tau die Gürtung nicht eine Umschnürung um die Länge des Schiffes, sondern eine Untergürtung des Vor- und Hinterschiffes durch Bug- und Backstage, die nach dem Top des Mastes fuhren, gewesen sein. Dem Zwecke der Kielgebrechlichkeit entgegen zu wirken würde eine solche vortrefflich entsprochen haben. Ich finde aber nirgend eine Hindeutung darauf, wenn nicht etwa das mir sonst unverständliche $\pi\varrho o\tau o\nu i\zeta\varepsilon\iota\nu$ $\tau\dot{\eta}\nu$ $\nu\alpha\tilde{\upsilon}\nu$ bei Synes. cp. 4 darauf zu beziehen ist, und will deshalb auch nicht weiter darauf eingehen.

Man hat die Bemerkung machen wollen, daß der Berichterstatter durch Anwendung der ersten und dritten Person stets die Reisenden von den Schiffsleuten unterschieden habe. Ich finde das nicht, da sonst hier so gut wie in Vers 15 $\dot{\varepsilon}\varphi\varepsilon\varrho\acute{o}\mu\varepsilon\vartheta\alpha$ statt $\dot{\varepsilon}\varphi\acute{\varepsilon}\varrho o\nu\tau o$ stehen müßte.

18. Und da wir schwer vom Sturme litten, warfen sie am folgenden Tage Ladung.

19. Und am dritten Tage warfen sie eigenhändig das Zeug des Schiffes über Bord.

Im ersten dieser beiden Verse liegt auf dem „wir" allerdings ein gewisser Nachdruck. Bei der schweren aus Weizen bestehenden Ladung mußte das Schiff einen großen Tiefgang haben und viel Wasser übernehmen, und bei seiner Lage vor dem Winde mußten die über dasselbe brechenden Seen von hinten kommen, wo der Aufenthaltsort des Schiffsherrn, des Schiffers, Hauptmanns und der vornehmen Reisenden war, zu denen selbstverständlich auch Lucas gehörte. Es ist also ganz natürlich, wenn er sagt, daß gerade sie vom Sturme gelitten hätten. Man verminderte deshalb den Tiefgang dadurch, daß man Ladung über Bord warf; je mehr das Schiff sich hob, desto weniger Wasser nahm es über und desto weniger litten die Reisenden. Dazu mochte noch ein zweites Motiv kommen. Von der Verteilung der Ladung im Schiffe hängt die Leichtigkeit oder Schwerfälligkeit seiner Bewegungen im Wasser ab. Das Schlingern wird vorzugsweise von der Höhe oder der Tiefe des Schwerpunkts beeinflußt; das Stampfen wird um so leichter oder schwerer sein, jenachdem die Ladung sich mehr in der Mitte oder an den Enden befindet. Bei der Lage des Schiffes kam nun wesentlich das letztere in betracht, weil dadurch die Gefahr des Rückenbrechens vergrößert wird, und so wird man sich veranlaßt gesehen haben, das Schiff an seinen beiden Enden durch Werfen von Ladung zu erleichtern, um die Wirkung des ὑπόζωμα zu unterstützen. Das Wort ἐκβολή ist ein technischer Ausdruck wie bei unsern Seeleuten das Wort werfen, worunter man auch ohne weiteren Zusatz stets das Überbordwerfen von Ladung versteht. Der Grund, weshalb man sich am dritten Tage auch des Schiffsgerätes entledigte, ist nicht so ersichtlich. Ich finde ihn darin, daß man auf dem Verdecke freien Platz für die Reisenden schaffen mußte. Wenn man von den 276 an Bord befindlichen Personen die obengenannten 6, die auf dem Hinterdeck in der Hütte Schutz fanden, und 20 für die Schiffsmannschaft, die auf dem Vorschiffe unter der Back ihr Obdach hatte, abrechnet, so bleiben rund 250 Kriegsleute und Gefangene. Betten waren auf den Schiffen des Altertums nicht in Gebrauch; man schlief auf dem gedielten Fußboden. Der Schiffsherr, Schiffer und die vornehmen Reisenden legten sich Teppiche, στρώματα, unter, und es wurde als ein Beweis für die Verweichlichung des Alcibiades erzählt, daß dieser auf dem Hinterdeck Planken hatte aufnehmen und die Öffnung mit Gurten überspannen lassen, um darauf seine Teppiche zu legen und so ein weicheres Lager zu haben. Plut. Alcib. 16: ἐκτομάς τε καταστρωμάτων ἐν ταῖς τριήρεσιν, ὅπως μαλακώτερον ἐγκαθεύδοι, κειρίαις, ἀλλὰ μὴ σανίσι, τῶν στρωμάτων ἐπιβαλλομένων. Theophr. Char. 22: καὶ τριηραρχῶν, τὰ τοῦ κυβερνήτου στρώματα ἐπὶ τοῦ καταστρώματος ὑποστορέννυσθαι, τὰ δὲ αὑτοῦ ἀποτιθέναι. Nach dem mir nicht zugänglichen Donat. ad Pers. Sat. 5, 146 brauchten die Seeleute statt der Teppiche Binsenmatten, φορμούς. Wer sonst mitfuhr, mußte sich, wie dies in unserem Falle sicher mit den Kriegsleuten und den gemeinen Gefangenen der Fall war, mit einem Lager auf den nackten Dielen begnügen. Alciphr. Epp. 1, 12: οὐ γὰρ ἀνεχόμενος τῶν ξύλων τῆς ἁλιάδος ἐπί τε ταπήτων τινῶν ξενικῶν καὶ ἐφεστρίδων κατακλινείς, οὐ γὰρ οἷός τε ἔμασχεν εἶναι κεῖσθαι ὡς οἱ λοιποὶ ἐπὶ τῶν καταστρωμάτων, τὴν σανίδα οἶμαι λίθον νομίζων τραχυτέραν. Für die Trennung der Geschlechter konnte deshalb auch auf großen Schiffen nur notdürftig gesorgt werden. Der Bischof Synesius erzählt in seinem 4. Briefe, daß auf seinem Schiffe eine Anzahl hübscher, junger Frauen mitgefahren sei. Da habe man, um den Anstand zu bewahren und die Frauen dem Anblicke der Männer zu entziehen, ein altes Segel als Gardine benutzt: παραπέτασμα ἡμᾶς ἀπετείχιζε καὶ τοῦτο ἐῤῥωμενέστατον, οὐ πάλαι διεῤῥωγότος ἱστίον τεμάχιον. Auf einem nicht beladenen, bloß geballasteten Schiffe wurden die Reisenden geringeren Standes bei gutem Wetter, wo man die Luken offen halten konnte, unten im Schiffsraume auf der Bodendielung über dem Sod untergebracht. Ein Zwischendeck kannte man im Altertume nicht. Cic. epp. ad fam. 9, 17: Sedebamus enim in puppi et clavum tenebamus; nunc autem vix est in sentina locus. Lucian. Jup. trag. 48: ἐννόησον γοῦν, ὅπως Σωκράτης μὲν καὶ Ἀριστείδης ἔπλευσε, καὶ Φωκίων, οὐδὲ τὰ ἄλμιτα διαρκῆ ἔχοντες οὐδὲ ἀποτεῖναι τοὺς πόδας δυνάμενοι ἐπὶ γυμνῶν τῶν σανίδων παρὰ τὸν ἄντλον. Das Schiff des Paulus war beladen; aber Weizen ist eine so schwere Last, daß der Schiffsraum nicht in ganzer Höhe damit angefüllt werden darf. Es blieb deshalb unter dem Verdeck noch so viel Platz, daß sich auf den die Ladung bedeckenden Brettern eine Lager- und Schlafstelle für die Reisenden zurechtmachen ließ. Wurde diese abwechselnd von der einen Hälfte zum Schlafen benutzt, während die andere sich an Deck aufhielt, so bot das Schiff ausreichenden Raum für Ruhe und Bewegung. Aber bei dem furchtbaren Unwetter durften die Luken nicht offen bleiben, eine überkommende See hätte den Schiffsraum mit Wasser füllen und das Schiff sofort zum Sinken bringen können. So mußten denn die 250 Leute auf dem Deck ἐπὶ γυμνῶν τῶν σανίδων ihr Lager finden. Auch das hätte sich am Ende einrichten lassen, wenn nicht der freie Raum auf dem Verdecke durch die Schiffsgeräte, das Zeug, τὴν σκευήν so eingeengt gewesen wäre. Das Boot war eingesetzt; zu der ohne Zweifel vorhandenen Reserverahe, die der Länge nach auf der einen Seite des Verdeckes lag, war nun noch die niedergelassene Rahe gekommen, die man auf der anderen Seite untergebracht hatte. Außerdem lagen Stangen, Remen, Takelwerk u. a. umher. Wollte man Lagerraum für die Reisenden schaffen, so mußte das Verdeck von allen diesen Stehimwegen gesäubert und das Schiffsgerät über Bord geworfen werden. Mit den leichten Gegenständen war das bald geschehen, aber die Rahen mit ihrem großen Gewichte machten nicht geringe Schwierigkeit. Dazu kam, daß bei dem Schwanken des Schiffes der Augenblick, wo man sie warf, ganz genau abgepaßt werden mußte. Deshalb beteiligten sich nicht nur die Schiffsleute, die unter gewöhnlichen Umständen die Befehle allein ausgeführt hätten, sondern auch der Schiffsherr und der Schiffer, die sonst nur Befehle austeilten, eigenhändig bei dem Geschäfte. Die jüngere Lesart ἐρρίψαμεν statt der älteren ἐρρίψαν, der sich auch die Vulgata anschließt, muß von einem nicht sachkundigen Abschreiber herrühren, da sie vom seemännischen Gesichtspunkte aus abzuweisen ist. Das „wir" kann sich doch nur auf die vornehmen Reisenden beziehen, wie Lucas und Aristarch. Wer nun aber die Verhältnisse an Bord kennt, der weiß, daß man diesen Herren einfach bedeutet haben würde: „So gut Eure Absicht ist, so bleibt Ihr in diesem Falle besser davon. Ihr könnt Euch selbst ja kaum auf den Beinen halten, könnt uns wenig nützen aber wohl hinderlich sein und Euch selbst vielleicht in Schaden bringen." Wenn die Seeleute Hülfe nötig gehabt hätten, so würde diese besser von den kräftigen Kriegsleuten geleistet sein, unter denen sich immerhin wohl noch einige befanden, die nicht schon seekrank waren. Und von diesen konnte Lucas doch nicht „wir" sagen. Die Auslegung, nach welcher ἡ σκευή Betten, Kochgeschirr u. dgl. bedeuten soll, ist zu albern, als daß ich dafür auch nur ein Wort der Widerlegung haben könnte.

20. Und da die meisten Tage weder Sonne noch Sterne schienen und kein kleiner Sturm uns bedrängte, entschwand uns auch die letzte Hoffnung auf Rettung.

Hier ist klar ausgesprochen, daß nicht etwa nur der Sturm, sondern vorwiegend die Unsicherheit über den Ort, wohin man geraten werde, den Reisenden auch die letzte Hoffnung auf Rettung nahm. Hätte man an den Gestirnen erkennen können, daß das Schiff nicht auf die Untiefen und den ungastlichen Strand der Syrte zutreibe, daß man die hohe See halten könne, weil der Kurs nicht auf das Festland gerichtet war, man hätte trotz allem Stürmen der Festigkeit des guten Schiffes vertraut und gern alles Ungemach ertragen in der sicheren Aussicht, daß auch das böseste Unwetter sein Ende habe. Man sah zu spät ein, daß man einen Sprung ins Dunkle gewagt hatte, daß es eine ὕβρις, eine Vermessenheit gewesen war, die Reise fortzusetzen. Nur Paulus, der vorausgesehen hatte, was jetzt eintrat, verlor den Mut nicht. Mit scharfem Auge hatte er in den wenigen Augenblicken, wo die Sonne oder ein Stern durch die dunkelen Wolken brach, die Richtung des Windes beobachtet, er glaubte bemerkt zu haben, daß das Schiff nicht mehr südlich, sondern westlich, die afrikanische Küste entlang getrieben wurde, und dieser Glaube sollte ihm zur Gewißheit werden.

21. Und als nun viele alle Nahrung von sich wiesen, trat Paulus mitten unter sie und sprach: Lieben Männer, man hätte auf mich hören und nicht von Kreta in See gehen und uns die Buße für diesen Frevel ersparen sollen.

22. Und nun ermahne ich Euch, daß Ihr getrost seid, denn keine Seele von uns wird verloren gehen, nur das Schiff.

23. Denn diese Nacht trat ein Engel des Gottes zu mir, des ich bin, dem ich auch diene,

24. und sprach: Fürchte dich nicht Paulus, du sollst vor den Kaiser treten, und Gott hat dir geschenkt alle, die mit dir im Schiffe sind.

25. Darum, lieben Männer, seid getrost, denn ich glaube Gott, daß es so geschehen wird, wie mir gesagt ist.

26. Wir werden aber an einer Insel landen müssen.

Die ἀσιτία ist hier nicht der aus Mangel an Lebensmitteln erzwungene Hunger, sondern die freiwillige Enthaltsamkeit in Folge von Angst und Sorge, Gram und Kummer. Das Substantiv hat denselben Sinn wie das Adjektiv ἄσιτος, z. B. Od. 4, 788:

ἡ δ' ὑπερῴῳ αὖθι περίφρων Πηνελόπεια
κεῖτ' ἄρ' ἄσιτος, ἄπαστος ἐδητύος ἠδὲ ποτῆτος,
ὁρμαίνουσ', ἢ οἱ θάνατον φύγοι υἱὸς ἀμύμων.

ober Eurip. Med. 24:

κεῖται δ' ἄσιτος, σῶμ' ὑφεῖσ' ἀλγηδόσι
τὸν πάντα συντήκουσα δακρύοις χρόνον.

Leider ist uns das gleichbedeutende alte deutsche Wort Maßleide verloren gegangen; Hoffmann's Fundgruben 1, 383: sweme di spise widerstêt ê he si in den mund neme der hat die maszleide. Die ἀσιτία wird aber nicht bloß durch die seelische Erregung hervorgerufen sein, auch die Seekrankheit wird wesentlich mit dazu beigetragen haben. Die πολλὴ ἀσιτία ist hier in demselben Sinne zu nehmen, wie z. B. πολὺς λόγος heißt: Bei vielen ging die Rede. Plut. Themist. 31: ὡς μὲν ὁ πολὺς λόγος, αἷμα ταύρειον πιών, ὡς δ' ἔνιοι, φάρμακον ἐφήμερον προσενεγκάμενος. Unter ἐκπίπτειν in Vers 26 ist wie in Vers 29 und 32 das ohne Steuerung an Land geraten, an Land treiben zu verstehen, während κατέχειν in Vers 40 eine Lenkung des Schiffes voraussetzt. Paulus hat hier offenbar die Inseln zwischen Afrika und Sicilien im Auge, vgl. die Bemerkung zu Vers 20.

27. Als aber die vierzehnte Nacht kam und wir durch die Adria trieben, war es um Mitternacht, als die Schiffsleute merkten, daß sie sich dem Lande näherten. 28. Und da sie das Lot warfen, fanden sie zwanzig Faden, und als sie kurz darauf wieder loteten, fanden sie fünfzehn Faden. 29. Und da sie fürchteten, auf Klippen zu stoßen, ließen sie hinten vom Schiff vier Anker fallen und sehnten sich, daß es Tag würde.

Seit man die Insel Kauda verlassen hatte, waren dreizehn und ein halber Tag oder etwa 324 Stunden verflossen. Wir rechnen jetzt, daß ein Schiff, welches im Sturme vor Top und Takel treibt, während einer Stunde eine bis zwei Seemeilen, also im Mittel anderthalb Seemeilen gutmacht, und dasselbe dürfen wir für das Schiff des Paulus annehmen. Danach würde die Länge des von ihm durchlaufenen Weges 482 Seemeilen betragen. Wie die Schiffbrüchigen später erfuhren, war man damit in die Nähe von Malta gelangt. Nun liegt

Kauda auf 34° 52′ N und 24° 2′ O,
Malta auf 35° 55′ N und 14° 25′ O.

Der Breitenunterschied beträgt demnach 63 Bogenminuten und der Längenunterschied 577 Bogenminuten. Verwandelt man die letzteren für die Mittelbreite von 35½° in Seemeilen, indem man sie mit dem Cosinus der Mittelbreite multipliziert, so erhält man 470 Seemeilen. Man hat also ein rechtwinkliges Dreieck, in welchem die Kathete von Süd nach Nord 63 Seemeilen und die Kathete von Ost nach West 470 Seemeilen beträgt, und daraus ergiebt sich die Hypotenuse oder die gerade Entfernung von Kauda nach Malta zu 474 Seemeilen. Die Übereinstimmung ist um so überraschender, als wir berücksichtigen müssen, daß das Schiff schon deshalb einen etwas längeren Weg durchlaufen mußte, weil es vor einem nordöstlichen, allmählich südlicher laufenden Winde, also auch nicht in gerader Linie, sondern in einem flachen Bogen von Kauda nach Malta trieb.

Zu der, der seemännischen Anschauung entsprechenden griechischen Wendung προσάγειν τινὰ αὐτοῖς χώραν, vgl. auch Goethe in Glückliche Fahrt: „Es naht sich die Ferne, schon seh ich das Land", und die Stelle Ach. Tat. 2, 32: γῆν γὰρ ἑωρῶμεν ἀπὸ τῆς νηὸς κατὰ μικρὸν ἀναχωροῦσαν ὡς αὐτὴν πλέουσαν.

Der Ἀδρίας, auch die Ἀδριάς ist τὸ Ἀδριατικὸν πέλαγος, wie nach Ptolemäus die See zwischen Sicilien und Kreta hieß. Ptol. Geogr. 3, 4, 1: ἡ Σικελία περιέχεται μὲν ἀπὸ..., ἀπὸ δὲ ἀνατολῶν ὑπὸ τοῦ Ἀδρίου πελάγους. Jb. 3, 15, 1: ἡ Κρήτη περιορίζεται ἀπὸ μὲν δυσμῶν ὑπὸ τοῦ Ἀδριατικοῦ πελάγους. Ebenso Procop. bell. Vand. 1, 14: ἀράμενοί τε κατὰ τάχος τὰ ἱστία, Γαύλῳ τε καὶ Μελίτῃ ταῖς νήσοις προσέσχον, αἳ τό τε Ἀδριατικὸν καὶ Τυρρηνικὸν πέλαγος διορίζουσιν. Unser jetziges adriatisches Meer heißt bei Ptolemäus ὁ Ἀδρίας κόλπος, vgl. Geogr. 7, 5, 3, 10. Über andere Schriftstellen bei Horaz, Ovid u. s. w., wo unser jetziges ionisches Meer auch das adriatische genannt wird, vgl. die Geographen, so z. B. Müller zu Ptol. Geogr. Vol. I. pag. 328. Zeitweilig wurden die Namen mit einander vertauscht. Apoll. Rh. 4, 308. Schol. ποτὲ μὲν τὸν Ἀδρίαν Ἰόνιον, ποτὲ δὲ τὸν Ἰόνιον Ἀδρίαν καλοῦσιν. Erst später haben sich die jetzigen Benennungen festgesetzt. Es mag gleich hier vorweggenommen werden, daß die Annahme, die Insel Melite könne das an der dalmatinischen Küste gelegene, jetzt Meleda genannte Eiland sein, wohl nur auf der Unbekanntschaft mit den eben erwähnten Thatsachen beruhen kann, da sie aus nautischen Gründen ganz unzulässig ist. Abgesehen von der Unwahrscheinlichkeit, daß zwei Alexandrinische Schiffe aus dem Mittelmeere durch die eben nicht allzuweite Straße zwischen Griechenland und Italien geradenwegs auf die Insel Meleda getrieben seien und daß von hier aus das eine gerettete auf dem Wege nach Rom erst wieder Syrakus angelaufen haben sollte, so muß schon die vorhin ausgeführte Rechnung über den durchlaufenen Weg den Gedanken an Meleda zurückweisen. Was aber die Hauptsache ist, diese Insel läßt sich in der hier angegebenen Weise gar nicht anloten. Wer die vortreffliche Karte des Hydrographischen Amts der Österreichischen Marine (Küstenkarte, Blatt 22: Meleda. Ausgabe von 1879 bei F. H. Schimpff in Triest) zur Hand nimmt, wird an der ganzen Südküste der Insel — und nur von dieser kann die Rede sein — keinen Ort finden, auf den die Beschreibung des Textes passen könnte. Die felsige Küste fällt unter See so abschüssig in die Tiefe, daß man in dem Augenblicke, wo man 20 Faden lotet, keine Zeit mehr hat, erst noch wieder 15 Faden zu loten und dann noch vor Anker zu gehen. Die Befremdung, daß die Küste Maltas den Seeleuten nicht hätte bekannt sein sollen, ist durch nichts gerechtfertigt. Da der Weg von Alexandrien nach Puteoli durch die Straße von Rhegium ging, so konnte jeder von ihnen diese Reise ein dutzend- und mehrmal gemacht haben, ohne diese Insel auch nur zu Gesicht zu bekommen; und hatte er sie aus der Ferne gesehen, so würde er sie auch nur aus der Ferne wieder erkannt haben, aber nicht aus unmittelbarer Nähe unter einer felsigen Küste, die sich vor anderen eben nicht durch besondere Merkmale unterschied. Der Einwand aber, daß sich auf Malta keine Schlangen finden, erledigt sich dadurch, daß die Insel in alter Zeit so dicht bewaldet war, daß Paulus ohne Mühe ein Bündel Reisig zusammenraffen konnte, daß sie folglich auch manches Gewürm beherbergt haben wird, was jetzt, wo sich bei dem fortgeschrittenen Anbau nur noch einzelne Bäume vorfinden, ausgerottet ist.

Die ὀργυιά ist nach Herodot 4, 41 der hundertste Teil eines Stadiums oder einer Kabellänge, beträgt also 6 Fuß. Wie unsere Klafter hat sie ihren Namen von der Länge zwischen den Fingerspitzen der beiden weit ausgestreckten Arme, ὀρέγειν. Hesych. ὀργυιά · ἡ τῶν ἀμφοτέρων χειρῶν ἔκτασις. Das noch gebräuchliche Maß heißt bei den Bergleuten Lachter, bei den Seeleuten aber Faden.

Weil die Ausleger das χαλᾶν τὸ σκεῦος nicht verstanden, wußten sie auch nicht zu erklären, woran doch wohl die Seeleute in dunkler Nacht die Annäherung des Landes erkannt haben mochten. Wie Smith annehmen kann, daß sie die Brandung am Ufer oder an einer vorspringenden Klippe gesehen haben, ist mir bei einem Manne, der doch einigermaßen mit der Schiffahrt vertraut ist, schier unbegreiflich. Also in dem Augenblicke, wo man schon den augenscheinlichen, untrüglichen Beweis hatte, daß man sich dicht am Lande in der gefährlichsten Lage befand, da soll man nicht sofort das unter diesen Umständen, wo man keine Segel führte, einzig mögliche Rettungsmittel angewandt haben; da soll man nicht sofort Anker geworfen, sondern erst noch untersucht haben, ob man sich in der Nähe des Landes befinde; da soll man im Angesichte der Brandung erst noch gelotet und trotzdem, daß gleich die erste Lotung die bereits feststehende Thatsache der Nähe des Landes bestätigte, doch noch in aller Ruhe und durchaus zwecklos zum zweitenmal gelotet haben! So gemütlich geht es denn doch an Bord nicht her, wenn man der nahen Brandung zutreibt. Smith muß nie in der Lage gewesen sein, den Schreckensruf „Brandung voraus" zu hören. Aber nach seiner Annahme befinden sich die Anker noch vorn auf dem Schiffe, und deshalb bedarf er eines Grundes, weshalb man sie nicht sofort fallen ließ, sondern erst nach hinten brachte. So läßt er denn die Seeleute überlegen, ob es nicht das beste sei, wenn man anderen Morgens gleich mit dem Kopfe nach Land zu läge. Das war es ohne Zweifel, aber jeder Seemann weiß, daß man auch in dem Falle, wo man die Anker von vorn warf, so daß das Schiff mit dem Hinterteile nach Land zu liegen kam, das Herumschwaien desselben auch noch am anderen Morgen leicht mit Hülfe eines Springtaues hätte bewerkstelligen können. Und da soll man nun unter Umständen, wo man jeden Augenblick befürchten mußte, daß das Schiff auf eine blinde Klippe rannte, wo schon die nächste Sekunde das Schiff zum Scheitern bringen konnte, nicht ohne Zögerung sofort das Notwendige gethan, sondern erst noch überlegt haben, was für den nächsten Morgen, wenn man vielleicht gezwungen war, das Schiff auf den Strand zu setzen, das Zweckmäßigste sein könnte; da soll man Anker und Kabel erst noch nach hinten gebracht haben! Als ob man noch so viel Zeit gehabt hätte! So häuft Smith eine Unwahrscheinlichkeit auf die andere. Es ist ja wahr, daß man dadurch, daß das Schiff beim Ankern nicht herumzuschwaien brauchte, eine Schiffslänge Seeraum gewonnen haben würde, und es würde dies zutreffen, wenn Smith annähme, das Schiff habe recht vor dem Winde getrieben. Aber selbst in diesem Falle wäre es thöricht gewesen. Smith giebt ja die durch die Erfahrung festgestellte Thatsache zu, daß ein Schiff vor Top und Takel anderthalb Seemeilen oder 9000 Fuß in der Stunde, folglich 150 Fuß in der Minute treibt. Das wäre etwa eine Schiffslänge. Dann brauchte aber die Fortschaffung der Anker von vorn nach hinten auch nur eine einzige Minute zu dauern und man hatte nichts dadurch gewonnen. Und wenn man mit Smith annimmt, daß das Schiff quer gegen den Wind, also auch quer gegen die Brandung trieb, so war es ja ganz dasselbe, ob man von vorn oder von hinten ankerte.

Nur die richtige Erklärung des χαλᾶν τὸ σκεῦος giebt uns Aufschluß darüber, wie die Seeleute die Nähe des Landes merken konnten und wie sie dazu kamen, von hinten zu ankern. Man mochte die mit Ankern beschwerten Kabel, die in schräger Richtung hinter dem Schiffe durch das Wasser schleppten, in einer Länge von etwa 30 Faden ausgelassen haben. Als nun der Meeresgrund aufflachte, mußten die Anker endlich den Boden berühren und zurückgehalten werden. Es brauchte nur eine Ankerhand oberflächlich in den Grund einzugreifen und die Seeleute mußten einen Ruck am Schiffe verspüren. Man bemerkte nun sofort, daß die Kabel eine flachere Lage nach hinten hatten, als wenn sie bloß im Wasser hingen, aber ein Beweis, daß die Anker schon über den Grund schleppten, war das noch nicht. Es konnte auch etwas wie z. B. ein Balken im Wasser getrieben haben, hinter dem sie festhakten. So mußte man denn das Lot werfen, um die Sache aufzuklären. Es bestätigte sich, daß die Anker den Boden berührten. Da man aber nirgend Brandung sah, so kam in Frage, ob man sich auch wohl nur über einer unterseeischen weiten, flachen oder über einer steil aufsteigenden Bank befinde, deren Rücken man nur gestreift hatte; man mußte untersuchen, ob die Tiefe sich gleich blieb, ob sie zu= oder ob sie abnahm. Ein zweiter Lotwurf ergab, daß das letztere der Fall war, und daß man Gefahr lief, auf den Grund, vielleicht gar auf blinde Klippen zu rennen. So blieb als einziges Rettungs= mittel, daß man schleunigst vor Anker ging, und das war in diesem Falle leicht geschehen. Man löste die beiden hinten auf dem Schiffe befestigten Kabel und ließ davon noch so viel auslaufen, daß die vier Anker auf den Grund fielen. Sie faßten, und das Schiff war vorerst gerettet. Es ist damit aber nicht gesagt, daß man auch vor vier Kabeln lag. Man darf bei den Ankern damaliger Zeit nicht an unsere großen, schweren Anker denken. Die in den Urkunden des attischen Seewesens vorkommenden haben nur ein Gewicht von 25 Kilo= gramm; und wenn sich auch seitdem die Schmiedekunst so vervoll= kommnet hatte, daß sie schwerere Anker herzustellen wußte, so reichten diese doch noch lange nicht an unsere heran. Bei dem Treibgeschirr kam es nun aber wesentlich darauf an, daß die Kabel so steil wie möglich im Wasser hingen, und so möchte ich glauben, daß man jedes Kabel mit zwei Ankern beschwerte. Diese lagen dann auf dem Grunde hintereinander, als ob sie verkattet wären, und hielten dadurch nur um so fester, vgl. S. 114. Im übrigen steht der Annahme, daß jeder Anker sein eigenes Kabel gehabt habe, sachlich nichts im Wege.

30. Da aber die Schiffsleute vom Schiffe zu fliehen suchten und das Boot zu Wasser brachten unter dem Vorwande, sie wollten vorn aus dem Schiffe Anker ausbringen,

31. sprach Paulus zu dem Hauptmanne und zu den Kriegsleuten: Wenn diese nicht im Schiffe bleiben, könnet Ihr nicht gerettet werden.

32. Da kappten die Kriegsleute die Taue vom Boote und ließen es treiben.

Nachdem das Schiff zu Anker gebracht ist, machen sich die Seeleute daran, das Boot über Bord zu setzen, jedenfalls auf Befehl des Schiffers und unter Zustimmung des Schiffsherrn, sonst würden es diese mit Hülfe des Hauptmanns leicht haben verhindern können. Das Boot ist schon zu Wasser gebracht, als plötzlich der Verdacht auftaucht, daß die Seeleute beabsichtigen könnten, das Schiff in Stich zu lassen und zu fliehen. Man glaubt ihnen nicht, daß es sich nur darum handeln soll, vorn aus dem Schiffe Anker auszubringen, der einmal rege gewordene Argwohn läßt sich nicht beschwichtigen; auch unser Berichterstatter teilt die Ansicht der Menge. Was ist hier die Wahrheit? Ich für mich gestehe offen, daß ich keine Entscheidung wage. Es wäre ja nicht das erste mal gewesen, daß Seeleute so gut wie andere Leute sich einer selbstsüchtigen, gewissenlosen Handlung schuldig gemacht hätten; das kommt leider nur zu oft vor und wird immer wieder vorkommen. Aber in unserem Falle halte ich die Möglichkeit einer ehrlichen Absicht nicht für ausgeschlossen. Daß man das Boot zu Wasser brachte, war nautisch durchaus gerechtfertigt. Mußte man das Schiff verlassen, so war man für die Rettung der Menschen zunächst auf das Boot angewiesen, und da war es von der höchsten Wichtigkeit, daß man keinen allzuweiten Weg nach dem Lande hatte, also das Schiff dem Ufer so nahe legte wie möglich. Und dazu war wieder, weil das Schiff mit dem Kopfe nach Land zu lag, nichts geeigneter, als daß man es von vorn verankerte. Hatte man einen Anker mit einem Kabel von 100 Faden ausgebracht, so konnte man sich damit, weil das Schiff davor herumschwaien mußte, dem Lande um 200 Faden mehr nähern. Man konnte dann auch, was freilich in dem wortkargen Berichte nicht erwähnt ist, durch Loten aus dem Boote untersuchen, ob die Tiefe des Wassers und die Beschaffenheit des Grundes eine weitere Annäherung an das Ufer gestattete. Es ist also möglich, daß das Aussetzen des Bootes in der ehrlichsten Absicht geschehen war. Andererseits kann ich aber auch den Verdacht nicht für schlechthin unbegründet erklären und ich wäre nicht im Stande den, der daran festhalten will, zu widerlegen. Die Sache wäre für mich entschieden, wenn Paulus selbst sich darüber geäußert hätte, aber er beschränkt sich auf den Ausspruch: Wenn diese nicht im Schiffe bleiben, so könnet Ihr nicht gerettet werden, und damit hat er ja vollständig Recht. Er erreicht auch damit das beste, was unter diesen Umständen, wo der Argwohn einmal rege war, geschehen konnte; der Hauptmann läßt die Taue, mit denen das schon auf dem Wasser schwimmende Boot noch am Schiffe festgehalten wird, kappen, so daß es dem Lande zutreibt. Wäre das nicht geschehen, man würde einen jener furchtbaren Auftritte erlebt haben, wo jeder in der Todesangst nur an die eigene Rettung denkt und um sein Leben kämpft, wie solche aus den Schilderungen von Schiff= brüchigen neuester Zeit zur Genüge bekannt sind. Ein lebendiges und in keiner Weise übertriebenes Bild davon ist uns aus dem Altertume erhalten. Ich kann mir nicht versagen, die ganze Stelle herzusetzen. Ach. Tat. 3, 3: Τέλος ὁ κυβερνήτης ἀπειπὼν ῥίπτει μὲν τὰ πηδάλια ἐκ τῶν χειρῶν · ἀφίησι δὲ τὸ σκάφος τῇ θαλάσσῃ καὶ εὐτρε- πίζει ἤδη τὴν ἐφολκίδα, καὶ τοῖς ναύταις ἐμβαίνειν κελεύσας τῆς ἀποβά- θρας ἦρχεν. οἱ δὲ εὐθὺς κατὰ πόδας ἐξήλλοντο. ἔνθα δὴ καὶ τὰ δεινὰ ἦν, καὶ ἦν μάχη χειροποίητος · οἱ μὲν γὰρ ἐπιβάντες ἤδη τὸν κάλον ἔκοπτον, ὃς συνέδει τὴν ἐφολκίδα τῷ σκάφει · τῶν δὲ πλωτήρων ἕκαστος ἔσπευδεν μεταπηδᾶν, ἔνθα καὶ τὸν κυβερνήτην ἑωράκεσαν ἐφέλκοντα τὸν κάλον. οἱ δὲ ἐκ τῆς ἐφολκίδος μεταβαίνειν οὐκ ἐπέτρεπον. εἶχον δὲ καὶ πελέκεις καὶ μαχαίρας καὶ πατάξειν ἠπείλουν, εἴ τις ἐπιβήσεται · καὶ πολλοὶ δὲ ἐκ τῆς νηὸς ὁπλισάμενοι τὸ δυνατόν, ὁ μὲν κώπης παλαιᾶς τρύφος ἀράμενος, ὁ δὲ τῶν τῆς νεὼς σελμάτων ἠμύνατο. θάλασσα γὰρ εἶχε νόμον τὴν βίαν. καὶ ἦν ναυμαχίας καινὸς τρόπος. οἱ μὲν γὰρ ἐκ τῆς ἐφολκίδος δέει τοῦ καταδῦναι τῷ τῶν ἐπεμβαινόντων ὄχλῳ, πελέκεσι καὶ μαχαίραις τοὺς ἐξαλλομένους ἔπαιον · οἱ δὲ σκυτάλαις καὶ κώπαις, ἅμα τῷ πηδήματι τὰς πληγὰς κατεφέροντο · οἱ δὲ καὶ ἄκρου ψαύοντες τοῦ σκάφους ἐξωλίσθαινον · ἔνιοι δὲ καὶ ἐπιβαίνοντες τοῖς ἐπὶ τῆς ἐφολκίδος ἤδη διεπάλαιον · φιλίας γὰρ ἢ αἰδοῦς οὐκ ἔτι θεσμὸς ἦν, ἀλλὰ τὸ οἰκεῖον ἕκαστος σκοπῶν ἀσφαλές, τὸ πρὸς τοὺς ἑτέρους εὐγνῶμον οὐκ ἐλογίζετο · οὕτως οἱ μεγάλοι κίνδυνοι καὶ τοὺς τῆς φιλίας λύουσι νόμους.

Zur Worterklärung mag hier noch gesagt werden, daß ἐκτείνειν ein technischer Ausdruck ist und nicht etwa ein bloßes Auslassen, sondern ein wirkliches Ausbringen bedeutet. Man nimmt in einem solchen Falle den am Kabel befestigten Anker in das Boot, bringt ihn damit in die entsprechende Entfernung vom Schiffe und läßt ihn dort aus dem Boote auf den Grund fallen. Andererseits ist bei dem ῥίπτειν in Vers 29 nicht an ein Werfen oder Schleudern zu denken, ebensowenig wie bei unserem Ankerwerfen, sondern hier ist es ein einfaches Fallenlassen. In Vers 32 ist zu dem ἐκπίπτειν zu ergänzen ἐκ τῆς θαλάσσης εἰς τὴν γῆν.

33. Bevor es aber Tag werden wollte, mahnte Paulus, daß alle ihr Speiseteil nähmen, und sprach: Es ist heute der vierzehnte Tag, daß Ihr vor Angst und Sorgen ungegessen geblieben seid, da Ihr Euch nichts geholt habt.

34. Deshalb ermahne ich Euch, daß Ihr Euer Speiseteil nehmt, denn das dient zu Eurer Rettung. Denn Keinem von Euch wird auch nur ein Haar vom Haupte umkommen.

35. Und als er das gesagt hatte, nahm er Brot, dankte Gott vor Aller Augen, brach es und fing an zu essen.

36. Da wurden sie alle getrosten Mutes und holten sich auch Speise.

37. Unser waren aber im Ganzen 276 Seelen im Schiffe.

Es wird mit der Beköstigung auf dem Schiffe des Paulus wohl nicht anders gewesen sein, als auf unseren deutschen Auswandererschiffen, wo sich nicht jeder seinen Speisebedarf selbst mitbringt, sondern diesen auf dem Schiffe geliefert erhält. Daß namentlich die Kriegsleute ihren bestimmten, zugemessenen Speiseteil, ihre Ration bekamen, wissen wir aus den anderweitigen Nachrichten über das σιτομετρεῖν. Während aber bei uns an Bord die Speisen täglich warm zubereitet werden, wird dies im Altertume wohl nur in seltenen Ausnahmefällen, bei ganz vornehmen Reisenden geschehen sein. Wollte man abkochen, so ging man an Land, wozu ja die Küstenfahrt vielfache Gelegenheit bot, und konnte dies bei einer längeren Überfahrt nicht geschehen, so nahm man Speisen mit, die vorher zubereitet waren. Liv. 24, 11: Cum triginta dierum coctis cibariis naves conscenderunt. Jb. 29, 25: Commeatus imponendi M. Pomponio praetori cura data: quinque et quadraginta dierum cibaria, e quibus quindecim dierum cocta imposita. Als gewöhnliche Kost diente Schiffszwieback oder Hartbrot aus Weizen, ἄρτος, panis nauticus. Plin. H. N. 22, 25 (68): Vetus aut nauticus panis tusus atque iterum coctus sistit alveum; Lucian. Dial. mer. 14: ἄρτους ναυτικοὺς ἐν γυργάθῳ ξηρούς; Mehlkloß aus Gerste, der zum Essen mit Wasser, Milch, Wein oder Öl angerichtet wurde, μάζα und ἄλφιτα; Pökel- und Rauchfleisch und Salzfisch, τάριχος. Als Zukost nahm man Käse, Zwiebeln und Lauch mit. Falls man sich nicht ausreichend mit Mehl versehen konnte, wurde Getreide an Bord auf Handmühlen gemahlen. So versprachen die Aretiner bei Liv. 28, 45: molas, quantum in quadraginta longas naves opus esset.

Wie oben in bezug auf das Obdach, so habe ich mich hier in bezug auf die Beköstigung mit wenigen Angaben begnügen müssen. Es würde eine dankbare Aufgabe für einen jungen Gelehrten sein, die Lebensweise der Alten auf ihren Seereisen einmal nach allen uns darüber erhaltenen Nachrichten in umfassender Weise zu behandeln und aufzuklären. Eigentlich nautische Kentnisse sind ja dazu nicht erforderlich, und die Bearbeitung des Gegenstandes ist doch recht notwendig, weil aus dem, was die Erklärer bei dieser Seereise von Betten, Kochgeschirr u. s. w. zu erzählen wissen, deutlich hervorgeht, daß man sich von dem Leben und Treiben an Bord eines Seeschiffes im Altertume ganz irrige Vorstellungen macht. Scheffer in seiner Militia navalis 4, 1 bietet manches Material, hat es aber nicht zu einem anschaulichen Bilde verarbeitet. Wer ein solches liefern will darf nicht versäumen, auf Thatsachen und Umstände hinzuweisen, die sich scheinbar von selbst verstehen, aber eben deshalb übersehen oder auch in ihrer Bedeutung nicht gewürdigt werden. So hätte man sich bei Erklärung dieser Rede des Paulus vergegenwärtigen müssen, daß auf dem Alexandrinischen Schiffe weder ein gedeckter Tisch, noch Aufwärter vorhanden gewesen sind, und daß jeder, der essen wollte, sich sein Speiseteil, seine Ration selbst holen mußte. Wer das nicht that, der mußte hungern, denn gebracht wurde ihm nichts. So ist es auf unseren Auswandererschiffen, und so wird es ganz gewiß auch auf dem Schiffe des Paulus gewesen sein. Erst dadurch gewinnt man für die Worte desselben das rechte Verständnis. Daß aber an unserer Stelle von der Verteilung der Rationen die Rede ist, läßt sich schon daraus entnehmen, daß gerade hier erwähnt wird, es seien 276 Menschen an Bord d. h. zu speisen gewesen. Wie sollte doch sonst wohl diese Notiz an diesen Ort geraten sein, die man viel eher wo anders, z. B. am Ende der Erzählung erwarten sollte, wo berichtet wird, daß alle gerettet wurden?

Danach haben nun die Wörter $\pi\varrho o\sigma\lambda a\mu\beta\acute{a}\nu\varepsilon\iota\nu$ und $\mu\varepsilon\tau a\lambda a\mu\beta\acute{a}\nu\varepsilon\iota\nu$ einen ganz spezifischen Sinn und müssen genauer übersetzt werden, als es bisher geschehen ist. Jenes ist nicht etwa ein passives annehmen, aufnehmen, in Empfang nehmen, sondern ein aktives sich in Besitz setzen, recht eigentlich das, was wir unter dem Worte holen verstehen. Wo im folgenden Kapitel 28, 2 erzählt wird, daß die Inselbewohner ein Feuer angezündet hatten, da hätte das $\pi\varrho o\sigma\varepsilon\lambda\acute{a}\beta o\nu\tau o$ $\pi\acute{a}\nu\tau a\varsigma$ $\acute{\eta}\mu\tilde{a}\varsigma$ nicht übersetzt werden sollen: sie nahmen uns alle auf, sondern: sie holten uns alle herbei, damit wir unsere Kleider trockneten und uns wärmten. Nebenbei gesagt macht der Zusatz $\delta\iota\grave{a}$ $\tau\grave{o}\nu$ $\dot{\nu}\varepsilon\tau\grave{o}\nu$ $\tau\grave{o}\nu$ $\dot{\varepsilon}\varphi\varepsilon$-$\sigma\tau\tilde{\omega}\tau a$ insofern einen befremdenden Eindruck, als die Schiffbrüchigen ja schon vom Seewasser durchnäßt waren. Aber ich sehe darin nur einen Beweis mehr für die Treue des naiven Berichterstatters, der auch bei anderen als bekannt voraussetzt, was er sich selbst in seiner lebhaften Erinnerung stillschweigend ergänzt. Es ist nun einmal das Los fast aller Schiffbrüchigen, daß sie die nassen Kleider am Leibe durch die eigene Körperwärme trocknen müssen. So hätte es auch in unserem Falle geschehen müssen und geschehen können, wenn nicht der anhaltende Regen es verhindert hätte. Um so willkommener war ihnen das Feuer. Ebenso hat Act. 18, 26 das $\pi\varrho o\sigma\varepsilon\lambda\acute{a}\beta o\nu\tau o$ $a\vartheta\tau\acute{o}\nu$ die Bedeutung: sie holten ihn in ihr Haus, während das $\dot{a}\pi o\delta\acute{\varepsilon}\xi a$-$\sigma\vartheta a\iota$ im folgenden Verse die Aufnahme des freiwillig Kommenden bezeichnet. Ebenso heißt Lucian. Tox. 62: $\tau\grave{a}$ $\mu\acute{\varepsilon}\gamma\iota\sigma\tau a$ $\mathring{a}\vartheta\lambda a$ $\pi\varrho o\sigma\lambda a$-$\beta\acute{o}\nu\tau\varepsilon\varsigma$ sich die höchsten Preise holend, wie wir dies sinnreich aus= drücken, und nicht etwa bloß in Empfang nehmend. Diese Stellen werden hinreichen, um den Begriff des $\pi\varrho o\sigma\lambda a\mu\beta\acute{a}\nu\varepsilon\iota\nu$ festzustellen.

Das Wort μεταλαμβάνειν aber heißt recht eigentlich, seinen Anteil, seinen Part zu sich nehmen. Aristoph. Plut. 369:

XP. σὲ μὲν οἶδ', ὃ κρώζεις · ὡς ἐμοῦ τι κεκλοφότος
ζητεῖς μεταλαβεῖν. BΛ. μεταλαβεῖν ζητῶ; τίνος;

In unserem Falle, wo es sich um das Essen handelt, bedeutet es τὴν μερίδα λαμβάνειν oder δειπνεῖν, und wir würden es zwar sehr trivial aber richtig mit: seine Portion zu sich nehmen, d. h. verspeisen, übersetzen können. — Das Wort προσδοκῶντες steht hier in demselben Sinne und derselben Gedankenverbindung wie προσδοκία Ev. Luk. 21, 26: ἀποψυχόντων ἀνθρώπων ἀπὸ φόβου καὶ προσδοκίας τῶν ἐπερχομένων τῇ οἰκουμένῃ. — Für ἄσιτοι διατελεῖτε wörtlich „im Fasten beharret" habe ich Luthers „ungegessen geblieben seid" beibehalten.

Um die Rede des Paulus zu verstehen, muß man sich ein Bild von dem Zustande an Bord eines Auswandererschiffes machen können, wenn es vom Sturme ergriffen seinem Verderben entgegengeht. Mit wenigen Ausnahmen sind alle von der Seekrankheit ergriffen, deren Wirkung sich ja in der Weise zeigt, daß man nicht allein selbst nichts genießen kann, sondern auch nicht einmal sehen mag, daß andere etwas genießen. Wenn das Zeichen zur Austeilung der Lebensmittel gegeben wird, man beachtet es nicht und holt sich nichts — das μηδὲν προσλαβόμενοι ist wörtlich zu verstehen —, man nimmt höchstens, wenn sich doch einmal der Hunger meldet, einen Bissen Brot von einem Mitleid fühlenden Vorübergehenden, man liegt stumpfsinnig da und wünscht sich den Tod, hat aber nicht den Mut und die Kraft sich das Leben zu nehmen. Die mit der Seekrankheit verbundenen Erscheinungen rauben auch dem, der nicht seekrank ist, jede Eßlust. Selbst bei den noch Kräftigen und Gesunden macht sich die Hoffnungslosigkeit auf Rettung geltend; das sichere Verderben vor Augen, von Angst erschöpft starren sie dumpf brütend vor sich hin. Das ist das Bild, wie es nicht von der Einbildungskraft geschaffen, sondern aus dem Leben gegriffen ist. Es müßte noch durch das Heulen und Wehklagen der Frauen und Kinder vervollständigt werden, wenn diese an Bord gewesen wären. Schon in den ersten Tagen hatte Paulus versucht, die Verzweifelnden aufzurichten; es war ihm nicht gelungen. Jetzt, wo sich Aussicht auf Rettung zeigt, tritt er zum zweitenmale unter sie. Er hatte sich schon damals darauf berufen dürfen, daß man ihm Glauben hätte schenken sollen. Die Ereignisse hatten gezeigt, daß er Vertrauen verdiente; und nun bringt man es ihm entgegen. Er fordert sie auf, sich zu ermannen und sich endlich einmal durch eine ordentliche Mahlzeit zu stärken, statt von kümmerlichen

Brocken zu leben. Die Rettung stehe in Aussicht, erfordere aber noch
Mühe und Anstrengung, die zu ertragen ein jeder sich kräftigen müsse.
Die frohe Zuversicht des Mannes, die sich in seinem Antlitze, in
seinen Worten, in seinem Dankgebet und endlich in seinem eigenen
Vorgehen kund giebt, weckt sie aus ihrer Erschlaffung, sie raffen sich
auf, holen ihr Speiseteil und verzehren es.

In Vers 36 habe ich die Leseart $\pi\varrho o\sigma\varepsilon\lambda\acute{a}\beta o\nu\tau o$ übersetzt, würde
aber wegen der Verbindung mit dem Genetiv $\tau\varrho o\varphi\tilde{\eta}\varsigma$ die auch vom
Sin. unterstützte $\mu\varepsilon\tau\varepsilon\lambda\acute{a}\beta o\nu\tau o$ vorziehen.

38. Und als sie sich gesättigt hatten, leichteten sie das Schiff
und warfen den Weizen ins Meer.

Nach Beendigung der Mahlzeit ging es an die Arbeit, um die
zur Rettung nötigen Maßregeln zu treffen. Was alles geschehen
mußte und geschehen konnte, ließ sich erst übersehen, wenn das Tageslicht
gestattete, die Örtlichkeit genau zu erkennen, und darauf mußte man
noch einige Stunden warten. Aber über eines war man sich schon
jetzt klar: unter keinen Umständen konnte die Fahrt fortgesetzt werden.
Auch auf die Erhaltung des Schiffes war nur in dem ganz unwahr=
scheinlichen Falle zu rechnen, daß man gerade vor dem Eingange
eines Hafens lag, in welchem man Schutz vor dem Winde hätte
finden können. War man aber gezwungen, das Schiff zu verlassen,
so mußte man es auch um der Bergung der Menschen willen so
nahe wie möglich an das Ufer legen. Wäre man noch im Besitze
des Bootes gewesen, so hätte man dieses zur Ausschiffung benutzen
können; jetzt mußte man mit dem Schiffe selbst in das flache Wasser
hineinfahren und darum seinen Tiefgang durch Entlastung so viel
wie möglich vermindern. Man brauchte nicht mehr darin zu lassen,
als notwendig war, um es gegen das Umschlagen zu sichern und
aufrecht zu erhalten. Die Ladung war ohnehin wohl wertlos geworden.
Wir erfahren zwar nicht, daß das Schiff so stark leckte, daß sein
Sinken zu befürchten war; man wird das eingedrungene Wasser wohl
durch Ausschöpfen haben bewältigen können; aber bei dem furchtbaren,
langdauernden Unwetter konnte es gar nicht fehlen, daß die Ladung
durch Nässe beschädigt war; und so konnte man leichten Herzens das
Opfer bringen. Man öffnete die Luken und sonstigen Zugänge, und
alle Hände regten sich, um den Weizen aus dem Schiffsraume auf
das Deck und von da über Bord zu schaffen. Da man schon bei der
Insel Kauda geworfen hatte, so wird man dieses mal seinen Zweck
vollständig erreicht haben. Denn schwerlich hat man die Leichtung
bei Tagesanbruch eingestellt, sondern sie erst recht eifrig betrieben, als

man einsah, daß man am besten thue, wenn man das Schiff geradezu auf den Strand setze.

Mit Unrecht haben einige Ausleger geglaubt, τὸν σῖτον auf den Mundvorrat beziehen zu müssen. Einmal bildeten die Lebensmittel einen viel zu geringen Teil der Ladung, als daß man durch ihr Überbordwerfen eine irgend erhebliche Leichtung erreicht hätte, und dann, wie hätten die Seeleute doch so thöricht sein sollen, sich gerade des voraussichtlich Notwendigsten zu berauben? Sie kannten ja das Land nicht, wußten also auch nicht, ob sie nicht vielleicht an eine unwirtliche Küste geraten und noch längere Zeit auf die an Bord befindlichen Vorräte angewiesen waren. Nächst der eigenen Rettung war nichts nötiger, als die Bergung des Proviants. Die Vulgata hat hier wieder das richtige triticum.

39. Da es aber Tag ward, kannten sie das Land nicht; sie wurden aber einer Bucht gewahr, die einen Strand hatte, auf den sie wo möglich das Schiff setzen wollten.

40. Und sie warfen die Anker los, sie dem Meere lassend, und löseten zugleich die Bande der Steuerruder. Und indem sie das Vorsegel vor den Wind holten, hielten sie auf den Strand zu.

Als man nun bei lichtem Tage entdeckte, daß man vor einer Bucht lag, die in ihrem Innern ein flaches Ufer, einen Strand hatte, denn diese Bedeutung hat das Wort αἰγιαλός, entschloß man sich, das Schiff darauf zu setzen. Wir würden unter gleichen Umständen dasselbe thun. Wenn die an das Gestade rollende Woge auf ihrem hohen Kamme das leicht beladene, nicht tief gehende Fahrzeug mit sich nimmt und nun wieder zurückfällt, dann läßt es das auf den Grund geratene zurück, und ehe die Woge wiederkehrt, können die Menschen über Bord auf das trockene Land oder in das seichte Wasser springen und das Leben retten. Nur darf dabei das Schiff nicht quer gegen die See oder den Strand zu liegen kommen. Geschähe das, so würde es sich in dem Augenblicke, wo es den Grund berührt, nicht aufrecht erhalten können, sondern umschlagen und alles unter sich begraben. Als Arrian im Pontus Euxinus auf seinem Ankerplatze in der Nähe der dortigen Stadt Athen von einem schweren Unwetter überrascht wurde, hielt er es für geraten, die Schiffe, ehe die See vom Sturme aufgewühlt wurde, auf den Strand zu ziehen. Es gelang mit Ausnahme eines einzigen, welches zur Unzeit eine Wendung machte, so daß es von der quer gegen die Längsseite fallenden Woge auf den Strand gesetzt und zerschellt wurde. Arr. Peripl. Pont. Eux. 6: *Εἰς δὲ τὴν νύκτα βροντаί τε σκληραὶ καὶ ἀστρα-*

παῖ κατεῖχον, καὶ πνεῦμα οὐ τὸ αὐτὸ ἔτι, ἀλλὰ εἰς νότον μεθειστήκει, καὶ δι' ὀλίγου ἀπὸ τοῦ νότου εἰς λίβα ἄνεμον, καὶ ταῖς ναυσὶν οὐκέτι ἀσφαλὴς ὁ ὅρμος ἦν. Πρὶν οὖν παντάπασιν ἀγριωθῆναι τὴν θάλατταν, ίσας μὲν αὐτὸ τὸ χωρίον αἱ Ἀθῆναι δέξασθαι ἠδύναντο, ταύτας αὐτοῦ ἐνεωλκήσαμεν, πλὴν τῆς τριήρους. αὕτη γὰρ πέτρᾳ τινὶ ὑφορμοῦσα ἀσφαλῶς ἐσάλευε. Τὰς δὲ πολλὰς ἐδόκει πέμπειν εἰς τοὺς αἰγιαλοὺς τοὺς πλησίον νεωλκηθησομένας. Καὶ ἐνεωλκήθησαν ὥστε ἀπαθεῖς διαγενέσθαι πάσας πλὴν μιᾶς, ἥντινα ἐν τῷ ὁρμίζεσθαι πρὸ τοῦ καιροῦ ἐπεστρέψασαν πλαγίαν ὑπολαβὸν τὸ κῦμα ἐξήνεγκεν εἰς τὴν ἠϊόνα καὶ συνέτριψεν. Vor allem also kam es darauf an, dem Schiffe Fahrt zu geben; nicht nur, daß dies dazu beitrug, dasselbe so hoch wie möglich auf den Strand zu setzen, ein Schiff ohne Bewegung kann ja auch nicht gesteuert werden. Man löste deshalb die bis dahin eingezogenen Steuerremen von ihren Befestigungen und ließ sie ins Wasser nieder, vgl. oben S. 102. Man heißte auch das Vorsegel, so daß der auf Land zu wehende Ostwind voll in dasselbe hineinfallen konnte. Vergleiche über den Artemon oben S. 79 ff. Hätte man noch die große Rahe gehabt, so würde man vielleicht das Großsegel beigesetzt haben; jedenfalls aber bot das Vorsegel mehr Sicherheit dafür, daß das Vorschiff dem Lande zugewendet blieb. Wie ist es doch möglich gewesen, daß einige Ausleger unter dem Artemon das Besansegel haben verstehen wollen? Ein Hintersegel zu setzen, wäre das thörichtste gewesen, was man unter diesen Umständen hätte thun können, weil dadurch ja das Schiff der augenscheinlichen Gefahr ausgesetzt worden wäre, herumzuschlagen. In demselben Augenblicke aber, wo man die Bande der Steuerremen löste und das Vorsegel vor den Wind holte, warf man auch die Anker los. Von einem Kappen derselben ist nicht die Rede; man hat das περιαιρεῖν τὰς ἀγκύρας nicht verstanden. Zunächst ist zu bemerken, daß der Seemann kurzweg von den Ankern selbst spricht, wo er eigentlich die Kabeltaue der Anker meint. So lassen wir die Anker kappen, wo wir sagen sollten: die Kabeltaue der Anker kappen; denn die Anker selbst werden ja nicht gekappt. Und bei den griechischen Seeleuten war es ebenso. Es heißt z. B. bei Xen. Hell. 1, 6, 21: τὰς ἀγκύρας ἀποκόπτοντες, wo es vollständig heißen sollte: τὰ σχοινία τῶν ἀγκυρῶν ἀποκόπτοντες. Vgl. auch die beiden Stellen in Anon. Peripl. Mar. Erythr. § 40 und 43, wo gesagt wird, daß die Ankertaue von dem scharfen, rauhen Grunde zerschnitten wurden: τὰς ἀγκύρας ἐν τάχει ἀποκοπτομένας. Nun waren die Ankertaue, wie das auch bei uns geschieht, dadurch befestigt, daß man sie mit einigen Windungen oder Rundschlägen um einen starken

Pfosten oder Ständer legte. Dies Herumschlingen hieß περιβάλλειν, so Od. 22, 465:

ὡς ἄρ' ἔφη καὶ πεῖσμα νεὸς κυανοπρῴροιο
κίονος ἐξάψας μεγάλης περίβαλλε θόλοιο.

Der Pfosten hieß λογγάσια, vgl. oben S. 41, vielleicht auch περίβολος· Bei Wetstein findet sich zu Act. 27, 30 die Glosse: τῆς δὲ πρῴρας πλησίον ἑκατέροις τοῖς μέρεσι περίβολοι ἐμπεπηγμένοι ἵστανται, δι' ὧν αἱ ἄγκυραι κρέμανται, ἵν τὴν ναῦν ἱστῶσι χαλώμεναι. Das Gegenteil nun von περιβάλλειν ist περιαιρεῖν, das Lösen oder Umwegnehmen der Kabel von den Pfosten, das Loswerfen oder, wie wir in der niederdeutschen Seemannssprache sagen: das Schlippen der Anker. Das εἴων bezieht sich selbstverständlich auf τὰς ἀγκύρας. Wenn Beza und Grotius erklären zu müssen glaubten: εἴων τὸ πλοῖον ἰέναι εἰς τὴν θάλασσαν, so ist ja gerade das entgegengesetzte der Fall: εἴων τὸ πλοῖον ἰέναι εἰς τὸν αἰγιαλόν.

41. Und da sie an einen Außengrund gerieten, stießen sie mit dem Schiffe auf, und das Vorderteil blieb unbeweglich, das Hinterteil aber brach auf von dem Wogenschwalle.

Der Wind hatte das Segel geschwellt, das Schiff hatte Fahrt bekommen und lief dem Ruder gehorchend in die offene Bucht hinein, da sollte die Absicht, es auf den Strand zu setzen, vereitelt werden. Mitten im Fahrwasser lag ein τόπος διθάλασσος. Was unter einem solchen zu verstehen ist, geht klar aus Strabo 1, 1, 5 hervor. Der große Geograph bespricht die Frage, ob der Ozean zwischen der Westküste Europas und der Ostküste Asiens als πέλαγος σύρρουν καὶ συνεχές eine ungehinderte Überfahrt gestatte oder als πέλαγος διθάλαττον der Durchfahrt Hindernisse entgegensetze. Er glaube nicht, was einige behaupteten: ὑπὸ ἠπείρου τινὸς ἀντιπιπτούσης τὸν ἐπέκεινα πλοῦν ἀνακρουσθῆναι, ἀλλὰ ὑπὸ ἀπορίας καὶ ἐρημίας, οὐδὲν ἧττον τῆς θαλάττης ἐχούσης τὸν πόρον. Danach kann der τόπος διθάλασσος nichts anderes sein, als der Ort, an welchem und durch welchem das Meer in ein πέλαγος διθάλασσον getrennt wird, die Schranke, welche sich der Durchfahrt entgegenstellt, mag sie sichtbar über Wasser oder unsichtbar unter Wasser sich hinstrecken. Hier ist das letztere gemeint, wie denn auch in demselben Sinne von Dio Chrys. 5, pag. 83 βραχέα καὶ διθάλαττα καὶ ταινίαι, Untiefen, Außengründe und Sandbänke zusammengestellt werden. Ich habe das Wort Außengrund als das bezeichnendste gewählt, weil wir darunter nicht eine mit dem Lande zusammenhängende Sandbank, sondern eine davon getrennte Untiefe verstehen, die zwar keine Überfahrt gestattet, aber zwischen sich und dem Lande wieder flottes, tiefes Wasser hat, also auch ein πέλαγος διθάλαττον bildet. Mitten, περί, auf diese Untiefe geraten, rannten sie das Schiff auf den Grund. Dadurch, daß sich das Vorderteil hinaufschob, senkte sich das Hinterteil und wurde, frei im Wasser schwebend und nicht vom Untergrunde gestützt, von den Sturzwellen so überschüttet, daß es aus den Fugen ging oder, wie wir sagen, aufbrach. Die ältesten und glaubhaftesten Zeugen haben bloß ὑπὸ τῆς βίας, und deshalb ist der in den jüngeren Handschriften sich findende Zusatz τῶν κυμάτων von Lachmann und Tischendorf getilgt. Der Einwand, daß τῆς βίας doch notwendig eine nähere Bestimmung verlange, ist nicht berechtigt, da wir es hier offenbar mit einer seemännischen Ausdrucksweise zu thun haben. Der sachverständige, ungenannte Verfasser des Periplus Mar. Erythr., sicher ein ναύκληρος, sagt im § 46, wo er das Hereinbrechen der Flutwelle in die Strommündungen des Indischen Ozeans schildert, beim Andrang der See entstehe ein solcher Wogenschwall, daß man das Geschrei eines Heeres aus der Ferne zu vernehmen glaube: τοσαῦται γὰρ περὶ τὴν εἰσβολὴν τῆς θαλάσσης γίνονται βίαι, ὥστε κτλ. Die Vulgata übersetzt also ὑπὸ τῆς βίας ganz richtig mit a vi maris. Der Zusatz τῶν κυμάτων wird dann von einem mit der Seemannssprache nicht vertrauten Abschreiber in den Text eingeschoben sein.

42. Die Kriegsleute aber ratschlagten die Gefangenen zu töten, daß nicht jemand durch Schwimmen entflöhe.

43. Der Hauptmann aber, der Paulus retten wollte, wehrte ihrem Vorhaben und hieß, die da schwimmen konnten, zuerst überspringen und sich auf das Land retten,

44. die übrigen aber, etliche auf Brettern, etliche auf den Wrackstücken des Schiffes. Und so geschah es, daß alle erhalten zu Lande kamen.

Sollten alle gerettet werden, so mußte man so verfahren, wie es der Hauptmann anordnete. Zwar setzten Wind und Strömung auf Land zu, und auch die, die nicht schwimmen konnten und sich an einem Stücke Holz über Wasser halten mußten, durften sicher sein, dem Strande zuzutreiben, aber sie würden höchst wahrscheinlich in der Brandung von der ablaufenden Woge wieder zurückgespült sein, wenn ihnen nicht die bereits Geretteten hätten entgegen gehen können, um sie in Empfang zu nehmen. Die Menge σανίδες, die hierbei zur Anwendung kamen, werden die gewesen sein, die zur Befestigung der Ladung gedient hatten. S. oben S. 45.

28, 1. Und als wir gerettet waren, erfuhren wir, daß die Insel Melite heiße.

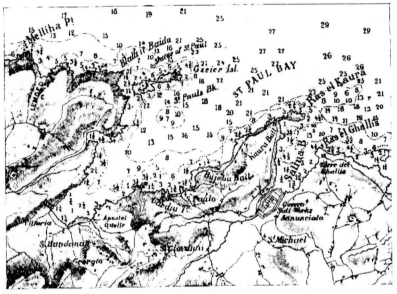

St. Paul's Bai.

1 Sm. = 6000 Fuß.

Seit ältester Zeit verlegen die Einwohner von Malta den Schiffbruch des Paulus in die an der Nordostseite ihrer Insel liegende Bucht, die deshalb den Namen St. Pauls Bai trägt. Die vorstehende Skizze derselben ist der großen englischen Admiralitätskarte: Malta and Gozzo Islands 1863 entnommen. Wie wenig man auch sonst auf solche Überlieferung geben darf, die meist erst nachträglich den Berichten angepaßt wird, so spricht doch in diesem Falle alles für ihre Berechtigung. Es wäre geradezu ein Wunder zu nennen, wenn Paulus, dessen Persönlichkeit ja aller Herzen zu gewinnen wußte, bei seinem Abschiede nicht eine Gemeinde treuer Anhänger zurückgelassen hätte, die seine weiteren Schicksale mit der wärmsten Teilnahme verfolgten und dann die Erinnerung an den großen Mann den Kindern und Enkeln überlieferte. Doch sei dem wie ihm wolle, die Örtlichkeit stimmt genau mit der Schilderung des Berichterstatters überein. Die Bucht hat an ihrem Ende in Südwesten den flachen Strand, auf den man das Schiff laufen lassen wollte. Eben innerhalb des Einganges befindet sich der τόπος διθάλασσος, der Außengrund, die jetzt St. Pauls Bank genannte Untiefe, auf der das Schiff an den Grund stieß. Sie besteht aus weichem Thon, und so erklärt es sich, daß sie durch die von jedem in die Bucht stehenden heftigen Ostwinde hervorgerufenen Strömungen schon teilweise verspült ist und noch immer mehr verspült werden wird. Jetzt stehen noch sieben Faden Wasser darauf — die Zahlen in der Karte geben die Wassertiefen in Faden zu sechs Fuß an —, zur Zeit des Paulus müssen es weniger, etwa zwei bis drei gewesen sein. Etwas östlich davon haben wir den Ort zu suchen, wo das Schiff während der Nacht in 15 Faden vor Anker lag. Der Punkt genau im Westen von dieser Bank wird von den Eingebornen als der Ort bezeichnet, an den sich die Schiffbrüchigen durch Schwimmen retteten. Und auch diese Annahme entspricht durchaus den Umständen. Der Ostwind, mag er auch Ostnordost oder Nordost sein, staut das Wasser in der Bucht auf, und da dieses nicht anders als durch die zwischen der Gzeir Insel und dem Lande befindliche Meerenge entweichen kann, so muß eine nördliche Strömung das Land entlang laufen, welche die an den Brettern sich haltenden Schiffbrüchigen nicht vor dem Winde in das Ende der Bucht, sondern westlich von der Bank an das Land trieb.

Nautisches Wörterbuch.

ἄγκιστρον, τό; die Ankerhand. S. 110.
ἀγκοίνη, ἡ; das Rack. S. 51.
ἄγκυρα, ἡ; der Anker. S. 108 ff.
ἀγκύρια, τά; die Ankertaue. S. 110.
ἀγκύριον, τό; der Bootsanker, der Dreg. S. 108.
ἀκάτιος, ὁ ἱστός; der Bootsmast, Jachtmast, Vormast, Fockmast, Krahnmast. S. 68 u. 84. ἡ κεραία; die Vorrahe, Fockrahe. S. 68. τὸ ἱστίον; das Bootssegel, Jachtsegel, Vorsegel, die Breitfock. S. 68. τὸ πλοῖον f. d. f.
ἄκατος, ὁ und ἡ; das Ruder- und Segelboot, die Jacht, überhaupt ein scharf gebautes Schiff, ein Eilboot. S. 69.
ἀκροκέραια, τά; die Rahenocken, die Enden der Rahe. S. 50.
ἀκροστόλιον, τό; der Stevenkopf. S. 29.
ἀμφιμήτριον, τό; das Spant? S. 30.
ἀμφίπρυμνος; zweisteurig. S. 103 f.
ἀνάγεσθαι; auslaufen, in See stechen. S. 149.
ἀναδεῖν; ein Schiff ins Schlepptau nehmen, schleppen. S. 164.
ἀνακρούεσθαι f. κρούεσθαι.
ἀνακωχεύειν f. κωχεύειν.
ἀναπλεῖν f. ἀνάγεσθαι.
ἀνάπτειν f. ἀναδεῖν.
ἀναχαιτίζειν τὸν δρόμον; beidrehen. S. 168.
ἀνήρσοι, οἱ κρίκοι; die Kauschen. S. 63.
ἀνολκή, ἡ; das Aufholen des Schiffes auf das Land. S. 27 u. S. 116.
ἀντιπλεῖν; gegen widrige Winde ankämpfen.
ἀντιφάλκης, ἡ; das Stevenknie. S. 34. So lese ich mit Cartault bei Poll. 1, 86 statt ἐφολκός. vgl. Hesych. s. v.
ἀντλεῖν; das Wasser ausschöpfen. S. 37.
ἀντλία, ἡ; der Sod. S. 37.
ἄντλος, ὁ, das Sodwasser. S. 37.
ἀποφορτίζεσθαι; entladen, die Ladung löschen. S. 45.
ἀποβάθρα, ἡ; der Steg. S. 119.
ἄρμενα, τά; das Schiffsgerät. Tau- und Segelwerk. τὸ ἄρμενον; das Segel. S. 92.
ἀρμενοθήκη, ἡ; die Segelkammer, das Kabelgat. S. 40.
ἁρμονία, ἡ; der Verband durch Falze und Fugen. S. 133.
ἀρτέμων, ὁ; der Vormast, Fockmast, Krahnmast und ebenso das Vorsegel, die Breitfock. S. 68, S. 75, S. 79 und S. 82.
ἄσκωμα, τό; die Liederung, der Kragen. S. 96.

ἄτρακτος, ὁ; das Flügelspill. S. 49.
αὐχήν, ὁ; der Ruderschaft. S. 104.
ἄφλαστον, τό; die Krülle, die Kaupe, der Stevenknauf. S. 42.
ἄφρακτος; unverschanzt, ungedeckt, d. h. ohne Verdeck. S. 41.
βία, ἡ; der Wellenschlag. αἱ βίαι; der Wogenschwall. S. 203.
βρόχος, ὁ; der Pfahlstich. S. 127.
βύρσαι, αἱ; die Lederstreifen über dem Segel. S. 57.
γωνία, ἡ; das Schothorn, das Nockohr. S. 57.
δακτύλιος, ὁ; der Ring in der Hafenmauer, um die Landfesten zu halten. S.126.
δελφίς, ὁ; der Schleuderklotz von Blei oder Eisen. S. 67 u. S. 74.
διαζωννύναι f. ὑπόζωμα.
διάρμενον, τὸ πλοῖον; der Zweisegler. S. 85.
δίολκος, ὁ; der Schleifhelgen. S. 27.
δίπρυμνος und δίπρωρος; zweisteurig. S. 103.
δόλων, ὁ; der Vormast und das Vorsegel. S. 68 u. S. 75 ff.
δρύοχος, ὁ; das Spant, das Rippenpaar, nicht die einzelne Rippe. S. 30 ff.
ἐγκοίλια, τά; die Inhölzer. S. 30; die Flurhölzer. S. 33.
ἔδαφος, τό; der Boden, das Flach des Schiffes. S. 38.
ἔκφοροι, οἱ; f. τέρθρον.
ἐνθέμιον, τό; die Piek, die Steuerpflicht. S. 40.
ἐννεάρμενος; S. 85.
ἐντερόνεια, τά; die Inhölzer. S. 30.
ἐπηγκενίδες, αἱ; die Spannhölzer. S. 136.
ἐπιβολαὶ τῶν βυρσῶν, αἱ; die Lederstreifen als Besatz zur Verstärkung des Segels. S. 57.
ἐπίδρομος, ὁ; das Hintersegel. S. 87.
ἐπίκριον, τό; die Rahe. S. 49.
ἐπίουρος, ὁ; der Verband durch Nut und Feder. S. 134.
ἐπισείων, ὁ; der Stander. S. 49.
ἐπιστατῆρες, οἱ; die Inhölzer. S. 30.
ἐπίτονος, ὁ; das Spanntau, welches zugleich als Fall und als Backstag diente; S. 53 u. S. 138.
ἐπωτίδες, αἱ; die Krahnbalken. S. 111.
ἐρετμόν, τό; der Remen. S. 93.
ἕρμα, τό; der Ballast. S. 44. τὰ ἕρματα; die Schoren. S. 127.
εὐδίαιος, ὁ; das Speigat. S. 39.
εὐνή, ἡ; der Senkstein. S. 107.
ἐφόλκαιον, τό; der Steuerremen. S. 29 u. S. 97.
ζεύγλη, ἡ; der Riemen am Steuerremen. S. 102.
ζευγνύναι τὰς ναῦς; die Schiffe gürten. S. 173.
ζευκτηρία, ἡ; f. ζεύγλη.
ζυγὸν τό; der Deckbalken. S. 38.
ζωστήρ, ὁ; der Plankengang, die Plankenreihe. S. 35.
ἠλακάτη, ἡ; die Spindel am Mast. S. 49.
ἧλος, ὁ; der Bolzen. S. 134.
θρῆνυς, ὁ; die Wanderung. S. 97.
θωράκιον, το; das Marsschanzkleid. S. 49.
ἴκριον, το; der Top des Mastes. S. 49. τὰ ἴκρια; die Auflangen. S. 33. τὰ

ἴκρια νηὸς πρώρης; das Vordeck. τὰ ἴκρια νηὸς πρύμνης; das Hinterdeck. S. 38.
ἱμάς, ὁ; das Fall. S. 56.
ἱστίον τό; das Segel. S. 56 ff.
ἱστοδόκη, ἡ; das Mastgat, der Mastschacht. S. 48. Die Mastgabel oder Mastschere. S. 48.
ἱστοθήκη ἡ; f. ἁρμενοθήκη u. ἱστοδόκη.
ἱστοκεραία, ἡ; die Rahe. S. 49.
ἱστοπέδη, ἡ; der Mastköcher. S. 47.
ἱστός, ὁ; der Mast. S. 47.
κάλος, ὁ und οἱ κάλως; das Tau im allgemeinen. οἱ κάλοι insbesondere die Haupttaue, die den Mast stützen. S. 55.
καλῴδια, τά; das stehende Gut. S. 90.
καπήλη, ἡ; die Piek oder Steuerpflicht. S. 40.
κάπηξ, ὁ; der Ständer auf dem Hinterdeck, um den die Taue belegt wurden. S. 41.
καραδάλη, ἡ; die Segelkammer, das Kabelgat. S. 40.
κάρνον, τό; der Kloben. S. 83.
καρχήσιον, τό; der Mastkopf. S. 49. οἱ καρχήσιοι. S. 56.
κατάρτιον, τό; der Mast. S. 47.
κατάρτιος, ἡ; die Rahe. S. 51.
κατάστρωμα, τό; das Verdeck. S. 38.
κατάφρακτος; verschanzt, gedeckt d. h. mit einem Verdeck. S. 41.
κεραία, ἡ; die Rahe. S. 49.
κεραιοῦχος, ὁ; der Toppenant. S. 67.
κέρας, τό; die Rahe. S. 49
κεροίαξ, ὁ; der Toppenant. S. 66.
κερουλκός, ὁ; der Toppenant. S. 67.
κεροῦχος, ὁ? S. 67.
κληΐς, ἡ; die Ruderbank, die Ducht. S. 97.
κλιμακίς, ἡ; der Steg. S. 120.
κλιμακτήρ, ὁ; die Fußleiste auf dem Stege. S. 120.
κλῖμαξ, ἡ; der Steg, die Treppe, die Leiter. S. 119.
κλοιός, ὁ; der Bügel. S. 47.
κοντός, ὁ; der Staken. S. 105.
κόρυμβα, τὰ ἄκρα; die Stevenzier. S. 42.
κράσπεδον, τό; das Leich. S. 57.
κρίκος, ὁ; die Kausch. S. 58.
κρούεσθαι, πρύμναν; streichen. S. 94.
κυβερνητήρ, ὁ; der Schiffer, der Steuermann. S. 100 u. S. 161.
κύτος, τό; der Schiffsraum, das Hohl. S. 37.
κωπεύς, ὁ; Holz zum Remen. S. 93.
κώπη, ἡ; der Handgriff am Remen und der Remen selbst. S. 93.
κωχεύειν; beidrehen. S. 182.
λαῖφος, τό; das Segel. S. 56.
λεύγη, ἡ; Hesych. Die Leuge. S. 7.
ληνός, ἡ u. ὁ; die Mastspur. S. 47.
λογγασίη, ἡ; der Boller, der Pfosten zum Belegen der Taue. S. 41.
μάλαγμα, τό; das Wiel, der Fender. S. 179.

μασχάλη, ἡ; S. 79. Die Gloſſe zu μασχάλην bei Heſychius iſt mir unverſtändlich.
μεσόδμη, ἡ; der Maſtſchacht, das Maſtgat. S. 48.
μεταλαμβάνειν; S. 197.
μηρύεσθαι; beim Segel: aufrollen, auftuchen. S. 58. Beim Tauwerk: aufrollen, aufſchießen. S. 91.
μήρυμα, τό; die Scheibe Tauwerk. S. 91.
μηχάνωμα, τό; das Hebezeug, das Windezeug. S. 89.
μιλτοπάρῃος; rotbugig. S. 36.
μονάρμενον, τὸ πλοῖον; der Einſegler. S 85.
ναύκληρος, ὁ; der Schiffsreeder. S. 160.
ναυπήγιον, τό; das Schiffszimmerwerft. S. 27.
νεωλκεῖν; das Schiff aufholen, aufwinden. S. 27.
νεώριον, τό; das Schiffszeughaus. S. 27.
νομέες, οἱ; die Spanten. S. 30 u. S. 31.
ὀθόνη, ἡ; das Segeltuch, das Segel. S. 56.
οἰακοστρόφος, ὁ; der Steuerer, der Ruderführer. S. 100.
οἴαξ, ὁ; der Griff am Steuerremen, das Steuerruder. S. 101.
οἰήϊον; ſ. οἴαξ.
ὁλκαῖον, τό; der Hinterſteven, der Achterſteven. S. 29.
ὁλκός, ὁ; der Helgen. S. 27 f.
ὄνυξ, ὁ; die Ankerhand. S. 110.
ὅπλον, τό; das Schiffsgerät. τὰ ὅπλα; Segel und Takelwerk. S. 46 u. 116.
ὄργυια, ἡ; der Faden. S. 191.
οὖρος, ὁ; die Kielfurche. S. 116.
ὀφθαλμός, ὁ; die Klüſe. S. 36. Die Rojepforte. S. 96.
παραβάλλειν τι; auf etwas zuhalten. S. 70.
παράῤῥυμα, τό; das Schlaglaken. S. 40.
παράσειον, τό;? S. 67.
παράσημον, τό; das Wahrzeichen oder Abzeichen des Schiffes. S. 43.
παραστάται, οἱ; die Schienen am Maſte. S. 47.
παρειά, ἡ; der Bug des Schiffes. S. 36.
παρέξ; ſeitlängs. S. 105.
παρεξειρεσία, ἡ; die Verzäunung. S. 39.
πάρολκος, ὁ; die Schlepptroſſe. S. 163.
πάσσαλος, ὁ; der Pflock. S. 134.
πεῖσμα, τό; das Kabel. S. 126 f.
πελεκῖνος, ὁ; Nut und Schwalbenſchwanz. S. 35 u. 134.
περιαιρεῖν; loswerfen, das Tau um den Ständer wegnehmen. S. 202.
περιαγωγεύς, ὁ; das Gangſpill. S. 42.
περιβάλλειν; das Herumwinden des Taues um den περίβολος. S. 202.
περίδρομος, ὁ; die Wendung, das Schwaien des Schiffes. S. 113.
περιτόναιον, τό; die Hintergalerie. S. 41.
περιτόνιον, τό; das Raheband. S. 58.
περίτονον, τό; das Bergholz. S. 35.
περόνη, ἡ; der Belegnagel, der Kavielnagel. S. 91.
πηδάλιον, τό; das Steuer, der Steuerremen. S. 97.
πηδαλιοῦχος, ὁ; ſ. οἰακοστρόφος.
πηδόν, τό; das Ruderblattt, das Steuer, der Remen. S. 93 u. 97.

πίνακες, οἱ; die Planken. S. 35.
πλαγιάζειν; halbwinds segeln. S. 152.
πλινθηδόν; klinkerweise. S. 35.
πλοῦς, ὁ; die Kabellinie. S. 45.
πούς, ὁ; die Schote. S. 58 ff.
ποδιαῖον ποιεῖν; dem Segel einen Schoß geben? S. 62.
πρόπους, ὁ; der Hals. οἱ πρόποδες die Halsen. S. 58.
προσλαμβάνειν; S. 197.
προτονίζειν;? S. 184.
πρότονος, ὁ; das Stag. οἱ πρότονοι die Bugstage. S. 52 u. 55.
πρύμνα, ἡ; das Hinterschiff, das Achterschiff, das Hinterdeck. S 36.
πρυμνήσια, τά; die Landfesten. S. 126.
πρῴρα, ἡ; das Vorschiff. S. 36.
πρωραχθής; vorlastig. S. 44.
πτέρνα, ἡ; der Mastfuß. S. 47.
πτύχη, ἡ; das Namenbrett vorn am Schiffe. S. 37.
ῥινωτηρία, ἡ; das Stevenknie, das Knie. S. 34.
ῥυμουλκεῖν; ins Schlepptau nehmen, schleppen. S. 164.
σανίδες, αἱ; die Seiten-, Deck- und Binnenplanken. S. 35 u. 38.
σανίδιον, τό; die Mitte des Hinterdecks. S. 67.
σαργάνη, ἡ; die Ankerboje. S. 110.
σέλμα, τό; der Schiffsrumpf, das Verdeck. S. 46.
σίφαρος;? S. 85.
σκαλμός, ὁ; die Ruderdolle. S. 97.
σκάφος, τό; der Bauch oder der Rumpf des Schiffes. S. 46. Überhaupt Fahrzeug
σκευή, ἡ; das Zeug des Schiffes. S. 46.
σκεῦος, τό; das einzelne Schiffsgerät. S. 46 u. 177.
σκηνή, ἡ; die Hütte auf dem Hinterdeck. S. 42.
σπεῖρα, ἡ; die Troß. S. 127. Das Wiel, der Fender. S. 179 u. 181.
στάδιον, τό; die Kabellänge. S. 7.
σταμίνες, αἱ; die Kimmsitzer. S. 33.
στεῖρα, ἡ; der Vorsteven. S. 29.
στόλος, ὁ; das Topstück des Stevens. S. 29.
στροφεῖον, τό; das Bratspill. S. 42.
στυλίς, ἡ; der Flaggenstock. S. 87.
σφήν, ὁ; der Keil, die Zwinge, der Verband auf dem Schweinsrücken. S. 134
σχεδίη, ἡ; das Blockschiff. S. 129 ff.
σχοινίον, τό; das Kabeltau. S. 90.
ταινία, ἡ; der Wimpel. S. 87.
ταρσός, ὁ; das Ruderblatt, der Remen, das Rudergeschirr. S. 93.
τέρθριος, ὁ; das Vortoptau. S. 80 ff.
τέρθρον, τό; s. ἀρτέμων.
τοῖχος, ὁ; die Schiffswand, die Schiffsseite. S. 36.
τοιχίζειν; überhellen. S. 36.
τοπεῖα, τά; das laufende Gut. S. 90.
τράπεζα, ἡ; der Maststuhl. S. 47.
τραφήξ, ὁ; das Schandeck. S. 30. Der Dollbord. S. 93.
τράχηλος, ὁ; der Dickmast. S. 47.

τραχηλίζειν; anluven. S. 151.
τρῆμα, τό; die Rojepforte. S. 96.
τρητοὶ λίθοι; S. 126 ff.
τριάρμενον, τὸ πλοῖον; der Dreisegler. S. 85.
τρόπις, ἡ; der Kiel. S. 28. ἡ δευτέρα τρόπις; das Kolschwinn (spr. Kollschwin). S. 33.
τροπιδεῖον, τό; der Stapelblock. S. 28.
τρόπος, ὁ; ὁ τροπωτήρ; der Ruderstropp. S. 95.
τροχαλία, ἡ; der Block, das Takel, der Flaschenzug. S. 89.
τροχός, ὁ; die Rolle, die Scheibe. S. 88 f.
τρύπημα, τό; die Rojepforte. S. 96.
τύλος, ὁ; die Rojeklampe. S. 96.
ὑπέρα, ἡ; die Brasse. S. 65 ff.
ὑπηρετικόν, τὸ σκάφος; das Hülfsboot. S. 164.
ὑπόζωμα, τό; das Gurttau, die Gürtung. S. 170 ff.
ὑψοῦ; flott. S. 116.
φάλαγξ, ἡ; die Walze. S. 118 u. 128.
φάλκις, ἡ; der Binnensteven. S. 29.
φελλός, ὁ; die Korkboje, die Rettungsboje. S. 180.
φολκός f. φάλκις.
φορμός, ὁ; die Schlafmatte. S. 185.
φράγμα, τό; die Verschanzung, die Riegelung. S. 40.
χαλᾶν; niederlassen, nachlassen, fieren. S. 59 u. 64.
χαλῖνος, ὁ; das Fall? S. 55, 74 u. 105.
χείμαρος, ὁ; der Scheinagel. S. 39.
χέλυσμα, τό; der Loskiel, der falsche Kiel. S. 28.
χηνίσκος, ὁ; der Schwanenhals. S. 42.
χραῦσις, ἡ; der Dreg? S. 108.
χρίμψασθαι; auf den Strand laufen. S. 124 f.

Stellen-Verzeichnis.

	Seite.
Achill. Tat. 2, 32	63, 64, 121, 189
— — 3, 3	194
Acta Apost. 27—28, 1	142—147
— — 27, 1—2	147
— — 27, 3	149
— — 27, 4	150
— — 27, 5	155
— — 27, 6	156
— — 27, 7	157
— — 27, 8	158
— — 27, 9—10	159
— — 27, 11	160
— — 27, 12—13	162
— — 27, 14	164
— — 27, 15	166
— — 27, 16	169
— — 27, 17	170
— — 27, 18—19	184
— — 27, 20	187
— — 27, 21—26	188
— — 27, 27—29	189
— — 27, 30—32	193
— — 27, 33—37	194
— — 27, 38	199
— — 27, 39—40	79, 103, 200
— — 27, 41	202
— — 27, 42—44	203
— — 28, 1	203
Aesch. Pers. 376	96
— — 406	29
— Sept. 206	104
Agathem. 2, 12	25
Agath. hist. 3, 21	69
Alciphr. Epp. 1, 12	185
Amm. Marcell. 15, 11	7
— — 16, 12	7
Anon. Peripl. mar. erythr. 38	13
— — 40	13, 201
— — 43	201
— — 44	5, 164
— — 46	203
— — 55	13

	Seite.
Anon. Peripl. 57	22, 151
Apoll. Rhod. 1, 358	97
— — 1, 367	117, 171
— — 1, 379	96, 97
— — 1, 526	29
— — 1, 528	121
— — 1, 563	48, 91
— — 1, 567	80
— — 1, 723	32
— — 1, 1204	48
— — 1, 1277	120
— — 1, 1314	29
— — 2, 601	42
— — 2, 882	100
— — 2, 930	58
— — 2, 1067	125
— — 2, 1080	125
— — 2, 1082	125
— — 2, 1262	48, 49, 124
— — 2, 1283	117
— — 2, 1464	74
— — 4, 887	91
— — 4, 890	63
— — 4, 1609	29
— — 4, 1632	58, 74
— — 4, 1664	97
Appian. bell. civ. 5, p. 723	113
— — — 5, 724	173
— — — 6, 735	78
— — Pun. p. 76	162
Aristoph. Equ. 434	59
— — 440	79, 80
— — 759	70, 74
— — 1313	165
— Pax 521	45
— — 1243	96
— Plut. 369	198
— Ran. 999	64
— Thesm. 57	31
— Vesp. 399	94
Aristot. hist. an. 4, 7, 9	104
— meteor. 2, 6	25

Aristot. de mundo 4	154	Eurip. Electr. 1163	31
— probl. mech. 7	62	— Hec. 113	130
Arrian. Exp. Alex. 5, 7 107, 108,	119	— — 446	69
— — — 6, 13	42	— — 940	60
— Epict. 3, 2	85	— — 1019	60
— Ind 27, 1	5	— Hel. 533	125
— — 40, 11	5	— — 1475	64
— — 41	5	— — 1552	102
— Peripl. Mar. Eux. 5	39	— — 1554	93
— — — — 6, 12,	200	— — 1585	120
Artem. Oneir. 1, 35	49	— — 1607	101
— — 2, 12	51	— Iph. Aul. 209	42
— — 2, 23	36	— — — 254	87
— — 4, 24	36	— — Taur. 1132	78
Athen. 5, 37	102	— — — 1134	60
— 5, 39	56, 67	— — — 1346	93
— 5, 40	33, 36, 37	— — — 1348	120
— 5, 41	119	— — — 1350	111
— 5, 42	40	— Med. 24	188
— 5, 43	49, 110	— — 523	57
— 5, 44	32, 46	— Orest. 341	69
— 11, 49	47, 49	— — 705	59
— 13, 597 A	70	— Rhes. 146	28
Caes. bell. Gall. 3, 13	57, 115	— — 673	28
— — — 3, 14	54	— Troad. 538	127, 171
— — civ. 3, 112	6	— — 683	169
— — Alex. 45	65, 73	— fr. Phaet. 4	115
Cass. Dio 50, 33	64, 72	Eustath. 1533, 41	35
— — 50, 34	37	— 1534, 8	63
— — 74, 11	103	— 1534, 24	65
Cic. ep. ad Attic. 13, 21, 3	94	Galen. καρχήσιον	56
— ep. ad fam. 9, 17	186	— τέρθρον	82
Chron. 2, 9, 21	22	Heliod. Aeth. 1, 1	35
Clem. Alex. 1, 1, 1	28	— — 4, 16	155
Demost. c. Dionys. 1296	114	— — 5, 1	122
Dig. L. tit. XVI fr. 242	83	— — 5, 2	63
Dio Chrys. 5, p. 83	203	— — 5, 17	98
Diodor. 5, 35	110	— — 5, 23	69
— 11, 18	94, 182	— — 5, 24	164
— 14, 79	46	Herod. 2, 5	13
— 19, 18	106	— 2, 36	89
— 20, 61	77	— 2, 96	35, 178
— 20, 74	164	— 2, 154	27
Diog. Laert. 1, 34	14	— 2, 159	27
Donat. ad Verg. Aen. 5, 281	124	— 4, 41	191
— ad. Pers. sat. 5, 146	185	— 4, 86	11
Eurip. Alc. 253	120	— 4, 110	168
— Cyclop. 465	46	— 7, 86	70

	Seite.		Seite.
Hesekiel 27	2	Hom. Odyss. 2, 389	116
Hesiod. op. 45	104	— — 2, 391	123
— 622	128	— — 2, 414	122
— 624	39	— — 2, 424	48, 52, 136
— 629	104	— — 2, 426	64
Hesych. ἄγκυραι	177	— — 2, 428	29
— ἀμφίπρυμνος	34, 104	— — 2, 430	91
— ἀνακωχεύειν	182	— — 3, 11	61
— γόμφοι	134	— — 3, 287	5
— δακτύλιος	101, 126	— — 4, 389	10
— ἐπηγκενίδες	136	— — 4, 514	5
— ἱμάς	56	— — 4, 728	96
— ἱστοπέδη	47, 48	— — 4, 780	116
— κάπηξ	41, 49	— — 4, 788	188
— καρδάλη	40	— — 5, 33	137
— κληῖδες	97	— — 5, 163	140
— κλοιός	47	— — 5, 174	130
— λογγασια	41	— — 5, 234	49, 131
— μασχάλη	79	— — 5, 249—251	139
— οἴακες	104	— — 5, 272	12
— οἰήϊα	104	— — 5, 295	23
— περίνεως	51	— — 5, 318	49
— περιτόνιον	58	— — 5, 480	64
— πηδάλια	104	— — 6, 269	93, 127, 171, 179
— πλοῦς	45		
— σαργάναι	110	— — 7, 264	137
— σπεῖραι	179	— — 9, 70	167
— στεῖρα	29	— — 9, 77	64
— τέρθριοι	82	— — 9, 99	38
— τρητοῖο λίθοιο	126	— — 9, 136	124
— χραῦσις	108	— — 9, 149	56, 64
Hom. Il. 1, 432	126	— — 9, 482	117
— — 1, 433	61	— — 9, 485	105
— — 1, 434	48, 52, 74	— — 9, 487	117
— — 1, 480	64	— — 9, 490	95
— — 1, 485	127	— — 9, 539	117
— — 2, 151	116	— — 10, 30	6
— — 2, 153	127	— — 10, 126	120
— — 2, 154	128	— — 10, 516	125
— — 3, 61	34	— — 11, 11	64
— — 8, 231	50	— — 11, 636	121
— — 9, 241	43	— — 12, 51	136
— — 14, 410	128	— — 12, 135	122
— — 15, 716	116	— — 12, 147	122
— — 15, 728	97	— — 12, 170	58
— — 18, 3	50	— — 12, 229	38
— — 19, 344	50	— — 12, 348	50
— — 24, 269	104	— — 12, 402	56, 64

	Seite
Hom. Odyss. 12, 405	53
— — 12, 409	52, 138
— — 12, 423	138
— — 13, 21	38
— — 13, 74	38
— — 13, 78	95
— — 13, 96	124
— — 14, 300	151
— — 14, 350	29, 97
— — 15, 496	58, 74
— — 16, 353	61
— — 19, 573	30
— — 22, 465	202
— hymn. in Apoll. 439	125
— — 487	64
— — 503	64
Hor. Od. 1, 3	160
— — 1, 14	183
— — 2, 10	65
Jacob. ep. 3, 4	98
Jesaias 43, 5	24
Joseph. antiqu. 4, 8, 37	57
— vit. 3	180
Isid. orig. 19, 2, 11	47
— — 19, 3	79
— — 19, 3, 4	86
— — 19, 4, 4	173, 180
— — 19, 4, 7	51
Juvenal. 12, 67	79
Liv. 24, 11	196
— 26, 39, 13	72, 95
— 28, 45	196
— 29, 25	196
— 32, 16	164
— 36, 30	111
— 36, 44	73, 78
— 36, 45	78
— 37, 30	78
Lucan. Phars. 5, 429	86
— — 8, 177	67
Lucas Ev. 13, 29	24
Lucian. Apol. pro merc. cond. 9	134
— Catapl. 1	74
— Dialog. mort. 4, 1	35, 65
— — — 10, 1	70
— — — 10, 10	118
— — — 14	196
-- Jupp. trag. 47	55, 58

	Seite
Lucian. Jupp. trag. 48	186
— — — 51	115, 177
— Lexiph. 15	85, 168
— Nav. 1	157
— — 4	57, 66
— — 5	37, 42, 67
— — 7—9	152
— — 14	85
— Nigrin. 7	6
— pro lapsu in salut. 7	134
— Pseudol. 27	85
— Scyth. 11	60
— Tox. 19	179, 180
— — 62	197
— Ver. hist. 1, 5	70
— — — 2, 41	42
— — — 2, 43	64
Lycoph. 618	44
— 745	139
Marcian. Peripl. mar. ext. 2, 5	15
— mar. int. 5	11, 12
Mela 2, 3	27
Moses 1, 10, 15	2
Oppian. Hal. 1, 229	105
Ovid. Met. 3, 597	95
— — 11, 515	36
— — 15, 703	95
— Trist. 1, 2, 27	24
— — 1, 10, 1	43
Pauli ep. ad. Corinth. 2, 11, 25	160
Paus. 8, 12	110
Philo adv. Flacc. p. 968	156
Phot. ἱμάντες	63
Pindar. Isthm. 2, 59	63
— Nem. 5, 94	50
— — 6, 94	60
— Pyth. 1, 176	63
— — 4, 342	111
— — 10, 80	111
Plato Legg. 7 p. 803	28
— Rep. 10 p. 616 c	173
— Tim. p. 81 B	32
Plin. H. N. 2, 47	25, 151
— — 2, 48	154
— — 2, 97	23
— — 6, 22	13
— — 6, 23	22
— — 6, 33	21

	Seite.
Plin. H. N. 7, 56	13
— — 11, 11	36
— — 16, 8	110
— — 16, 12	36
— — 16, 36	35
— — 16, 39	50
— — 19 prooem.	12, 87
— — 22. 25 (68)	196
— — 36, 10	20
— — 36, 12	6
Plut. Alcib. 16	185
— Cim. 12	174
— Lucull. 3	175
— Marc. 14	80
— Pomp. 50	161
— — 73	70
— Sol. 19	115
— Them. 31	189
— ad princ. inerud. p. 782	44
— conviv. p. 162 A	43
— de amic. mult. p. 95	59
— de audiend. poet. 1	78
— de adulat p. 60	63
— de garrul. p. 507	177
— de sollert. anim. p. 979	44
— mor. p. 247	110
— — p. 446	110, 127
— — p. 782	110
— non posse suaviter vivi sec. Epic. 12	78
— rei pub. gerendae praec. p. 812	42, 100, 115, 117
— p. 818	59
— sympos. 4, 2	57
— — 8, p. 731	113
Pollux 1, 85	29
— 1, 86	28, 31, 34, 37, 75
— 1, 89	41, 42, 102
— 1, 90	67, 87
— 1, 91	49, 67, 85
— 1, 94	58
— 10, 31	90
— 10, 134	126
Polyaen. 3, 9, 63	111, 112
— 3, 10, 17	94
— 3, 11, 11	87
— 3, 11, 13	40
— 3, 11, 14	39, 102

	Seite.
Polyaen .4, 6, 8	80, 119
— 5, 4, 3.	99
— 8, 53, 3	87
Polyb. 1, 38	32
— 1, 61, 7	74
— 3, 46	130
— 4, 39	23
— 6, 24, 2	50
— 16, 3, 12	93
— 16, 15, 2	77
Procop. bell. Vand. 1, 14	190
— — — 1, 17	64, 77
— — — 1, 20	64
— — — p. 209 B	57
— — Got. 4, 22	33
Prop. 4, 3	17
Ptol. geogr. 1, 14	4
— — 1, 17	11
— — 3, 4, 1	189
— — 3, 15	162
— — 3, 15, 1	190
— — 7, 5, 3	190
— — 7, 5, 10	190
— — 8, 1	19
Quintil. 12, 2	78
Quint. Smyrn. 9, 438	59
Schol. ad Aesch. Sept. 802	37, 81
— Apoll. Rhod. 1, 565	49, 55
— — — 1, 566	49
— — — 1, 567	52, 57, 58
— — — 1, 723	32
— — — 1, 1089	37
— — — 1, 1277	109
— — — 4, 308	190
— — — 4, 887	92
— — — 4, 1609	29
— Aristoph. Av. 35	58
— — 434	62
— — 759	67, 74
— Lysist. 722	37, 88
— Vesp. 398	126
— Eurip. Hec. 113	130
— Med. 278	80
— Or. 705	59
— Hom. Il. 1, 433	47
— — 1, 434	48
— — 9, 241	43

	Seite.
Schol. Hom. 15, 728	97
— — 18, 3	50
— Hom. Odyss. 2, 419	97
— — — 2, 424	48
— — — 2, 425	52
— — — 5, 136	131
— — — 5, 163	136
— — — 5, 248	134
— — — 5, 260	59, 65
— — — 6, 269	179
— — — 10, 32	59
— — — 19, 37	137
— Lucian. Contempl. 3	59
— — Jupp. trag. 46	83
— — Timon 12	81
— — Tyr. 1	58
— Lycophr. 618	44
— Pind. Nem. 5, 94	56
— Sophocl. Elect. 721	182
— Thucyd. 4, 12	39, 119
— — 4, 25	163
— — 4, 67	71
Senec. Med. 320	65
— — 327	86
— ep. 5	150
— — 77	85
— quaest. nat. 5, 16	166
Serv. ad Verg. Aen. 5, 77	49
— — — 5, 489	51
Scylax Peripl. 69	11
Soph. Aiax 242	39
— Antig. 713	60
Stadiasm. mar. magni § 93—124	8
— — — § 328	162
Strabo 1, 1, 3	13
— 1, 1, 5	202
— 3, 1, 2	6
— 3, 1, 6	5
— 3, 11	23
— 7, 3, 9	109
— 8, 6, 4	27
— 8, 6, 20	5
— 16, 2, 24	13
Suet. Claud. 18	162
— — 20	6
— Tit. 5	148
Suidas δίχροτα	103, 104

	Seite.
Suidas τερθρεία	82
Synes. ep. 4 60, 89, 115, 125, 152	
	186
— — 32	40
— — 45	134
Tacit. Ann. 2, 6	104
— Hist. 3, 47	104
— Germ. 44	104
Theodoret. de provid. or. II	99
Theogn. 672	37
Theophr. hist. pl. 4, 3	33
— — 5, 8	28
— char. 22	185
Theophyl. ep. 38	77
Thucyd. 1, 29	69, 173
— 1, 50	94
— 1, 52	164
— 2, 90	36, 87
— 2, 93	95
— 3, 15	27
— 4, 12	39
— 4, 129	164
— 7, 25	45, 84
— 7, 26	160
— 7, 34	39
— 7, 36	111
— 7, 38	174
— 7, 41	74
Tzetzes ad Lycophr. 101	85
Veget. de re milit. 5, 9	12, 160
Verg. Aen. 1, 106	167
— — 3, 277	111
— — 5, 830	60
— — 6, 1	105
Vitr. 1, 6, 4	25
— 1, 6, 10	25
— 5, 12	6
— 10, 2	82
— 10, 2, 3	89
— 10, 2, 10	171
— 10, 3, 5	101
— 10, 9, 5	10
— 10, 15, 6	183
Xen. Hell. 1, 6, 21	201
— — 6, 2, 27	72, 73
— — 6, 2, 29	74
— Oecon. 8, 12	47

Zur Erklärung der Zeichnungen.

S. 28. Der Kiel mit dem Vorder- und Hintersteven. Auf dem Kiele ruht das Kolschwinn. Zwischen beiden sind die Öffnungen, in denen die Spanten stehen. Die beiden Steven sind an der Innenseite durch die Binnensteven verstärkt, und in dem Winkel zwischen dem Binnensteven und Kolschwinn sitzen die Stevenkniee. Die obere Zeichnung stellt ein Spant mit seinem Deckbalken vor.

S. 43. Stevenzierate und in der Mitte das Hinterteil eines Schiffes mit der Hütte und der Hintergalerie. S. 41. Aus Joh. Scheffer: De militia navali veterum. Ubs. 1654, S. 157 und 159.

S. 50. Ein altes Schiff von dem Grabmale der Naevoleia Tyche in Pompeji. Die Rahe ist gelascht. S. 50. Am Top des Mastes und am Flaggenstock weht ein Stander. S. 87. Der Mast hat einen Mastkopf mit den Öffnungen für die Scheiben oder Rollen, über welche die Taue zum Heißen der Rahe laufen. S. 49. Auf dem Deck scheint ein umgekehrtes Boot zu liegen. Aus Smith: The voyage and shipwreck of St. Paul. 3. Ed. Lond. 1866. Pag. 199.

S. 68. Ein altes Schiff von einem Marmorrelief in der Borghese'schen Sammlung in Rom. Man sieht hier deutlich, daß der Vormast als Krahnmast in einem carchesium versatile steht. S 83. Aus Jal: Archéologie navale. Par. 1840. I pag. 21; vgl. desselben Glossaire nautique. Par. 1848, pag. 256 u. 1049.

S. 76. Alte römische Münze im britischen Museum. Aus Smith pag. 221.

S. 88. Ein altes Schiff von einem Wandgemälde in Herculanum. Nicht die Form des Schiffes ist befremdend, wenn auch die Verhältnisse der Stevenzieraten übertrieben sind, wohl aber die Besegelung. Aus: Le pitture antiche d'Ercolano. Napoli 1760. II pag. 94, tav. 16.

S. 91. Eine Nagelbank, wie sie auf unseren Schiffen benutzt wird, um das Tauwerk um die Nägel fest zu legen und aufzuhängen. S. 123.

S. 98. Ein altes Schiff von einem Wandgemälde in Herculanum. Auf dem Hinterdeck sieht man den Pfosten, um den die schweren Taue belegt wurden. S. 41. Aus: Le pitture antiche d'Ercolano. II pag. 91 tav. 15.

S. 108. Anker, wie sie im vorigen Jahrhundert gebräuchlich waren. In der Mitte darüber ein vierarmiger Bootsanker, ein Dreg.

S. 109. Alte Anker nach Münzen, aus Guhl und Koner.

S. 110. Ein Anker im Grunde mit der Ankerboje.

S. 113. Ein Schiff vor zwei Ankern vertäut, mit den Kabeln in entgegengesetzter Richtung.

S. 114. Schiffe, vor zwei Ankern liegend, das obere an zwei Kabeln vor dem Backbords- und Steuerbordsanker; das untere an einem Kabel vor zwei verkatteten Ankern.

S. 119. Ein auf dem Stapel liegendes Schiff, für das der Zimmermann eine Planke als Steg bearbeitet. Aus: Berichte über die Verhandlungen der Kgl. Sächs. Ges. der Wissenschaften: Hist.-phil. Klasse. 13. Bd. 1861. Taf. 10

S. 120. Ein Spant von dem Blockschiffe des Odysseus.

Die dem Buche angehängten blattgroßen Holzschnitte sind nach Vorlagen angefertigt, die ein früherer bremischer Bootsmann, Herr Trebbe, nach meinen Angaben in Kreide ausgeführt hat.

Blatt 1 dient zur Veranschaulichung der auf S. 151 angeführten Thatsache, daß Schiffe mit demselben Winde nach zwei gerade entgegengesetzten Richtungen segeln können; die mit der Windrichtung einen rechten Winkel bilden. Auf dem Bilde weht der Wind vom Lande, wo ein Hafen gedacht ist, nach See zu, also dem Beschauer entgegen. Im Hintergrunde kommt ein Schiff vor dem Winde aus dem Hafen, während die nach dem Hafen bestimmten beiden Schiffe im Vordergrunde nicht einlaufen können, sondern mit halbem Winde so lange hin und her fahren müssen, bis dieser seine Richtung ändert. Das eine von ihnen erhält den Wind von Steuerbord, das andere von Backbord; jenes liegt also über Backbords-, dieses über Steuerbordsbug.

Blatt 2 stellt das Blockschiff des Odysseus in dem Augenblicke dar, wo Poseidon die Wolken sammelt und den Sturm entfesselt. Die beiden vom Top des Mastes nach vorn fahrenden κάλοι sind die πρότονοι, die Bugstage; der vom Top nach hinten fahrende κάλος der ἐπίτονος, das Spanntau, welches zugleich als Fall und als Backstag dient und deshalb rechts am Hinterbord festgesetzt ist. Die Rahe wird an den Enden von den ὑπέραι, den Brassen, die unteren Ecken des Segels werden durch die πόδες, die Schoten, gehalten. Odysseus erhebt sich, um die Lehschote zu lösen, dadurch den Winddruck gegen das Segel zu mindern und so das Fahrzeug vor dem Kentern zu bewahren. In diesem und den beiden folgenden Blättern hat Herr Trebbe, der nie Unterricht im Zeichnen gehabt, sondern sich selbst gebildet hat, Luft und See so vorzüglich und so naturgetreu dargestellt, wie es nur einem befahrenen Seemanne möglich und mir auf sogenannten Marinebildern nur selten begegnet ist.

Blatt 3 zeigt das Schiff des Apostels Paulus, wie es im schweren Sturme vor Ankern und Kabeln treibt. Infolge eines Mißverständnisses hängen die Kabel viel zu steil; wo sie aus dem Schiffe treten, müssen sie eine fast wagerechte Richtung haben. Das der Länge nach um das Schiff gelegte Gurttau ist auch nicht deutlich zu erkennen.

Blatt 4 zeigt dasselbe Schiff am Morgen der Strandung, wo sich die See bereits einigermaßen beruhigt hat, in dem Augenblicke, wo man die Anker losgeworfen, die Bande der Steuerremen gelöst und das Vorsegel vor den Wind geholt hat und nun auf den Strand am Ende der Bucht zusteuert. In einiger Entfernung vor dem Schiffe sieht man das Boot dem Lande zutreiben.

Die Karte des Mittelländischen Meeres mußte, um auf ihr die Richtungen nach den Weltgegenden am Kompaß auffinden zu können, in Mercators Projektion gezeichnet werden.

Berichtigungen.

S. 82. Z. 2 v. u. statt „herunterfahrendes Tau" lies „herunterfahrenden Taue."
S. 134. Z. 7 v. u. statt „πελεκῖνες" lies „πελεκῖνοι."
S. 136. Z. 5 v. o. statt „Ebene" lies „Erde."
S. 154. Z. 11 v. o. statt „nnter" lies „unter."
S. 166. Z. 9 v. o. statt „compouud" lies „compound."

Schiffsgröße   Seite 85 157
Klasse ?
kaliLimen (Mönche) 159
kybernetes   Schiffslenker/Steuermann 161
Weichsbrant 164
   Tane 170
   250 Gefangene 184

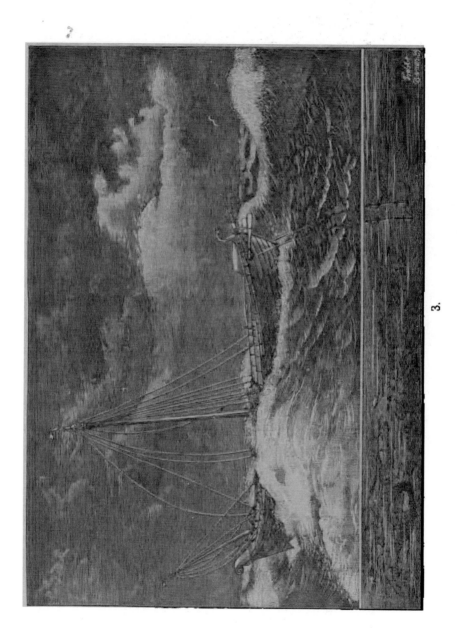